THE
CULTURE
CODE

THE CULTURE CODE
Copyright ⓒ 2006 by Clotaire Rapaille
All rights reserved.

This translation published by arrangement with Broadway Books,
a division of Random House, Inc.

Korean translation copyright ⓒ 2007 by Leader's Book Publisher,
an imprint of Woongjin Thinkbig Co., Ltd.
Korean translation rights arranged with The Doubleday Broadway Publishing Group
through EYA(Eric Yang Agency).

컬처코드

세상의 모든 인간과 비즈니스를 여는 열쇠

클로테르 라파이유 지음 | 김상철 · 김정수 옮김

리더스북

컬처코드

초판 1쇄 발행 2007년 1월 20일
초판 65쇄 발행 2024년 12월 2일

지은이 클로테르 라파이유 옮긴이 김상철 김정수

발행인 이봉주 **단행본사업본부장** 신동해
편집장 김예원 **마케팅** 최혜진 이인국 **홍보** 반여진 허지호 송임선
국제업무 김은정 김지민 **제작** 정석훈

브랜드 리더스북
주소 경기도 파주시 회동길 20
문의전화 031-956-7361(편집) 031-956-7089(마케팅)
홈페이지 www.wjbooks.co.kr
인스타그램 www.instagram.com/woongjin_readers
페이스북 www.facebook.com/woongjinreaders
블로그 blog.naver.com/wj_booking

발행처 ㈜웅진씽크빅
출판신고 1980년 3월 29일 제406-2007-000046호

한국어판 출판권© ㈜웅진씽크빅 2007
ISBN 978-89-01-20595-3 03320

리더스북은 ㈜웅진씽크빅 단행본사업본부의 브랜드입니다.
이 책은 저작권법에 따라 보호받는 저작물이므로 무단 전재와 복제를 금지하며, 이 책 내용의 전부 또는 일부를 이용하려면 반드시 저작권자와 ㈜웅진씽크빅의 서면동의를 받아야 합니다.

※ 잘못된 책은 바꾸어 드립니다.
※ 책값은 뒤표지에 있습니다.

20세기의 장애물 중 하나는 우리가 아직 각 나라의 특성을
지나치게 막연하고 편협한 시각으로 인식하고 있다는 점이다.
우리는 일본을 일본인의 나라답게 만드는 것은 물론,
미국을 미국인의 나라답게, 프랑스를 프랑스인의 나라답게,
러시아를 러시아인의 나라답게 만드는 것이 무엇인지 알지 못한다.
이처럼 무지한 탓에 모든 나라들은 서로를 오해하고 있다.

—루스 베네딕트의 《국화와 칼》 중에서

옮긴이의 글

보이는 대로 돌아가지 않는
세상을 이해하기 위하여

 패스트푸드는 왜 미국에서 시작되었을까? 왜 미국인은 하필 앨 고어가 아니라 조지 부시를 대통령으로 뽑았을까? 왜 미국인은 축구가 아니라 야구에 열광할까?

 왜로 시작되는 이런 질문들은 우리 스스로에게도 숱하게 제기된다. 왜 우리는 집에 그토록 집착하는가? 왜 우리는 아파트 평수에 자존심을 걸까? 왜 우리는 자신의 노후에는 신경쓰지 못하면서 아이들 교육에는 목을 거는 걸까? 왜 우리는 유독 명품에 열광하는 걸까?

 세계가 좁아졌다. 하지만 같아진 것은 아니다. 미국남자와 미국여자가 만나서 아이를 낳으면 미국아이를 낳는다. 한국남자와 한국여자가 만나서 아이를 낳으면 한국아이를 낳는 것과 같다. 국적만이 아니라 생각까지 그렇다는 말이다. 고유의 문화 속에서 성장할 것이기 때문이다.

인생에서 가장 중요한 사물의 의미를 각인하는 시기는 7세까지라고 한다. 미국의 어린이는 미국이라는 환경에서, 한국의 어린이는 한국이라는 환경에서 가장 활발한 학습 기간을 보낸다. 그리고 이 학습 기간에 형성된 구조가 잠재의식을 지배하게 된다. 그리하여 문화가 다르면 생각도 다르다. 생각이 다르면 동일한 사물에도 다르게 반응한다. 감정은 학습의 결과인 셈이다.

우리들 행동의 배후에 있는 참된 의미를 찾아내는 열쇠는 구조를 이해하는 데 있다. 어떤 사람의 행동을 이해하려면 그 사람이 하는 말의 내용보다는 구조를 살펴보아야 한다는 것, 그것이 바로 이 책의 주제다. 이 책에서 말하는 '코드'는 우리가 속한 문화를 통해 일정한 대상에 부여하는 무의식적인 의미다. 땅콩버터는 미국인들에게 특별한 의미를 갖는다. 그러나 프랑스에서는 그저 또 하나의 식품일 뿐이다. 반면 치즈가 프랑스인에게 갖는 의미는 각별하다. 우리에게는 김장 때 먹던 김치소가, 어머니가 끓여주시던 콩나물국이, 한밤중에 목이 말라 열어봤던 냉장고에 있던 고등어가 바로 그런 특별한 의미를 가질 것이다. 그걸 어느 다른 나라 사람들이 이해하겠는가?

우리 주변의 모든 사물은 특별한 의미를 갖는다. 자동차회사가 파는 건 단순히 자동차가 아니고, 화장품회사가 파는 것은 단순히 화장품이 아니다. 만약 자동차회사가 파는 게 그저 자동차라면 그저 잘 굴러다니기만 하면 된다. 만약 화장품회사가 파는 게 단순한 화장품이라고 해도 마찬가지다. 그저 기능만 좋으면 된다. 그러나 사람들은 기능만 찾지 않는다. 사람들은 어떤 사물에서도 특별한 의미를 찾는다. 문화 속에서 성장했고 문화 속에서 살기 때문이다.

그러나 구조를 이해하려고 하면 한 가지 잊지 말아야 할 것이 있다. 사람들의 말을 믿지 않는 것이다. 사람들은 정치에 대한 환멸과 정치인에 대한 불신을 말한다. 어떤 사람을 대통령감으로 생각하는지 물어보면 대답은 대개 비슷하다. 인품과 능력과 비전을 말할 것이다. 그러나 정말 그럴까? 만약 그렇다면 대통령으로 뽑히는 사람들은 모두 탁월한 인품과 능력과 비전을 갖추고 있어야 한다. 만약 그렇지 않다면 도대체 무엇이 잘못된 걸까? 혹시 사람들이 정말 의미하고자 하는 건 다른 것들 아닐까? 예를 들어 인품은 출신 지역을, 능력은 언변을, 비전은 살아온 경력을 말하는 건 혹시 아닐까? 그래서 시장조사는, 또 여론조사는 모두가 아니다. 믿으면 안 된다. 구조는 이야기의 구조, 즉 다양한 요소들 간의 관계다. 사람들 행동의 배후에 있는 참된 의미를 찾아내는 열쇠는 구조를 이해하는 데 있다.

구조에 눈을 기울이지 않아 생기는 오해도 많다. 가장 터놓고 말하기 쉽지 않은 두 가지 주제, 돈과 섹스에 대한 것이 특히 그렇다. 돈과 섹스가 미국 문화에서 어떤 의미를 갖는지에 대해 우리는 이미 알고 있다. 추구해야 할 모든 것이다. 우리 대부분은 그렇게 믿는다. 그러나 이건 사실이 아니다. 돈과 섹스는 모두 수단일 뿐 이 두 가지를 통해 정말 얻고자 하는 것은 따로 있다. 미국인에게 가장 흔하다는 비만도 마찬가지다. 왜 미국에는 그토록 비만한 사람들이 많을까라는 질문에 저자는 비만은 문제가 아니라 해결책이라는 쪽으로 눈을 돌려야 한다는 점을 지적한다. 비만을 불러일으키는 과식은 학대를 받는 사람들에게 일어나는 일반적인 방어기제라는 것이다. 치열한 생존 경쟁에서 한 걸음 물러나 있고 싶은 마음이 선택한 수단이 바로 비만이라는 것이다. 어쩌면 우리가 이승엽에 열광하는 이유, 우리가 월드컵 4강에 밤을 새는 이유 또한 따로 있을지 모른다.

책을 읽고 나면 아쉬운 생각이 든다. 미국 문화를 읽는 코드에 한정돼 있는 소재 때문이다. 그러나 사람들의 행동을 어떻게 해독해야 하는지, 그리고 컬처 코드를 어떻게 발견해야 하는지에 관한 방법을 이해하는 데에는 아쉬운 점이 없다.

우리 사회에서는 '코드 인사'니 뭐니 해서 코드라는 말이 정말 많이 쓰인다. 그러나 정작 코드는 같은 생각을 가진 사람들끼리 모여 무엇을 하기 위한 것이 아니라 나와 다른 사람들의 생각을 이해하는 데 필요한 것이 아닌가 싶다.

세상은 보이는 대로 돌아가지 않는다. 코드를 모르면 그 이유를 알 수 없다. 그렇다면 이 책을 읽어야 하는 이유는 분명하다. 고객의 마음을 갖고 싶은 비즈니스맨이라면, 유권자의 표를 원하는 정치인이라면, 조직구성원들의 헌신과 열정을 바라는 지도자라면 먼저 그들의 마음을 들여다봐야 할 것이다. 마음을 훔치기 위해선 먼저 알아야 할 것이기 때문이다. 이 책에 답이 제시되어 있지는 않다. 그러나 답을 구하는 방법은 찾을 수 있다. 비즈니스맨이 아니라도, 정치인이 아니라도, 조직 지도자가 아니라도 다른 사람들의 생각과 행동의 이유가 궁금한 사람, 왜 다른 사람들은 저렇게 행동하고 말하는지가 궁금한 사람은 한번 읽어보기를 권하고 싶다.

김상철

Contents

옮긴이의 글 보이는 대로 돌아가지 않는 세상을 이해하기 위하여 · 6
시작하는 글 인간과 세상을 바라보는 새로운 안경 · 12

Chapter 01 문화적 무의식의 발견 · 29
코드를 발견하는 다섯 가지 원칙 :: 사람들의 말을 믿지 마라 :: 감정은 학습에 필요한 에너지다 :: 내용이 아닌 구조가 메시지다 :: 각인의 시기가 다르면 의미도 다르다 :: 문화가 다르면 코드도 다르다 :: 제3의 무의식, 문화적 무의식

Chapter 02 사랑과 유혹, 섹스에 대한 코드 · 51
청년기적 문화의 성장통 :: 문화가 젊다는 것의 의미 :: 성장을 거부하는 영원한 젊은이들 :: 미국 문화의 청년기적 특징들 :: 왜 사랑은 늘 헛된 기대로 끝날까 :: 유혹은 우리를 불안하게 한다 :: 섹스는 없고 폭력은 있다 :: 롤러코스터를 타다

Chapter 03 아름다움과 비만에 대한 코드 · 85
폭력과 도피에서의 줄타기 :: 아름다움과 섹시함은 다르다 :: 아름다움 안의 신비로움을 찾다 :: 비만은 문제가 아니고 해결책이다 :: 비만의 반대편에는 관계가 있다 :: 욕구를 저버리기 위한 퇴행 :: 구원의 추구

Chapter 04 건강과 젊음에 대한 코드 · 111
언제나 생존이 우선한다 :: 파충류 뇌가 언제나 승리한다 :: 주술치료사에게서 배운 것 :: 활동은 계속되어야 한다 :: 의사와 간호사, 그리고 병원 :: 절제를 강요하지 마라 :: 젊음에 매혹되는 이유 :: 젊음이라는 가면 쓰기 :: 젊음에 대한 환상을 판다 :: 파충류 뇌가 우리에게 거는 말

Chapter 05 가정과 저녁식사에 대한 코드 · 141

따뜻함으로의 회귀 본능 :: 야구가 국민적 오락이 된 이유 :: 가정으로의 귀환에 대한 집착 :: 가족에 대한 감정이 존재하는 곳 :: 음식 만들기와 저녁식사의 의미 :: 중요한 것은 음식이 아니라 재결합이다 :: 가정은 마음속에 있다

Chapter 06 직업과 돈에 대한 코드 · 169

먹고살기 위해 일한다 :: 더 바쁘게 더 오래 일하는 이유 :: 자신의 직업에서 정체성을 찾다 :: 자수성가한 억만장자를 찬양하다 :: 직업에 대한 코드가 기업에 주는 교훈 :: 돈 자체가 목적은 아니다 :: 공돈은 나를 증명해주지 못한다 :: 금전적 성공과 훌륭함은 같다 :: 직업과 돈의 결합

Chapter 07 품질과 완벽함에 대한 코드 · 195

단지 작동하면 된다 :: 멈추지 않고 계속 움직이는 것 :: 실패에서 배우고 더 강해진다 :: 완벽함보다는 편리함을 요구한다 :: 아이디어는 문화에 맞아야 한다

Chapter 08 음식과 술에 대한 코드 · 211

많을수록 좋다 :: 배를 채우기 위해 먹는다 :: 음식은 안전한 섹스다 :: 패스트푸드 제국을 위한 변명 :: 술은 취하기 위해 마신다 :: 술과 권총, 무엇이 더 위험할까 :: 일하기 위해 먹고 마신다

Chapter 09 쇼핑과 사치품에 대한 코드 · 233

골드카드의 애호가들 :: 세상과의 재결합을 위해 떠나다 :: 물건을 사는 것과 쇼핑은 다르다 :: 쇼핑의 즐거운 경험을 팔아라 :: 사치스러울수록 계급도 올라간다 :: 성공과 진보의 상징이 되다 :: 명분이 있으면 안전하다

Chapter 10 미국 문화에 대한 코드 · 255

벼락출세자를 바라보는 눈 :: 프랑스인의 미국 문화에 대한 코드 :: 독일인의 미국 문화에 대한 코드 :: 영국인의 미국 문화에 대한 코드 :: 자국의 코드와 외국의 코드를 결합시키기 :: 코드와 잘 맞는 삶을 살기

Chapter 11 미국 대통령에 대한 코드 · 273

비전을 갖춘 반항자 :: 지도자는 반란을 이끄는 사람이다 :: 코드와 맞는 투표를 하다 :: 대통령은 최고의 연예인이다

Chapter 12 미국에 대한 미국인의 코드 · 285

성숙도 포기도 거부하는 나라 :: 거시 문화의 대가들 :: 꿈의 창조자를 꿈꾸다 :: 비관주의를 비관하다 :: 일차적 사명은 꿈을 살리는 것 :: 자유를 위한 또 하나의 자유

시작하는 글

인간과 세상을 바라보는 새로운 안경

:: 지프 랭글러의 부활

그것은 미국인에게 '말 달리기'이다. 유럽인에게는 '행군'이다. 그리고 지프 랭글러(Jeep Wrangler)에게는 판매 부진을 위한 타개책이 되었다. 그것은 바로 사람들이 지프 랭글러에 대해 갖고 있는 '컬처 코드(culture code)'다.

1990년대 말에 지프 랭글러는 미국 시장에서 옛 지위를 되찾기 위해 몸부림치고 있었다. 한때는 SUV(스포츠유틸리티차량)라는 한 차종을 대표하던 지프 랭글러가 다른 수십 가지의 SUV들에게 그 영광의 자리를 내주고 말았는데, 이 새로운 SUV들은 대개 더 크고 화려했으며, 사커 엄마(soccer mom : 도시 교외에 살고, 학교에 다니는 아이가 있는 전형적인 중류층 백인 엄마를 일컫는다 — 옮긴이 주)가 몰고 다니기에 적합했다. 크라이슬러(Chrysler)는 지프 랭글러로 인해 기로에 서 있었으며, 전면적인 개조를 심각하게 고려하고 있었다.

1990년대 말에 내가 크라이슬러의 의뢰로 지프 랭글러에 관한 작업을 맡게 되었을 때, 회사 경영진이 소비자 기호 파악에 대한 나의 접근 방법을 의심한 것은 이해할 만했다. 그들은 이미 광범한 시장조사를 실시했으며, 수십 개의 포커스 그룹(focus group : 테스트할 상품에 대해서 토의하기 위해 표본 집단이 된 사람들의 모임 – 옮긴이 주)에 수백 가지 질문을 던진 바 있었다. 내가 나름대로 다양한 조사 방법을 잔뜩 준비해서 회사 문을 들어섰을 때 그들은 아마 이렇게 중얼거렸을 것이다.

"이 친구가 설마 우리에게 없는 것을 가져오겠어?"

크라이슬러 사람들은 실제로 수백 가지 질문을 던졌지만, 그들의 질문은 올바르지 않았다. 그들은 사람들이 하는 '말'에만 계속 귀를 기울였던 것이다. 이런 방법은 항상 실패하기 마련이다. 결국 뚜렷한 진로가 정해지지 않은 상태에서 지프 랭글러에 대한 다양한 방향을 모색하는 이론들만 무성했다. 자동차를 좀더 화려하게 만들자는 의견을 비롯해서 착탈식 문이 없는 전통적인 자동차를 닮은 차, 컨버터블형이 아닌 지붕이 고정된 차를 만들자는 의견 등 다양한 이론들이 쏟아졌다. 지프 랭글러는 자동차계에서 갖고 있던 독특한 위치를 잃어버린 채 그저 그런 또 하나의 SUV로 전락할 위기에 놓였다.

나는 여러 소비자 집단을 만나 다양한 질문을 던져보았다. 지프에서 원하는 바가 무엇인지를 묻는 대신 지프에 관한 최초의 기억을 말해줄 것을 요청했다. 응답자들의 답변은 수백 가지에 이르렀고, 그 답변들 속에서 강한 이미지 하나가 되풀이되어 나타났다. 드넓은 들판으로 나가거나, 일반 자동차로는 갈 수 없는 험한 곳을 가거나, 장애물이 있는 길이라도 거침없이 달려가는 이미지였다. 많은 사람들이 미국 서부 지역이나 드넓은 평원을 이야기했다.

나는 조심성 많은 크라이슬러의 경영진을 다시 만나 미국인이 지프에 대해 갖고 있는 코드는 바로 '말(HORSE)'이라는 사실을 전했다. 지프 랭글러를 또 하나의 SUV로 개조하려는 생각은 그릇된 판단이었다. SUV는 말이 아니다. 말은 화려한 장비가 없다. 말은 안장도 보드라운 가죽이 아닌 거친 가죽으로 만든다. 지프 랭글러의 문은 착탈식이어야 하고 지붕도 개폐식이어야 한다. 운전자들이 마치 말을 모는 것처럼 온몸으로 바람을 느끼고 싶어하기 때문이다.

크라이슬러의 경영진은 별다른 반응이 없었다. 결국 그들은 소비자의 또 다른 요구를 알아내기 위해 광범한 시장조사를 실시했다. 그들은 내심, 소비자들이 한때 지프를 말처럼 여긴 적이 있었겠지만 이제는 그렇지 않다고 생각했다. 나는 경영진에게 자동차 디자인에 조금 변화를 주어 내 이론을 시험해보도록 요청했다. 내 제안은 사각형 전조등을 원형으로 바꾸자는 것이었다. 이런 제안을 한 이유는 말에는 사각형이 아닌 원형 등을 달기 때문이었다.

원형 전조등을 장착한 자동차의 생산 비용이 더 싸다는 사실이 밝혀지자 경영진은 결정을 훨씬 수월하게 내렸다. 그들은 새 디자인을 시험해보았고, 즉시 긍정적인 반응이 나타났다. 지프 랭글러의 판매량이 늘어나면서, 지프의 새 '얼굴'은 시장에서 환영받는 두드러진 특징이 되었다. 이때부터 지프 랭글러의 로고에는 쇠창살과 원형 전조등이 들어가게 되었다. 요즘에는 지프 팬클럽도 생겨서 "진짜 지프에는 원형 전조등이 있다."라는 글이 새겨진 티셔츠를 회원들에게 나눠주기도 한다.

한편 크라이슬러는 지프 랭글러를 '말'로 묘사하는 광고를 내보내기 시작했다. 내가 좋아하는 광고는 한 어린아이가 개 한 마리와 산속에 있는 모습을 담은 것이다. 광고 내용은 이렇다. 개가 낭떠러지에서 떨어져 간신히 나무에 매달려 있다. 그러자 아이가 가까운 마을로 달려가 도움을 청한다. 아이는 세단형 자동차를 지나고, 미니밴과 SUV를 지나 마침내 지프 랭글러를 만난다. 지프 랭글러를 몰고 아슬아슬한 산악 지형을 올라간 운전자는 개를 구해낸다. 아이가 개를 끌어안고 돌아보며 운전자에게 고맙다는 인사를 하지만, 지프는 이미 방향을 돌려 산 아래로 내려가고 있다. 마치 옛 서부영화의 주인공이 말을 타고 석양 속으로 사라져가는 모습처럼 말이다. 이 광고는 대히트를 쳤다.

미국에서의 성공에 용기를 얻은 크라이슬러는 지프 랭글러에 대한 유럽인의 코드를 찾아내는 작업을 내게 의뢰했다. 프랑스와 독일에서는 응답자들이 모두 지프 랭글러를 보고 제2차 세계대전중에 미군들이 몰고 온 지프를 연상했다. 프랑스인들에게 지프는 독일군에게서 벗어난 해방의 상징이었으며, 독일인들에게는 암흑시대에서 벗어난 해방의 상징이었다. 두 나라 사람들은 지프의 이미지가 자신들에게 어떻게 희망을 안겨주었는지 되풀이해서 이야기했다. 지프는 그들에게 어려운 시절이 끝나고 좋은 시절이 시작되었다는 사실을 일깨워주었던 것이다. 나는 크라이슬러로 돌아와 지프 랭글러에 대한 두 나라의 코드가 '해방자(LIBERATOR)'라는 사실을 전했다.

두 나라의 지프 랭글러에 대한 코드를 파악한 크라이슬러는 프랑스와 독일에서 새로운 광고전을 펼쳤다. 지프 랭글러를 말처럼 묘사하는 대신, 지프의 자랑스러운 과거와 지프를 몰 때 얻는 해방감을 강조했다. 이 광고도 대단한 성공을 거두어서 두 국가에서의 시장점유율이 모두 크게 증가했다. 그때부터 크라이슬러의 경영진은 소비자 기호 파악에 대한 나의 접근법을 의심하지 않았다. 그들은 컬처 코드의 위력을 올바로 인식하게 되었다.

:: 리츠칼튼이 몰랐던 사실

리츠칼튼(Ritz-Carlton)은 화장지를 통해 뜻밖의 깨달음을 얻게 되었다. 리츠칼튼의 자문을 맡은 내가 고객만족도를 높이기 위한 일은 욕실에서 시작되어야 한다고 주장하자 그들은 충격을 받았다. 하지만 그들은 내가 허튼소리를 한다고 생각하면서도 끝까지 귀를 기울였다.

사람들에게 현재 사용하는 화장지를 구입하는 이유가 무엇인지 물어보면, 그들은 대개 이렇게 대답할 것이다. "부드럽잖아요. 또 지금 세일을 하고 있거든요." 사람들은 화장지에 대한 코드가 이처럼 실용적인 것과는 전혀 다른 것일 수도 있다는 점을 알지 못한다. 지프의 경우처럼, 소비자들과 함께 화장지에 대한 코드를 밝혀내는 작업을 한 결과, 화장지와 관련해 미국인들 마음 깊은 곳에 새겨진, 이른바 '각인(imprint)'에 대한 뜻밖의 사실이 드러났다.

미국 부모들은 용변 가리는 훈련을 대단히 심각하게 받아들인다. 어떤 부모는 이 훈련을 너무 중요하게 여겨 자녀가 첫돌을 막 지난

때부터 시작하기도 한다. 심지어는 생후 8개월부터 용변 교육을 시작할 수 있다고 생각하는 사람도 있다. 언제 훈련을 시작하느냐에 관계없이 부모들은 용변 교육에 관한 책과 비디오를 사들이고 심리학자들의 이야기에 귀를 기울이고 있다. 용변 교육은 아이의 사회성을 길러주는 문제와 밀접한 관련이 있으며, 함께 자동차 여행을 할 때나 유치원에 입학시킬 때 등 모든 순간에 영향을 미친다. 물론 앞으로 기저귀를 갈아주지 않아도 된다는 사실을 깨달을 때 찾아오는 가슴 설레는 해방감과도 관련이 있다.

어쨌든 용변 교육을 마친 아이들에게는 다양한 반응이 일어난다. 일단 아이가 혼자 화장실을 사용할 수 있게 되면—더 구체적으로 말해 화장실과 '화장지'를 혼자 사용할 수 있게 되면—놀라운 일이 일어난다. 아이는 화장실 문을 걸어 잠글 수도 있고, 안에 있으면서 부모가 부르는 소리를 무시하기도 한다. 아이의 용변 교육을 성공적으로 마친 것을 기뻐하는 부모로부터 칭찬과 선물을 받기도 한다.

그러니까 문제는 화장실 자체가 아니라 화장실 내에서 사용하는 '화장지'와 관련이 있다. 어릴 때 화장실을 사용하려면 용변이 끝날 때까지 부모가 함께 앉아 있다가 뒤를 닦아주어야 한다. 그런데 화장지를 혼자서도 잘 사용할 수 있게 된 아이들은 더 이상 부모의 손길을 필요로 하지 않는다는 점에서 독립과 자유로움을 느낀다. 용변 교육과 관련된 이러한 어린 시절의 각인이 너무 강한 탓에 미국인의 화장지에 대한 코드는 '독립(INDEPENDENCE)'이다.

리츠칼튼의 경우 철저한 사생활과 독립을 의미하는 욕실을 고객의 환심을 살 수 있는 절호의 기회로 사용했다. 욕실에 전화를 설치하면 어떨까? 필기할 수 있는 메모지와 펜은? 이뿐만이 아니다. 욕실을 안락하고 널찍하며 객실과 독립된 공간으로 만들면 어떨까? 단순히 기능적인 욕실은 감동을 주지 않는다. 하지만 완벽한 설비를 갖추고 있으면서 외부로부터 독립된 은신처로서 꾸며진 욕실은 미국인의 코드에 꼭 들어맞는다. 실제로 요즘 부자 동네에 지어지는 새 집들을 보면 욕실이 점점 더 커지고 있다. 그뿐 아니라 예전에는 사치품으로 여겨졌던 이중 세면대, 텔레비전, 전화연결선 등이 설치되어 있다. 물론 외부와의 차단을 위한 튼튼한 잠금 장치도 있다.

　이러한 변화는 어떻게 이루어진 걸까? 바로 컬처 코드 때문이다.

∷ 코드는 무의식 속에 있다

컬처 코드란 우리가 속한 문화를 통해 일정한 대상─자동차와 음식, 관계, 나라 등─에 부여하는 무의식적인 의미다. 지프에 대한 미국인의 경험이 프랑스인이나 독일인의 경험과 다른 까닭은 여러 문화들이 서로 다르게 진화했기 때문이다. 예컨대 미국인은 드넓은 개척지에 대한 강렬한 문화적 경험이 있고, 프랑스인과 독일인은 점령과 전쟁에 대한 강렬한 문화적 경험이 있다. 따라서 그들 각자의 지프에 대한 코드, 즉 그들이 무의식적인 차원에서 지프에 부여하는 의미는 서로 다를 수밖에 없다. 그 이유는 수없이 많지만(다음 장에서 다룰 예정이다), 모든 것이 우리가 자라난 세계로 귀결된다. 문화가 서로 다르다는 것은 누구에게나 분명한 사실이다. 그러나 대부분의 사람들은 이러한 다양성으로 인해 실제로 동일한 정보를 전혀 다른 방법으로 인식하게 된다는 사실을 깨닫지 못하고 있다.

컬처 코드를 발견하기 위한 나의 여정은 1970년대 초부터 시작되었다. 당시 파리에서 심리분석가로 활동하면서 다양한 임상 사례를 연구하던 나는 위대한 과학자인 앙리 라보리(Henri Laborit)의 이론을 접하게 되었다. 라보리는 학습과 감정 사이에 명확한 연관성이 있음을 밝혀내고, 감정이 없으면 학습이 이루어지지 않는다는 사실을 보여주었다. 감정이 강렬할수록 경험은 더욱 명확하게 학습된다. 부모에게 난로 위의 뜨거운 냄비를 만지지 말라는 말은 들은 한 어린아이의 경우를 생각해보자. 손을 뻗어 냄비를 만졌다가 실제로 데는 경험을 하기 전까지 아이에게는 '뜨겁다'는 개념이 여전히 추상적으로만 남아 있다. 하지만 감정적으로 격렬한 고통을 맛본 뒤에는 비로소 '뜨겁다'와 '데다'의 의미를 배우고, 다시는 잊지 않게 된다.

경험과 그에 따르는 감정이 결합되면 각인이 이루어지는데, 각인이라는 용어를 처음 적용한 사람은 오스트리아의 동물학자인 콘라드 로렌츠(Konrad Lorenz)였다. 일단 하나의 각인이 이루어지면, 그것은 우리의 사고 과정을 강하게 규정하고 미래의 행동을 만들어낸다. 각인은 저마다 우리를 더욱 우리답게 만드는 데 이바지한다. 각각의 각인들이 결합되어 우리를 '정의(define)'한다.

내 기억에 가장 남을 만한 개인적인 각인 중 하나는 어린 시절에 이루어졌다. 나는 프랑스에서 성장했는데 내가 네 살 무렵 우리 가족은 어느 결혼식에 초대를 받았다. 결혼식에 한번도 참석해본 적이 없었던 내게 그때 본 결혼식 풍경은 정말 놀라웠다. 내가 알기로 프랑스의 결혼식은 다른 나라와 좀 다른 분위기에서 진행된다. 당시 결혼식 행사는 이틀 동안 진행되었는데, 그 시간을 대부분 대형 공동식탁 주변에서 보냈다. 사람들은 식탁에서 일어나 건배를 했고, 식탁 위로 올라가 노래를 부르기도 했다. 또 식탁 밑에서 잠을 자기도 했고, 나중에 알게 된 일이지만 그 밑에서 서로 유혹을 하기도 했다. 음식은 언제나 먹을 수 있게 마련돼 있었다. 사람들은 더 많은 음식을 먹기 위해 칼바도스를 마시고 소화를 시켰다. 어떤 사람들은 음식을 더 먹으려고 욕실로 가서 토하기도 했다. 그것은 어린아이가 보기에는 정말 놀라운 광경이었으며, 내게 영원히 각인되었다. 그 뒤로 나는 결혼식 하면 늘 '과식'이 떠올랐다. 그런데 미국에서 처음으로 결혼식에 참석했을 때 프랑스에 비해 분위기가 너무 차분해서 깜짝 놀랐다. 최근에 나와 아내(나와 마찬가지로 프랑스에서 성장했다)는 프랑스 출신자답게 여러 날 피로연이 계속되는 결혼식을 거행했다.

각인은 무의식적인 차원에서 우리에게 영향을 미친다. 라보리의 연구로 이 점을 명확하게 인식한 나는 라보리에게서 배운 것과 파리 시절의 내 임상 연구를 통합하기 시작했다. 내 연구는 대부분 자폐아를 대상으로 이루어지고 있었다. 라보리 덕분에 나는 자폐아는 감정이 결여되어 있는 탓에 효과적으로 학습할 수 없다는 이론을 세우게 되었다. 그리고 각인이라는 주제는 당시 내 강연의 바탕이 되기도 했다. 제네바대학교에서 열린 특별 강연이 끝난 뒤, 한 학생의 아버지가 내게 다가와 말했다.

"라파이유 박사님, 고객을 한 분 소개해도 될까요?"

나는 새로운 고객을 통해 주어지는 가능성에 항상 흥미를 느끼던 터라 고개를 끄덕여 관심을 표시했다.

"자폐아인가요?"

그가 웃으며 대답했다.

"아닙니다. 네슬레(Nestlé)입니다."

당시 나는 임상적이고 학문적인 연구에 몰두했기 때문에 '마케팅'이라는 단어조차 제대로 이해하지 못했다. 따라서 내 연구가 기업에 어떤 쓸모가 있을지 전혀 짐작이 가지 않았다.

"네슬레라고요? 내가 그들에게 뭘 도와줄 수 있습니까?"

"우리 회사는 현재 일본에서 인스턴트커피를 판매하고 있는데, 우리가 바라는 만큼 성과를 올리지 못하고 있습니다. 박사님의 각인에 관한 연구가 우리 회사에 크게 도움이 될 것 같군요."

우리는 계속 대화를 나눴고, 그는 내게 대단히 매력적인 제안을 했다. 보수도 상당할 뿐만 아니라 이와 비슷한 프로젝트를 계속 맡게 될 가능성도 있었다. 고통스러울 정도로 느리게 진행되는 자폐아에 대한 연구와는 달리, 그의 제안은 내가 각인과 무의식에 관해 수립한 이론들을 신속하게 실험할 수 있는 기회였다. 지나쳐버리기에는 너무 아까운 기회였으므로 나는 휴가를 얻어 새로운 과제를 수행하기 위해 떠났다.

:: 코드를 마케팅에 응용하다

네슬레의 경영진과 일본 광고회사와 가진 첫번째 회의는 아주 유익했다. 이들의 전략은 일본 소비자들에게 일본 전통차 대신 커피를 마시도록 설득하는 것이었다. 요즘에는 대단히 잘못된 전략으로 보일

현지화 세계 1위의 기업인 네슬레. 전세계 500여 곳에 진출해 있는 네슬레가 스위스 기업이라는 사실을 아는 사람은 많지 않다. 세계 각국의 이질적인 소비자들을 철저하게 파악하여 현지화를 꾀하려는 노력 덕분이다.

수 있지만 1970년대에는 그렇지 않았다. 나는 한동안 일본에서 지내면서 전통차가 일본인들에게 대단히 중요한 의미를 지닌다는 사실을 알게 되었다. 그러나 그들이 커피에 대해 어떤 감정을 가지고 있는지는 감을 잡을 수가 없었다. 나는 여러 그룹을 모아서 일본인들에게 커피가 어떻게 각인되어 있는지 알아보기로 했다. 네슬레가 일본으로 진입하는 데 도움이 될 중요한 메시지는 거기 숨어 있다고 생각했기 때문이다.

나는 각 그룹마다 세 시간짜리 모임을 구성했다. 첫번째 시간에 나는 다른 행성에서 지구를 방문한 사람 역을 맡았다. 이 방문객은 커피를 한번도 본 적이 없고 어떻게 '사용'하는지도 알지 못하는 사람이었다. 나는 사람들에게 커피에 대해 이야기해달라고 도움을 청했다. 그들의 생각을 파악하고 싶었기 때문이다.

두번째 시간에는 사람들을 초등학생처럼 바닥에 앉게 한 다음, 가위와 잡지들을 주고 커피에 관한 단어들을 뜯어 붙이게 했다. 그들이 뜯어 붙인 단어들을 가지고 이야기를 하게 해서 더 많은 단서를 얻으려는 목적 때문이었다.

세번째 시간에는 참가자들에게 베개를 베고 바닥에 눕게 했다. 물론 주저하는 사람들도 있었지만 나의 진지한 의도를 납득시켰다. 나는 편안한 음악을 틀어주고 참가자들에게 긴장을 풀게 했다. 긴장을 풀면서 사람들의 활발했던 뇌파가 잠잠해져 수면 직전의 평온한 상태에 도달했을 때, 나는 그들과 함께 시간을 거슬러 올라가 10대를 거쳐 아주 어린 시절로 되돌아가는 여행을 했다. 그리고 그들이 어린 시절로 되돌아갔다고 생각됐을 때 커피에 관해 다시 생각해보게 하고 커피에 대한 최초의 기억, 처음 맛보았을 때의 느낌, 그 밖에 다른 것이 있었다면 가장 의미 있는 기억을 말해달라고 요청했다.

이런 과정을 마련한 목적은 커피에 대한 참가자들의 최초의 각인과 커피와 연관된 감정을 되살려내는 데 있었다. 그러나 대부분의 경우 이 여행은 목적지에 도달하지 못했다. 이런 사실이 네슬레에 의미하는 바는 아주 분명했다. 일본인들은 전통차에 대해서는 아주 강한 감정을 드러냈지만(이런 사실을 나는 모임 첫 시간에 묻지 않고도 알 수 있었다), 커피에 대한 각인은 대부분 피상적이었다. 실제로 일본인들 대부분은 커피에 대한 각인이 전혀 되어 있지 않았다.

이런 상황에서 소비자의 기호를 전통차에서 커피로 바꾸겠다는 네슬레의 전략은 실패할 수밖에 없었다. 감정적인 반향이 이처럼 약하다면 일본 문화에서 커피는 전통차의 경쟁 상대가 되지 못할 게 뻔했다. 따라서 일본 시장에서 성공하려면 처음부터 시작해야만 했다. 그것은 커피에 의미를 부여하고, 커피를 각인시키는 작업이었다.

새로운 정보를 알게 된 네슬레는 곧 새로운 전략을 수립했다. 인스턴트커피를 파는 대신 카페인이 없는 커피향을 첨가한 어린이용 과자류를 만들었다. 전통차에 몰두해 있던 젊은 세대는 이 과자들을 기꺼이 받아들였다. 그리고 이들의 커피에 대한 최초의 각인은 매우 긍정적으로 이루어졌다. 이런 과정을 통해 네슬레는 일본 시장에서 중요한 발판을 마련했다. 비록 일본인에게 전통차를 포기하도록 설득한 것은 아니지만, 1970년에만 해도 거의 전무했던 일본에서의 커피 판매량이 현재 연간 5억 파운드에 이르고 있다. 네슬레는 제품에 대한 소비자의 각인 과정이 마케팅 전략과 어떻게 직접 연관되는가를 이해함으로써 일본 문화에 진입할 수 있는 문을 열었고, 비틀거리던 사업을 다시 부활시키는 데에 성공했다.

그런데 이런 결과는 내게 훨씬 큰 도움이 되었다. 주로 전통차를 마시는 일본인에게 커피에 대한 의미 있는 각인이 이루어져 있지 않다는 사실은 거꾸로 생각해보면 어린 시절의 각인이 현재 그들의 행동에 깊은 영향을 미치고 있음을 나타내는 것이었다. 또한 스위스인(네슬레는 스위스 회사다)과 달리 일본인에게 커피에 대한 특별한 각인이 없다는 사실은 문화의 차이에 따라 각인이 달라질 수 있다는 점을 분명하게 보여주는 것이기도 했다. 이러한 각인의 근원에 도달할 수 있다면, 즉 문화의 요소들을 '해독해' 감정과 그에 따르는 의미를 찾아낼 수 있다면, 인간의 행동과 그 차이에 관해 많은 것을 알게 될 것이다. 바로 이러한 희망이 나로 하여금 일생을 모든 문화의 무의식 속에 숨은 코드를 발견하는 일에 몰두하도록 만들었다.

:: 인간을 이해하는 새로운 안경을 얻다

한 남자와 한 여자가 만나 아이를 낳으면 그들은 새나 물고기 또는 악어가 아닌 작은 인간을 얻게 된다. 그들의 유전 코드가 그렇게 요구하기 때문이다. 그리고 미국 남자와 미국 여자가 만나 아이를 낳으면 그들은 작은 미국인을 얻게 된다. 이것은 유전 코드 때문이 아니라 다른 코드, 즉 컬처 코드가 작용하기 때문이다.

예를 들어보자. 프랑스어로 '태양'은 남성명사인 '솔레이(le soleil)'인데, 프랑스인은 솔레이 하면 곧 태양왕 루이 14세를 연상한다. 어릴 때부터 이런 연관성이 각인된 프랑스인은 태양을 남성으로 인식하며, 나아가 남성을 찬란하게 빛나는 존재로 본다. 한편 여성은 달을 뜻하는 여성명사인 '룬(la lune)'과 연관된다. 달은 스스로 빛을 내지 않고 태양의 빛을 반사한다. 우리는 이런 관찰을 함으로써, 그리고 프랑스 아이들이 이런 용어들을 받아들이는 과정을 이해함으로써 프랑스 남자와 프랑스 여자의 관계에 대해 많은 것을 배울 수 있다.

그러나 독일인에게 이 단어들은 거의 정반대의 의미를 나타낸다. '태양'을 뜻하는 존네(die sonne)는 여성형이며, 독일인은 여성을 이 세상을 따뜻하게 하고, 사물을 자라게 하며, 아이를 기르는 존재라고 생각한다. 반면에 독일에서 남성은 밤이고, 어둠이며, 달이다. '달'을 뜻하는 몬트(der mond)는 남성형이다. 이런 현상을 통해 문화 속에서 남녀 양성이 이루는 상호적인 관계와 사회 속에서 양성이 수행하는 역할에 관해 많은 것을 알 수 있다.

'태양' 또는 '달'과 같은 단어의 간단한 습득 과정을 통해 프랑스인과 독일인이 정반대의 각인을 가지고 있는 것처럼 모든 문화는 저마다 이런 단어들에 대한 해석, 즉 코드가 다르다. 다양한 각인들에 대한 다양한 코드들이 모두 결합되면, 이 문화 속에서 사는 사람들이 의식하지 않고 사용하는 '준거 체계(reference system)'가 생겨난다. 그리고 이런 준거 체계들이 지침이 되어 다양한 문화가 다양한 방법으로 형성되어간다.

각인과 코드의 관계는 자물쇠와 비밀번호의 관계와 같다. 자물쇠는 올바른 숫자를 바른 순서로 맞춰야 열 수 있다. 광범한 각인의 코드를 찾아내는 일에는 아주 깊은 의미가 있다. 코드를 찾아내면 우리의 가장 근본적인 문제 중 하나, 즉 "우리가 현재와 같은 방식으로 행동하는 이유"를 알 수 있다. 코드를 이해하면 놀랍고 새로운 도구가 생긴다. 우리 자신과 우리의 행동을 볼 수 있는 '새로운 안경'을 얻게 되는 것이다. 이 안경을 쓰면 우리 주변의 모든 사물을 보는 방식이 달라지며 우리가 항상 의심해왔던 것이 사실임을 입증해준다. 즉 전세계 인류는 공통적인 인간성을 지니고 있음에도 서로 '다르다'는 사실을 알게 되는 것이다. 코드는 사람들이 어떻게 다른가를 이해하는 방법을 제시해준다.

:: 세상을 보는 눈을 바꾸다

이 책은 '포춘 100대 기업'을 비롯해 전세계 주요 기업들을 위해 30여 년간 300회 이상 '각인 발견 작업(discovery session)'을 수행해온 경험의 총결산이다. 나는 오랜 연구를 통해 각인 발견을 위한 구체적인 방법을 고안해냈고, 이를 입증하고 검증해서 특허까지 얻었다. 내가 수행한 각인 발견 작업은 고객 기업들의 매출 증대와 수익 향상에 실제로 커다란 기여를 했고, 기업들도 그 결과에 대해 많은 신뢰를 보내주었다.

그동안의 각인 발견 작업을 통해 나는 컬처 코드라는 안경이 우리의 주변 세계를 새롭고도 역동적인 통찰력으로 바라볼 수 있게 해준다는 사실을 확신하게 되었다. 이 책에서 나는 각인 발견 작업의 방법에 대해 함께 나누고자 하며, 아울러 각인 발견 작업을 통해 세계 주요 문화들에 대해 배운 내용 중의 일부도 공유하고자 한다.

나의 일차적인 목적은 이 책의 독자들을 해방시키는 것이다. 각자 자신이 현재의 방식대로 행동하는 이유를 이해하면 놀라운 자유를 얻을 수 있다. 그리고 이 자유는 인간관계, 소유물, 현재 하고 있는 일에 대한 생각들을 바꿔놓을 것이며, 각자의 정체성에 대해 새롭게 인식하는 계기를 제공할 것이다. 궁극적으로는 생활의 모든 부분에 영향을 미치게 될 것이다.

이 책에서 다룰 주제들은 우리의 삶에 영향을 미치는 가장 중요하면서도 강력한 요소들, 즉 섹스와 돈, 인간관계, 음식, 비만, 건강 등이다. 책을 읽어나가면서 독자들은 나의 각인 발견 작업이 어떻게 코드를 찾아내는지, 코드가 밝혀지면 어떻게 자신의 행동을 새롭게 이해하게 되는지를 보게 될 것이다. 그리고 자신과 다른 문화에 속한 사람들이 왜 다르게 행동하는지, 그리고 그 차이에 어떤 의미가 있는지를 알게 될 것이다.

일단 코드를 알게 되면 어떤 사물도 예전처럼 보이게 되지는 않을 것이다!

Chapter 01

문화적 무의식의 발견

코드를 발견하는 다섯 가지 원칙

내가 현재 코드를 발견하는 작업 방식은 30여 년 전 네슬레를 위해 작업을 할 때와 동일하다. 코드를 밝혀내기 위한 나의 방법론은 다섯 가지 원칙을 따르고 있으며, 이 원칙들을 알면 작업의 각 단계에 적합한 사고방식을 이해하는 데 도움이 될 것이다.

다섯 가지 원칙들을 설명하려면 실제로 코드를 발견하는 작업 과정을 들여다보는 방법이 가장 좋다. 그래서 지금부터 자동차에 대한 미국인의 코드를 밝혀낸 과정으로 여러분을 안내하려 한다. 나는 여러 해 전에 크라이슬러를 위해 이 작업을 진행했으며 지프 랭글러를 생산할 때도 동일한 일을 맡은 바 있다. 신형 자동차 생산을 준비중이던 크라이슬러가 사람들이 자동차에서 진정으로 원하는 바가 무엇인지 파악하기 위해 내게 작업을 의뢰한 것이다. 그 무렵 미국인들은 SUV와 미니밴, 트럭에 점점 매력을 느끼고 있었고 그만큼 세단형의 자동차 판매량은 줄어들고 있었다. 자동차업계에는 대중이 앞으로 세단형 자동차에 별 흥미를 느끼지 못할 것이라고 주장하는 사람들도 있었다. 그러므로 크라이슬러 입장에서는 미국인의 자동차에 대한 코드를 발견하기 위한 작업이 여러모로 아주 중요한 과제였다. 사람들이 더 이상 세단형 자동차를 선호하지 않게 되리란 사실이 밝혀지면, 회사가 나아갈 방향이 크게 달라질 것이기 때문이었다.

:: 원칙 1 : 사람들의 말을 믿지 마라

미국인은 자동차에서 무엇을 기대할까? 이런 질문을 하면 여러 가지 답변을 듣게 된다. 그 중에는 최고의 안전성과 뛰어난 연비, 핸들링, 그리고 선회력 따위가 있다. 나는 이런 답은 하나도 믿지 않는다. 그 이유는 컬처 코드의 첫번째 원칙 때문이다. 이 원칙에 따르면 사람들의 진심을 이해하기 위해서는 그들의 말을 무시하는 것이 유일한 방법이다. 그렇다고 해서 사람들이 일부러 거짓말을 한다거나 자신의 의사를 정확하게 표현하지 못한다는 뜻은 아니다. 다만 자신의 관심사나 취향에 대한 질문을 받으면 자신의 생각이 아니라 질문자가 원하는 답변을 하는 경향이 있다는 뜻이다. 이러한 행동은 일부러 속이려고 그러는 것이 아니라, 질문에 답할 때 감정이나 본능보다 지성을 관장하는 대뇌피질이 먼저 작용하기 때문이다. 대부분의 사람들은 질문을 받으면 깊이 생각하고 검토해서 답변을 내놓는다. 그리고 자신들이 진실을 말하고 있다고 믿는다. 실제로 거짓말 탐지기를 사용해도 진실이라는 결과가 나온다. 그러나 그들이 말하는 것들은 대체로 진실이 아니다.

   진실이 아닌 이유는 간단하다. 그것은 사람들이 대부분 자신이 왜 그런 답변을 하는지 모르기 때문이다. 고전적인 연구 사례에서 우리는 그러한 사실을 알 수 있다. 19세기 과학자인 장 마르탱 샤르코

(Jean-Martin Charcot)는 한 여성 환자에게 최면을 건 뒤 우산을 건네주고 그것을 펼치라고 지시했다. 그러고는 그녀를 최면 상태에서 천천히 깨어나게 했다. 제정신으로 돌아온 그녀는 자신의 손에 들려 있는 우산을 보고 깜짝 놀랐다. 샤르코는 그녀에게 왜 실내에서 우산을 들고 있느냐고 물어보았다. 그녀는 샤르코의 질문에 어쩔 줄 몰라 했다. 그녀는 샤르코의 지시는 물론 방금 전에 일어났던 일들을 기억하지 못했다. 그녀는 당황해하며 천장을 쳐다보았다. 그러다가 다시 샤르코를 바라보며 이렇게 말했다.

"아까 비가 내렸어요."

그녀는 자신이 실내에서 우산을 펼쳐들고 있었던 이유가 비가 내렸기 때문이라고는 생각하지 않았다. 하지만 질문을 받자 대답을 해야 한다고 생각했고, 비가 내렸기 때문이라는 것이 그녀가 궁리해낸 유일한 논리적 답변이었다.

우리는 자기 성찰을 할 때에도 대개 잠재의식에까지 도달하지 못한다. 행동의 대부분을 지배하는 이 강력한 힘과 상호 작용하는 일이 좀처럼 없는 것이다. 따라서 우리는 질문을 받으면 논리적으로 보임직한, 혹은 질문자가 기대함직한 답변을 하게 된다. 그러나 이런 답변으로는 우리의 감정을 조정하는 무의식적인 힘이 드러나지 않는다. 이것이 바로 여론조사와 시장조사가 자주 판단을 그르치게 하거나 무용지물이 되는 이유다. 또한 크라이슬러의 경영진이 지프 랭글러에 대해 그릇된 답변을 얻은 이유이기도 하다. 여론조사나 시장조사는 사람들의 '진심'이 아닌 '말'을 반영하고 있을 뿐이다.

연구 생활 초기에 깨달은 사실이 하나 있다. 사람들에게 진실을 인식하게 하려면 앞에서 말했듯이 외계에서 온 사람처럼 '직업적인 이방인' 노릇을 해야 한다는 점이다. 나는 사람들에게 다음과 같은 사실을 납득시켜야 한다. 즉 "나는 완전히 문외한이어서 어떤 제품의 작동 방법이나 매력 또는 그 상품이 불러일으키는 감정 등을 이해하려면 당신들의 도움이 필요하다."라는 점을 말이다. 당신은 커피를 어떻게 다룹니까? 돈은 일종의 의복인가요? 사랑은 어떻게 작동시키지요? 이런 질문을 하면 사람들은 대뇌피질에서 분리되어 해당 제품을 처음 접했을 때로 되돌아가기 시작한다.

각인 발견 작업의 세번째 시간이 오면 참가자들은 마루에 베개를 베고 누워 편안한 음악을 듣게 되는데, 이때 사람들은 진심을 말하기 시작한다. 그리고 이런 과정을 통해 뇌의 다른 부분들을 사용하게 된다. 그들의 답변은 이제 본능이 자리잡은 파충류 뇌(reptilian brain)에서 나온다. 파충류 뇌는 제1두뇌로서 가장 원초적인 내면이라 할 수 있으며, 진실한 답은 바로 여기에 있다.

대부분의 사람들은 잠에서 깨어난 후 5~10분 안에 꿈을 생생하게 기억하곤 한다. 하지만 그 시간 안에 꿈의 상세한 내용들을 기록해두지 않으면 영영 잊어버리는 것이 보통이다. 그 이유는 잠에서 완전히 깨어나지 않은 상태에 있어야만 기억과 본능에 접근하기 쉽기 때문이다. 각인 발견 작업중에 시행되는 긴장 완화 과정을 통해 참가자들은 이런 상태에 접근하게 되고, 그러는 동안 대뇌피질을 지나 파충류 뇌와 재접속할 수 있다. 실제로 사람들은 이러한 과정을 통해 여러 해 동안 잊고 있었던 기억이 되살아났다고 말한다.

크라이슬러로부터 작업을 의뢰받은 나는 참가자들을 소집해 그들이 자동차에서 정말 원하는 바가 무엇인지 물어보았다. 내가 일차적으로 얻은 답변은 순전히 대뇌피질에서 나온 것들로서 뛰어난 연비, 안전성, 기계장치의 신뢰성 등이었다. 하지만 이런 답변들은 모두 우리가 자동차라는 주제와 관련해 미리 대답하도록 학습된 것들이다. 작업이 차례로 진행되면서부터 차츰 공감할 수 있는 답변들이 나오기 시작했다. 1964년식 머스탱(Mustang)과 폭스바겐(Volkswagen)의 비틀(Beetle), 1950년대의 캐딜락(Cadillac) 등 과거에 생산된 독특한 자동차들에 관한 기억들, 처음 자동차 열쇠를 손에 쥐었을 때 느꼈던 해방감에 관한 이야기, 자동차 뒷좌석에서 처음 성적 경험을 했을 때에 관한 수줍은 고백 등을 들을 수 있었다. 나는 미국인이 자동차에서 정말 원하는 것이 무엇인지 조금씩 감을 잡기 시작했다. 그들은 자동차에서 무엇인가 독특한 것을 원했다. 자유를 원했고, 관능적인 경험을 원했다.

이러한 각인 발견 작업을 통해 탄생한 자동차가 피티 크루저(PT Cruiser)이다. 피티 크루저는 강인한 모양과 함께 아주 강력한 메시지를 담고 있다. 이 자동차를 본 사람들의 반응도 매우 강렬했다. 물론 피티 크루저를 싫어하는 사람들도 있었다. 제아무리 특별한 물건이라도 전혀 매력을 느끼지 못하는 이들은 늘 있는 법이다. 그 사람이 다른 이들과 동일한 문화에 속해 있다 해도 마찬가지다. 그 이유에 대해서는 Chapter 3에서 자세히 살펴보게 될 것이다.

그러나 대부분의 사람들은 피티 크루저를 열광적으로 좋아해서 상업적으로 큰 성공을 거두게 되었다. 최근에 출시된 차 중에서 피티 크루저는 가장 인기가 많아 사람들은 이 차를 구입하기 위해 4,000달

미국인이 자동차에서 진심으로 기대하는 것은 뛰어난 성능이 아니라 자유롭고 관능적인 경험이다. 독특하고 도전적이며 섹시한 이미지를 갖고 있는 피티 크루저는 바로 그러한 이미지를 잘 살림으로써 폭발적인 인기를 끌 수 있었다.

러나 더 치르고 대기자 명단에 자기 이름을 올릴 정도였다. 피티 크루저가 이처럼 돌풍을 일으킨 까닭은 어디에 있을까? 사람들이 원하고 있는 것들을 그대로 갖고 있기 때문일까? 아니다. 피티 크루저는 다른 세단형 자동차보다 연비, 안정성, 기계장치의 우수성 등 어떤 면에서도 특별히 뛰어나지 않았다. 그러나 피티 크루저는 독특하고, 도전적이며, 섹시했다. 또한 사람들의 말보다는 진심에 호소했다. 사람들의 일차적인 답변을 그대로 받아들였다면 크라이슬러는 효율적이지만 따분한 세단형 자동차를 또 하나 생산했을 테고, 대중은 외면했을 것이다. 다시 말하면 크라이슬러는 사람들의 '진심'을 알아냄으로써 단순한 자동차가 아닌 하나의 '현상(phenomenon)'을 만들어낸 것이다.

:: 원리 2 : 감정은 학습에 필요한 에너지다

각인 발견 작업 과정에서는 언제나 아주 강력한 감정들이 표출되었다. 세번째 시간이 끝나면 사람들이 내게 와서 옛 기억 때문에 눈물을 흘렸다거나, 기쁨에 넘쳤다거나, 마음이 몹시 불편했다고 말했다. 이는 이상한 일이 아니다. 이런 상황은 거의 매번 일어났으며, 사무용품과 화장지에 관한 각인 발견 작업에서도 마찬가지였다.

　감정은 학습의 열쇠이자 각인의 열쇠다. 감정이 강할수록 경험도 명확하게 습득된다. 어린아이와 뜨거운 냄비의 경우를 다시 한번 생각해보자. 감정은 반복으로 강화되는 일련의 정신적인 연관관계(나는 이를 정신적인 고속도로라고 부른다)를 만들어낸다. 이러한 정신적인 고속도로는 우리가 세계를 인식하는 방법을 규정한다. 즉 이 고속도로는 세계에 대한 경험(뜨거운 냄비를 만지는 행위와 같은)에서 세계와 대면하는 유용한 방법(앞으로 뜨거운 물건은 무조건 피하는)으로 가는 길이다.

학습은 대부분 어린 시절에 이루어진다. 7세가 되면 대개 정신적인 고속도로가 완성된다. 그러나 감정을 통해 새로운 각인을 얻는 과정은 이후에도 계속 이어진다. 베이비 붐 세대에 속한 미국인들은 대부분 존 케네디(John Kennedy) 대통령의 암살 소식을 들었을 때 자신이 어디서 무엇을 하고 있었는지 기억해낼 수 있다. 현재 살아 있는 미국인들은 대부분 세계무역센터 붕괴를 목격한 경험을 생생하게 되살릴 수 있다. 그 이유는 이런 경험들이 감정적으로 아주 강력해서 우리 뇌에 효과적으로 각인되었기 때문이다. 우리는 그런 경험을 도저히 잊지 못할 것이며, 그 주제에 관련된 이야기만 나와도 각인이 이루어진 순간으로 되돌아가게 된다.

노르망디 농민들은 기묘하고도 불쾌한 의식을 한 가지 갖고 있다. 이 의식은 그들이 각인을 본능적으로 이해하고 있음을 나타내는 동시에 그것을 잘못 이용하고 있음을 보여준다. 한 가정에서 맏아들의 일곱번째 생일이 되면, 아버지는 아이를 자신의 소유지로 데리고 나가 토지의 모퉁이를 전부 밟게 한다. 그리고 모퉁이를 밟을 때마다 아들을 때린다. 이러한 의식은 혐오스럽고 부자관계에도 별로 도움이 되지 않지만, 아이로 하여금 소유지의 경계를 감정적으로 매우 깊이 각인하도록 하는 데는 효과가 있다. 또한 아버지는 이런 경험을 한 아들이 장차 물려받을 토지의 경계를 영원히 잊지 않을 것이라는 사실을 안다.

나도 미국에서의 영어 학습과 관련해 잊지 못할 경험이 있다. 1970년대에 미국에 도착한 지 얼마 되지 않아 토머스제퍼슨대학교에서 교수 생활을 시작했을 때의 일이다. 그러니까 미국 영어로 말하는 법을 막 익히고 있을 무렵이었다. 당시 나는 창문이 없는 큰 강의실에서 수업을 시작했고 첫날이라서 강의의 목표를 설명하고 있었다. 그런데 그 순간 학생 하나가 "와치 아웃(watch out, 조심하세요)!" 하며 내게 소리를 질렀다. 나는 그때까지 '와치 아웃'이라는 말을 들어본 적이 없었으므로 그 학생이 무슨 말을 하는지 몰랐다. 그래서 즉각 머리를 굴려 그 말의 의미를 찾아내려고 했다. '와치'가 '보다'라는 뜻이고, '아웃'은 '바깥'이라는 의미일 테니까, 바깥을 내다보라는 말이 아닐까? 하지만 강의실에는 창문이 없었기 때문에 밖을 내다볼 수가 없었다. 물론 이 모든 일은 순식간에 일어났다. 학생의 경고가 있은 직후 천장의 한 부분이 내 머리 위로 떨어졌고, 나는 바닥에 쓰러져 피를 흘리며 의료진을 기다리는 신세가 되었다.

이제 나는 '와치 아웃'이 무슨 뜻인지 정확히 알고 있다. 사실 누가 내게 그렇게 말하면 나는 아직도 천장을 먼저 쳐다보게 된다. 혹시 천장이 내 머리 위로 떨어지지는 않을까 염려해서다.

어쨌든 피티 크루저를 탄생시킨 각인 발견 작업을 통해 자동차 운전의 경험과 관련된 감정이 매우 강하다는 사실이 밝혀졌다. 사람들에게 맨 처음 자동차를 운전하게 된 순간을 이야기하라고 하면, 그들의 인생이 바로 그때부터 시작된 것처럼 말한다. 반대로 노인들이 자동차 열쇠를 빼앗긴 순간을 이야기할 때는 인생이 다 끝난 것처럼 말한다. 미국인 대부분은 자동차 뒷좌석에서 생애 첫 성적 체험을 하며, 그것은 자동차에 대한 그들의 감정이 얼마나 강렬한지를 짐작할 수 있게 해준다.

자동차 운전과 소유에 대한 감정이 매우 강력하므로, 피티 크루저는 사람들에게 강렬한 느낌을 줄 수 있는 차가 되어야 한다는 점이 분명해졌다. 따라서 강렬한 감정을 정당화해줄 수 있는 독특한 개성을 갖춰야 했다. 우리는 강한 개성과 새로운 자동차를 동시에 창조하기 위해 문화, 즉 너무 친숙해 이미 무의식 속에 자리잡고 있는 것들을 활용하기로 했다. 우리가 선택한 대상은 알 카포네(Al Capone)가 몰고 다녀서 유명해진 갱단의 자동차였다. 이것은 피티 크루저의 상징이 되었음은 물론 피터 크루저에게 매우 강한 개성을 부여했고―지금도 도로를 달리는 자동차 중에 피티 크루저 같은 차는 없다―소비자들도 이에 호응했다. 피티 크루저가 또 하나의 세단형 자동차가 되었다면 대중들은 외면하고 말았을 것이다. 피티 크루저의 독특한 개성은 대중의 감정적인 면에 강력히 호소하는 것이었고, 그래서 성공을 거둘 수 있었다.

:: 원리 3 : 내용이 아닌 구조가 메시지다

지프 랭글러의 경우와는 달리 새로운 각인 발견 작업에서는 자동차 전반을 다뤄야 했다. 예상한 대로 참가자들은 미니밴과 오픈카, T모델 자동차, 미래형 시제차 등 온갖 종류의 자동차에 대해 이야기했다. 참가자들의 생각이 이처럼 광범위한데 어떻게 코드를 찾아낼 수 있었을까? 우리는 내용이 아닌 구조를 봤다.

에드몽 로스탕(Edmond Rostand)이 쓴 희곡《시라노 드 베르주라크 *Cyrano de Bergerac*》에서 시라노는 극적인 칼싸움을 벌인다. 시라노 이야기는 1987년에 스티브 마틴(Steve Martin)이 주연한 영화 〈록산느Roxanne〉에서 재현되었다. 마틴이 역을 맡은 주인공 베일스(C. D. Bales)는 시라노와 비슷한 싸움을 벌이지만 이번에는 테니스 라켓을 이용한다. 여기에서 칼과 테니스 라켓의 차이는 중요하지 않다. 칼과 테니스 라켓은 내용일 뿐이다. 칼이든 테니스 라켓이든 무엇을 사용해도 동일한 이야기를 할 수 있는데, 이는 내용이 의미에 비해 본질적인 요소가 아니라는 뜻이다. 〈웨스트 사이드 스토리West Side Story〉도 마찬가지다. 그 내용은 〈로미오와 줄리엣Romeo and Juliet〉과 다르지만 동일한 이야기를 한다.

중요한 것은 이야기의 구조, 즉 다양한 요소들 간의 관계다. 시라노와 베일스, 두 사람 모두에게 결투는 명예를 지키는 일이다. 중요한 점은 싸움에 이르는 필연적인 과정이며, 두 이야기의 세부적인 내용은 달라도 필연적인 과정은 동일하다.

멜로디를 놓고도 동일한 이야기를 할 수 있다. 아침이든 저녁이든, 피아노이든 바이올린이든, 여름이든 겨울이든 동일한 멜로디를 연주할 수 있다. 연주자는 젊은이이거나 노인일 수도 있고, 부자이거나 가난뱅이일 수도 있으며, 남자이거나 여자일 수도 있다. 음정도 대개 엉터리다. 키나 옥타브가 달라도 연주되는 멜로디가 여전히 동일하면 그만이기 때문이다. 앞에서 말한 모든 요소는 내용이다. 구조는 음과 음 사이의 공간, 각 음과 그 뒤에 나오는 음 사이의 범위, 그리고 리듬을 가리킨다.

행동의 배후에 있는 참된 의미를 찾아내는 열쇠는 구조를 이해하는 데 있다. 인류학자인 클로드 레비스트로스(Claude Lévi-Strauss)는 혈족관계를 연구하면서 자신은 사람들에게는 관심이 없으며 그들의 관계, 즉 '사람들 사이의 공간'에 관심이 있다고 말했다. 조카가 없으면 삼촌도 없고, 남편이 없으면 아내도 없으며, 자녀가 없으면 어머니도 없다. 혈족관계는 구조다.

사람들의 행동 방식을 이해하려면 행동 자체의 내용보다는 구조를 살펴봐야 한다. 어떤 경우이든 사람의 행동에는 세 가지 독특한 구조가 있다.

첫번째는 생물학적 구조인 유전자(DNA)다. 원숭이와 인간, 소, 기린은 동일한 내용으로 만들어져 있다. 그러나 여러 종이 저마다 독특한 까닭은 그 유전자의 조직이—그 구조가—독특하기 때문이다.

두번째는 문화다. 모든 문화에는 언어와 예술, 거주지, 역사 등이 있으며 이 모든 요소들, 즉 이 내용이 조직되는 방식을 통해 각 문화의 독특한 개성이 생겨난다.

마지막 구조는 개체다. 우리를 인간으로 만드는 유전자 속에는 무한한 다양성이 있다. 우리는 저마다 자기 고유의 정신적 각본을 갖는 동시에, 부모와 형제, 가족과의 관계를 통해 독특한 정체성을 만들어낸다. 일란성 쌍둥이도 결국에는 서로 다른 독특한 정체성을 갖게 된다. 그 중 하나가 먼저 태어나고 또 하나가 나중에 태어난다. 그들은 정확히 동일한 시각에 동일한 장소에 갈 수가 없으며, 조금씩 세상을 서로 다른 관점으로 보게 된다. 그들은 동일한 내용으로 시작하지만 서로 다른 구조를 발전시키는 것이다.

    나는 각인 발견 작업의 세번째 시간에 참가자들에게 이야기를 하게 하고는 그 내용에는 관심을 두지 않고 구조에 집중한다. 크라이슬러를 위한 작업을 할 때, 한 참가자가 스포츠카를 말하는 동안 다른 한 사람은 가족용 세단형 자동차에 대해 이야기했고, 또 다른 사람은 1950년식 패커드(Packard)를 그리워했다. 물론 이 이야기들은 내용면에서 아무 관련이 없었다. 그들이 차를 몰고 시내로 들어가든, 시골길을 가든, 아니면 활짝 트인 고속도로를 달리든, 그것 역시 각인을 발견하는 것과는 상관이 없었다. 중요한 것은 운전자와 자동차의 관계, 운전 경험과 그에 따른 감정의 관계였다. 이런 관계, 즉 구조를 통해 우리는 미국인의 강한 정체성이 자동차에서 기인한다는 사실을 확인하게 되었으며, 덕분에 그러한 정체성을 강화해주는 피티 크루저를 개발하게 되었다.

:: 원리 4 : 각인의 시기가 다르면 의미도 다르다

나는 여러분에게 첫 경험을 할 수 있는 기회는 일생에 두 번 오지 않는다는 사실을 말해주고 싶다. 우리는 대부분 7세까지 인생에서 가장 중요한 사물의 의미를 각인한다. 7세 미만의 어린이에게는 감정이 가장 중요한 힘이고(증거가 필요하다면, 아동의 감정 상태가 한 시간 동안 얼마나 자주 변하는지 지켜보라), 7세 이후의 어린이는 논리에 따라 움직인다. 그리고 대부분 7세 이전에는 한 가지 문화만 접한다. 이들은 집이나 주변 지역에서 대부분의 시간을 보낸다. 미국의 어린이들은 의미 있는 방식으로 일본 문화를 접할 기회가 거의 없다. 일본의 어린이들도 아일랜드 문화를 체험할 기회가 드물다. 따라서 이처럼 어린 나이에 잠재의식 속에서 이루어지는 강력한 각인은 그들이 어떤 문화에서 성장하고 있느냐에 따라 결정된다. 미국의 어린이는 미국이라는 환경에서 가장 활발한 학습 기간을 보내며, 이 학습 기간에 형성된 정신구조가 잠재의식을 지배하게 된다. 그리고 당연히 이 어린이는 미국인으로 자라난다.

이것이 바로 문화가 다르면 동일한 사물에도 서로 다르게 반응하는 이유다. 땅콩버터를 예로 들어보자. 미국인은 땅콩버터에서 감정적인 각인을 강하게 받는다. 그들은 어릴 때부터 어머니가 땅콩버터를 바른 샌드위치를 만들어주기 때문에 땅콩버터를 보면 어머니의 사랑과 보살핌을 연상한다. 반면에 프랑스 가정에서는 땅콩버터를 자주 먹지 않는다. 따라서 어린 시절을 프랑스에서 보낸 내게는 이런 감정적 각인이 없다. 강한 감정적인 관계를 형성할 수 있는 시기가 끝난 뒤에야 땅콩버터를 알게 된 내게는 땅콩버터가 어머니의 깊은 사랑이 아닌 그저 하나의 식품일 뿐이었다. 땅콩버터를 먹어봤지만 특별한 느낌이 없었다. 그러나 모든 프랑스 가정에서 즐겨 먹고 있는 치즈는 전혀 다르다. 치즈를 먹을 때마다 내 무의식은 어린 시절부터 감정적인 관계를 맺어온 맛을 떠올린다.

아직 10대인 내 아들 도리안은 거의 미국인이라 할 수 있다. 그러나 프랑스에 있는 집에서 나와 함께 많은 시간을 보냈기 때문에 일정한 사물에 대해서는 프랑스 어린이와 거의 비슷하게 학습되어 있다. 샴페인이 그런 사례 중 하나다. 프랑스인들은 샴페인을 자주 마시는 데, 이는 알코올 성분 때문이 아니라 그 맛을 음미하는 걸 즐기기 때문이다. 포도주도 취하려고 마시는 것이 아니라 그 향기를 즐기거나 음식 맛을 좋게 하려고 마신다.

프랑스 아이들은 아주 어린 시절부터 샴페인을 맛본다. 각설탕이나 과자를 샴페인에 담가 먹으며, 그러는 사이 그 향기와 특성을 알게 된다. 도리안도 프랑스에서 샴페인을 자주 마신 덕분에 그 맛을 음미할 줄 알고, 축하할 일이 있으면 샴페인을 마신다는 것도 안다. 프랑스에서는 축하할 일이 있을 때 샴페인을 자주 마시기 때문이다. 한번은 우리 가족이 미국의 한 레스토랑에서 축하 파티를 한 적이 있었다. 당시 예닐곱 살이었던 도리안이 샴페인 잔을 달라고 하자 웨이터는 코웃음을 쳤다. 내가 괜찮다고 말해줘도 웨이터는 내 말을 믿지 않았다. 아마 어린아이에게 술을 주는 것은 옳지 않다고 생각해서 그랬는지도 모른다. 결국 웨이터는 소다수에다 오렌지주스를 조금 섞어서 도리안에게 건네주었고, 도리안은 그 맛을 보자마자 옆으로 밀쳐놓았다. 도리안은 샴페인 맛이 더 좋았던 것이다.

미국인은 대부분 10대쯤에 처음 술을 경험한다. 술에 대한 각인이 이루어지는 것도 이때다. 이는 프랑스인이 술을 배우는 연령대와 전혀 다르며, 따라서 그 의미도 다르다. 미국인에게 술이란 취하게 해주는 도구일 뿐이다. 미국의 10대들이 맥주를 마시며 그 맛을 음미하는 일은 거의 없다. 그들은 술을 마시면 자신이 엉망으로 된다는 사실만 인식했을 뿐 그 이상은 배우지 못했다. 실제로 그들이 술에 반응하는 방식은 내가 땅콩버터에 반응하는 방식과 거의 다를 바가 없다. 그들은 그 맛에 아무런 매력도 느끼지 못하지만, 단지 술을 마시면 정신 상태가 달라진다는 사실을 알고 있기에 계속 마신다.

피티 크루저의 이야기로 다시 되돌아가보자. 나는 자동차가 미국 문화에 꼭 필요한 것임을 알게 되었다. 미국 아이들은 자동차와 연관된 감동을 각인하고 있기 때문이다. 미국인은 자동차를 좋아하며, 자동차를 타고 밖으로 나가는 것을 즐긴다. 자동차에 대한 각인 발견 작업이 진행되는 동안 참가자들은 부모가 흥분한 모습으로 새 차를 몰고 집으로 왔던 일, 주말에 가족과 함께 드라이브를 하며 느꼈던 행복과 유대감, 스포츠카를 처음 탔을 때 가슴 떨렸던 경험 등을 끊임없이 이야기했다. 미국 아이들은 자동차가 가족 간의 유대감과 행복을 가져다주는 필수적이고 과시적인 생활용품이라는 사실을 일찍부터 배운다. 그래서 그들이 성장해 자동차를 구입할 때가 되면 이러한 감정적인 연관성이 무의식적으로 작용한다. 미국인은 특별한 느낌을 주는 자동차를 원한다. 피티 크루저의 독특함은 그러한 면에서 만족감을 느끼게 해주었으며, 기꺼이 지갑을 열도록 만들었다.

:: 원리 5 : 문화가 다르면 코드도 다르다

피티 크루저는 미국에서 엄청난 성공을 거두었다. 그러나 피티 크루저가 출시되기 전에 다임러크라이슬러(Daimler-Chrysler)의 새로운 경영진(그들은 독일인이었다)은 실패를 예상했다. 왜 그랬을까? 문화가 다르면 코드도 다르기 때문이다.

아무리 자의적인 행동이라고 해도 그것은 정신적 고속도로를 달려온 긴 여행의 결과다. 우리는 무엇을 입을까, 무엇을 먹을까, 어디로

갈까, 대화를 나눌 때 어떤 말을 할까 등을 결정하면서 하루에도 수백 번씩 이런 여행을 한다. 그러나 대부분의 사람들은 이런 여행을 하려면 코드가 있어야 한다는 사실을 깨닫지 못한다. 코드가 문을 여는 비밀번호라고 가정해보자. 이 경우 우리는 숫자를 일정한 순서와 속도, 그리고 일정한 리듬으로 입력해야 한다. 모든 단어와 행동, 상징에는 저마다 코드가 있다. 우리의 뇌는 이런 코드들을 무의식적으로 공급하지만 그것들을 발견하는 방법, 즉 우리의 행동을 이해할 수 있는 방법은 따로 있다.

이미 설명한 것처럼, 여러 기업의 의뢰를 받아 진행한 각인 발견 작업을 통해 나는 어느 특정한 사물이 참가자들에게 어떤 의미가 있는지 알 수 있었다. 참가자들의 반응을 분석해보면 언제나 공통된 메시지가 나타났고, 여기에서 나는 특정 사물에 대한 코드를 발견할 수 있었다.

이러한 메시지는 문화에 따라 크게 다르며, 따라서 코드도 마찬가지다. 프랑스와 미국에서 진행한 치즈에 관한 각인 발견 작업을 예로 들어보자. 두 나라의 코드는 완전히 달랐다. 치즈에 대한 프랑스인의 코드는 '살아 있음'이다. 이는 그들이 치즈를 선택해 저장하는 방법을 살펴보면 충분히 이해가 된다. 프랑스인들은 치즈 가게에 가서 치즈를 찔러보거나 냄새를 맡아 숙성 정도를 알아낸다. 치즈를 고른 뒤에는 집으로 가져가서 유리 덮개(공기도 통하고 곤충도 막을 수 있는 작은 구멍들이 뚫린 종 모양의 덮개)로 덮어 실온에서 보관한다. 반면에 치즈에 대한 미국인의 코드는 '죽음'이다. 이 또한 배경을 알면 이해가 된다. 미국인들은 저온살균법을 통해 치즈를 죽인다(살균되지 않은 치즈는 미국에 들어가지 못한다). 그들은 합성수지 용기(시체를 담는 부대처럼 생긴)에 미리 포장되어 있는, 말하자면 미라가 된 치즈 덩어리를 골라서 밀폐 포장된 상태에서 저장한다.

유럽에서 EU(유럽연합) 전체에 저온살균법을 의무화하자는 운동이 벌어진 적이 있었다. 프랑스인의 치즈에 대한 코드와 저온살균법이 치즈를 죽인다는 사실을 알게 된 여러분은 프랑스인이 이 운동에 어떻게 반응했는지 짐작할 수 있을 것이다. 프랑스인의 반응은 너무 격렬해서 거리에서 시위를 벌일 정도였다. 그들에게 치즈 살균을 강요한다는 것은 확실히 '코드와 어긋난' 생각이었다.

이런 관점은 모든 식품에 해당된다. 미국인은 식품 안전성에 지대한 관심을 갖고 있다. 그래서 규제위원회와 유통기한, 사람들을 불량식품으로부터 보호해주는 다양한 '식품 경찰'이 있다. 한편 프랑스인은 식품의 안전성보다는 맛에 훨씬 더 관심이 많다. 프랑스에는 '패장데(faisandée : 사냥 고기가 썩기 시작하는 맛이 나게 하는 방법―옮긴이 주)'라는 요리법이 있다. 이것은 꿩이나 사냥한 다른 새들을 갈고리에 꿰어 숙성될 때까지―문자 그대로 썩기 시작할 때까지―걸어두는 방법이다. 미국인은 이러한 요리법에 대해 대부분 경악하겠지만, 프랑스 요리사들은 요리의 맛과 향기를 기막히게 높여주는 까닭에 이 방법을 사용한다. 프랑스 요리사들이나 고객들은 안전성에는 그다지 관심이 없다. 물론 이런 요리 탐험에는 대가가 따르기 마련이다. 미국의 인구는 프랑스 인구의 다섯 배다. 하지만 해마다 잘못된 음식으로 인해 사망하는 사람의 숫자는 미국보다 프랑스가 훨씬 더 많다.

피티 크루저의 예로 다시 돌아가 서로 다른 컬처 코드들이 어떻게 사물에 대한 반응에 영향을 미치는지 알아보자. 각인 발견 작업이 진행되는 동안 참가자들이 들려준 수백 개의 이야기를 분석해보면 자동차에 대한 미국인의 코드는 '개성(IDENTITY)'이다. 미국인은 다른 종류의 차들과 분명하게 구분되는 독특한 자동차를 원한다. 그리고 일요일의 드라이브와 처음 운전석에 앉았을 때 느꼈던 해방감, 젊음의 열정으로 가슴 설레던 일 등을 떠올리게 하는 자동차를 원한다. 그래서 앞에서 설명한 것처럼 피티 크루저나 지프 랭글러와 같은 개성이 강한 자동차가 구태의연한 세단형 자동차보다 획기적인 판매량을 기록할 가능성이 훨씬 높다.

그러나 자동차에 대한 이런 코드가 어느 문화에나 보편적인 것은 결코 아니다. 피티 크루저가 생산될 무렵 독일의 거대 자동차기업인 다임러벤츠가 크라이슬러를 매입했다. 다임러크라이슬러를 운영하게 된 독일의 새로운 경영진은 피티 크루저를 보자마자 질겁했다. 왜 그랬을까? 독일인의 자동차에 대한 코드가 미국과는 전혀 달랐기 때문이다. 독일인의 자동차에 대한 코드는 '엔진(ENGINE)'이다. 독일의 자동차 제조업체들이 자사의 엔진 품질에 대해 가진 자부심은 너무도 뿌리가 깊어서 독일 문화에서 성장한 사람들은 자동차 하면 가장 먼저 엔진을 떠올릴 정도다.

그런데 최초의 피티 크루저는 엔진이 우수한 모델이 전혀 아니었다. 피티 크루저의 엔진은 특별히 강력하거나 효율적이지 않았고, 디자인도 유선형이 아니었으며, 주행감도 뛰어나지 않았다. 또한 연비와 안전성도 평균 정도였다. 다임러크라이슬러의 새 경영진은 자신들의 컬처 코드를 근거로 피티 크루저가 판매에 실패할 것이라 생각하고 피티 크루저의 생산을 멕시코의 한 공장에 맡겼다.

이런 조치는 이해할 만했지만 큰 실수였다. 멕시코 공장은 설비가 제대로 갖추어져 있지 않은 탓에 수요를 따르지 못했으며, 피티 크루저를 사고 싶어하는 사람들의 행렬은 더욱 길어졌다. 독일의 경영진은 피티 크루저의 엔진이 보통의 품질이라는 것에 부정적으로 반응했지만, 미국의 소비자들은 피티 크루저의 뛰어난 개성에 긍정적으로 반응했기 때문이다. 만약 다임러크라이슬러의 새 경영진이 미국인의 자동차에 대한 코드를 미리 이해했더라면 미국 전역의 고속도로에 피티 크루저를 맘껏 달리게 하는 데 큰 어려움을 겪지 않았을 것이다.

:: 제3의 무의식, 문화적 무의식

이 다섯 가지 원칙은 우리에게 제3의 무의식이 작용함을 알려준다. 독특한 방식으로 우리 각자를 자신이 속한 문화에 의존하게 하는 이 제3의 무의식은 바로 '문화적 무의식'이다. 이러한 문화적 무의식은 또한 모든 문화에는 독자적인 정신적 경향이 있음을, 즉 프랑스인에게는 프랑스의 정신이 미국인에게는 미국의 정신이 있음을 보여준다. 우리는 이 정신적 경향에 따라서 자신의 정체성을 알게 된다.

이 책의 나머지 부분에서는 내가 지금까지 발견해낸 가장 중요한 20가지 컬처 코드를 소개하려고 한다. 이 코드를 통해 문화적 무의식이 개인의 삶에 대해 내리는 결정, 소비자로서의 선택, 그리고 세계 시민으로 행동하는 방식에 어떻게 영향을 미치는지 밝혀질 것이다. 또한 나는 이 코드들과 다른 문화에서 발견해낸 것들을 비교함으로써 동일한 사물이 다른 문화에서는 어떻게 전혀 다른 의미를 지니게 되는지 보여줄 예정이다.

이 책을 읽노라면 '탄복할' 순간들이 여러 번 있을 것이다. 독자 여러분의 처세와 사업에 도움이 되고, 타인을 새로운 눈으로 선명하게 볼 수 있도록 도와줄 뜻밖의 사실들이 여기 있다.

자, 준비되었다면 새 안경을 맞추러 떠나보자.

Chapter 02

사랑과 유혹, 섹스에 대한 코드

청년기적 문화의 성장통

문화는 시간이 흐르면서 창조되고 발전해가지만 변화의 속도는 더디다. 문화는 여러 세대 동안 의미 있는 변화를 겪지 않을 수도 있다. 문화가 정말로 변화할 때, 그 변화는 우리의 뇌처럼 강력한 각인 장치를 통해 일어난다. 이러한 강력한 각인을 통해 문화의 준거 체계가 바뀌며, 그 의미는 다음 세대로 전달된다. 예컨대 인도인들은 하누만랑구르 원숭이를 신성하게 여긴다. 2,000여 년 전에 쓰인 힌두 서사시에 랑구르 원숭이가 납치된 왕비를 구출했다는 전설이 있기 때문이다. 이 전설이 힌두 문화 속에 깊이 각인된 탓에 인도에서는 지금도 랑구르 원숭이들이 자유롭게 돌아다닌다. 그러나 그 원숭이들은 걸핏하면 교통을 마비시키고 곡식 창고에 침입하는 등 온갖 말썽을 부린다.

고대 이스라엘에서는 하나의 문화를 수립하고 그것을 변화시키는 또 다른 종류의 각인이 일어났다. 이스라엘 주변의 다른 부족들은 우상에 돼지를 제물로 바치는 의식을 갖고 있었는데 유태인들은 이런 관습을 몹시 혐오했다. 더욱이 당시의 돼지는 썩은 고기와 쓰레기를 먹는 불결한 동물이었다. 돼지고기를 먹으면 무서운 질병이 퍼지고 공동체가 무너질 수도 있었다. 이에 유태교는 돼지고기 소비를 금했고, 아직도 많은 유태인들은 돼지고기를 먹지 않는다. 지금은 돼지고기가 이교도 의식과 상관없고, 돼지의 사육 환경도 기생충을 퍼트릴 가능성이 없지만 유태인들에게는 여전히 혐오의 대상이다. 돼지고기에 있는 기생충으로 인해 치명적인 질병을 앓았거나 이교도의 충격적인 의식을 목격한 사람들의 각인이 너무 강력한 나머지 문화가 변해버린 것이다.

하지만 이처럼 강력한 각인은 자주 일어나지 않는다. 따라서 문화가 생겨나서 변화하는 속도는 매우 느리다. 230년밖에 안 되는 미국의 문화는 변화를 일으킬 만한 각인을 비교적 적게 겪어왔다. 서부 개척, 성공을 찾아 건너온 박해받은 사람들의 이주 물결, 두 차례의 세계대전 등이 그러한 각인에 속한다. 2001년 9월 11일의 사건은 미국 문화를 변화시킬 또 하나의 각인으로 보이지만, 이는 앞으로 몇 세대가 지나봐야 확실해질 것이다. 어쨌든 문화의 발전을 인생의 여러 단계에 빗대어 본다면 미국은 매우 젊은 편이다. 캐나다 문화나 남아프리카 문화만큼 젊지는 않지만, 늙은 영국 문화나 일본 문화보다는 확실히 젊다. 실제로 미국은 한창 청년기에 있다. 미국의 청년기적 문화가 갖는 의미는 문화의 상대적 연령뿐만 아니라 그들이 행동하고 반응하는 방식에까지 적용된다.

:: 문화가 젊다는 것의 의미

미국의 청년기적 문화는 매우 다양한 방식으로 미국인의 행동 방식을 형성한다. 미국의 청년기적 문화는 한 가지 본질적인 사실에서 기인한다. 즉 미국은 현재와 같은 나라가 되기 위해 왕을 살해할 필요가 없었다는 점이다. 모든 성인은 한때 몸집이 작고 호기심이 많은 어린아이였다. 그리고 이들은 청년기와 반항기를 거친다. 그러나 미국 문화에서 반항은 비정상적인 형태를 취했다. 다른 많은 문화에서는 반항의 한 형태로 지도자를 살해하며(예를 들어 프랑스인들의 반항 형태는 루이 16세(Louis XVI)의 목을 베는 것이었다), 이후 반항기가 끝나고 성인기가 시작된다. 미국이 왕을 살해하지 못한 것은 왕이 없었기 때문이다. 미국은 미국을 지배하려는 유일한 왕에게 반항해 그를 '집'에서 내쫓았지만, 그의 목을 베지는 못했다. 미국은 그에게 나가 줄 것을 요구했을 뿐이다.

이런 탓에 미국은 반항기를 끝내지 못했다. 반항기를 벗어나지 못한 미국은 미국으로 오는 이주민들을 맞이할 때 반항기에 집착하고 그것을 강화한다. 이주민들은 자신이 태어난 나라를 떠나온 사람들이다. 미국으로 온 것은 대단한 반항 행위다. 미국의 혁명가들처럼 이들은 왕을 살해함으로써 '사명을 완수하는' 대신 옛 문화를 버린다. 따라서 이들은 여전히 반항아로 남아 있으며, 새로운 청년들이 끊임없이 들어와 미국 문화 전체를 청년기에서 벗어나지 못하게 한다.

이러한 안경을 통해 미국 문화를 보면 미국이 전세계에 코카콜라를 비롯해 나이키 신발, 패스트푸드, 블루진, 시끄럽고 폭력적인 영화 등 젊은이들을 위한 상품 판매에서 크게 성공하는 이유를 알 수 있다. 미국은 세계 수준의 클래식 작곡가를 배출한 적은 없지만, 전세계 구석구석에 젊은이들의 음악인 록과 힙합, 리듬앤블루스를 수

출하는 데 성공했다. 미국의 농구선수들은 책을 거의 읽지 않아도 과학자들보다 훨씬 많은 돈을 번다. 미국인들은 유명인사들과 그들이 저지르는 모든 젊은이다운 실수에 끊임없이 매혹당하고 있다.

:: 성장을 거부하는 영원한 젊은이들

예를 들어 우리가 마이크 타이슨(Mike Tyson)과 마이클 잭슨(Michael Jackson), 톰 크루즈(Tom Cruise), 비너스 윌리엄스(Venus Williams), 빌 클린턴(Bill Clinton)을 좋아한다고 하자. 우리가 그들을 좋아하는 이유는 여러 가지다. 하지만 가장 중요한 이유는 이들이 기이하고, 별나고, 정상적이지 않기 때문이다. 그들은 미국에서는 극단적인 행동조차 완벽하게 용납될 수 있다는 사실을 보여준다. 사람들이 그들을 좋아하는 까닭은 제니퍼 윌뱅크스(Jennifer Wilbanks : 결혼을 앞두고 결혼에 관한 중압감 때문에 집을 나갔다가 나흘 뒤에 나타나 '달아난 신부'로 유명해진 여자—옮긴이 주)처럼 어른이 되는 것을 두려워하기 때문이다. 실제로 이들은 '달아난 성인'에 지나지 않는다.

〈뉴욕 타임스 *The New York Times*〉는 최근에 한 기사를 통해 이렇게 말했다. "마이크 타이슨은 사회학자들도 해명할 수 없는 매력을 유지하고 있다." 〈유에스 투데이 *US Today*〉에는 이런 기사가 실렸다. "타이슨은 날아올랐다가는 추락한다. 오르락내리락 기복이 심하다가 잠잠하기도 하고, 그러다 감옥행이었다. 임상치료사들은 고통을 겪은 타이슨이 이제 어른이 될 때가 왔다고 말한다."

하지만 누가 어른이 되고 싶어하는가? 대부분의 미국인은 "난 아직도 어른이 되면 뭘 하고 싶은지 모르겠어."라고 말한다. 여러분은 60대, 70대 노인에게서도 이런 말을 자주 들어봤을 것이다.

마이클 잭슨은 성인이 된 현실을 받아들이려 하지 않는다. 50세가 가까워오는데도 아직까지 어린아이들과 자고 싶어한다. 이제 9~10세라면 친구 집에 가서 자도 괜찮다. 하지만 47세의 성인이 12세 어린아이와 함께 잠을 자다니!

오프라 윈프리(Oprah Winfrey)가 톰 크루즈를 자신의 쇼에 초대해서 최근에 출연한 영화를 소개하게 했다. 톰 크루즈는 영화 소개 대신 시종일관 '괴짜 같은' 행동으로 시간을 때웠다. 쇼가 진행되는 동안 무대 주변을 뛰어다니는가 하면 한 발로 소파 위를 껑충 뛰어오르기도 하고, 환희에 겨워 한쪽 무릎을 꿇는가 하면, 새 여자친구에 대한 사랑을 거듭 고백하기도 했다. 우리 아이들은 9세였을 때 침대 위에서 한 시간씩 뛰어다니곤 했다. 내가 이러한 행동을 아이다운 행동으로 여긴 것처럼, 사람들도 크루즈의 '침대 위를 뛰어다니는 행동'을 동일하게 여겼다. 그러나 오프라 윈프리 쇼에 출연한 직후의 첫 주말에만 크루즈가 출연한 새 영화의 티켓이 65만 달러어치나 팔려 나갔다.

2005년에 비너스 윌리엄스는 윔블던대회에서 우승을 차지했다. 이 대회는 세계에서 가장 치열한 테니스 선수권 쟁탈전이다. 윌리엄스는 차분한 흰색 의상을 입고 있었지만 우승한 후 젊은이답게 솟구치는 기쁨을 억누르지 못하고, 마치 침대 위를 뛰어다니는 9세 소녀처럼 펄쩍펄쩍 뛰었다.

빌 클린턴은 정치의 천재였다. 세계의 문제를 인식하고 해결하는

데 천재가 아니라 미국의 문화적 무의식에 발맞추는 능력으로 볼 때 천재였다. 클린턴은 완벽한 청년 대통령이었다. 그는 코미디언들에게 기막히게 멋진 소재를 제공했다. 속임수와 거짓 선서, 성추문 등은 완벽한 코미디였다.

우리를 매혹시키는 이 인물들의 공통점, 그것은 바로 어른이 되기를 거부한다는 점이다. 이들은 마음으로 영원한 젊은이며, 열광적이고, 삶의 기복이 심하며, 한때는 승승장구하다가, 어느 순간에 완전히 버림을 받고, 항상 다시 등장한다. 이들은 모든 미국인들이 원하는 '영원한 젊은이'이다.

또한 이들은 관습을 무시하는 데도 선수다. 미국에서는 괴짜이면서도 성공할 수 있다. 언론인인 잭 밀러(Jack Miller)는 이렇게 썼다. "기상천외하고, 우리와 전혀 다르고, 사람들이 이해하지 못하는 심오한 현실을 사는 창조적인 예술가들은 그들의 능력과 천재적 재능에 대해 찬사와 보살핌, 인정을 받을 자격이 있다. 다양성 만세!"

이것이 괴짜 문화다. 여러분은 청년기적 문화에 속하고 싶은가, 아니면 노년기적 문화에 속하고 싶은가?

:: 미국 문화의 청년기적 특징들

미국 문화에는 청년기와 일치하는 특징들이 많이 나타난다. '지금'에 대한 철저한 집중, 극적인 감정의 동요, 극단적인 것에 대한 매혹, 변화와 재창조에 대한 개방성, 실수를 해도 반드시 다시 기회가 오리라는 확신 등이 그 예다.

예를 들어 미국의 젊은이들은 자신이 노인들보다 더 많은 지식을 갖추었다고 생각한다. 그리고 미국은 외교 정책을 펼칠 때 프랑스나 독일, 러시아 또는 영국과 거의 상의하지 않는다. 미국의 젊은이들은 노인들의 해결책은 시대에 뒤떨어져 있다고 생각한다. 그리고 국제 문제를 다룰 때도 노인 문화의 여론에 별로 신경쓰지 않는다. 미국의 젊은이들은 역사의 교훈을 거부하고 세계를 개조해야 한다고 생각한다. 그리고 미국의 지도자들은 다른 문화에서 이미 저지른 실수에서 교훈을 얻기보다는 스스로 실수를 범하려 한다.

대부분의 사람들은 젊은이들처럼 사랑과 유혹, 섹스에 몰두한다. 미국인만 유별나게 그런 것은 아니다. 전세계적으로 사람들이 유독 이런 것들에 매혹되는 현상은 많은 문화에서 찾아볼 수 있다. 어쨌든 인간에게는 종족 보존을 위한 최소한의 섹스가 필요하다. 그러나 이러한 문제들에 대한 미국인의 무의식적인 태도는 매우 독특하며, 그것은 청년기적 문화와 밀접한 연관이 있다.

청년기는 혼란과 모순의 시기다. 어떤 날은 새로운 희망으로 부풀다가도 어떤 날은 절망에 빠진다. 꿈은 봄날의 수선화처럼 싹트고 꽃피었다가 곧 시들고 만다. 눈 깜짝할 사이에 확실성은 불확실성으로 변해버린다. 이는 젊은이들뿐만 아니라 청년기적 문화에도 그대로 해당된다.

아마도 다음에 나오는 내용을 보고 당황하는 사람들도 있을 것이다. 또 어떤 이들은 이러한 코드로는 자신을 이해할 수 없다고 주장할지도 모른다. 어쩌면 옳은 주장일 수도 있다. 사람들은 저마다 개별적인 무의식의 지배를 받고 있으니 말이다. 하지만 코드는 가치중

립적이라는 사실을 명심하기 바란다. 코드는 어느 특정한 문화를 심판하지 않는다. 미국인의 코드는 미국의 청년기적 문화를 반영할 뿐이다. 앞으로 이어질 내용들에서도 확인이 되겠지만, 문화가 젊다는 것은 대부분의 경우 매우 바람직하고 강한 힘을 발휘하게 한다.

그러나 미국 문화의 탁월한 점들을 열거할 때 사랑과 유혹, 섹스는 거기에 속하지 않을 것이다. 여러분은 이미 이를 알고 있다. 어쨌든 우리가 어떤 사람을 '대단한 바람둥이'라고 여길 때 그를 카사노바(Casanova)나 돈 주앙(Done Juan)이라고 부르지 조 스미스(Joe Smith)라고 하지는 않을 것이다. 컬처 코드가 제공하는 새로운 안경의 기능은 우리가 지금처럼 행동하게 된 이유를 보여주는 것이다.

미국 여자들은 왜 '이상적인 남편감'에 그토록 관심이 많을까? 미국연방통신위원회는 왜 여성의 수유 장면이 TV에 방영되는 것은 꺼리면서(그리고 고발까지 하면서) 황금시간대에 허구적인 대량 학살 장면을 방영하는 것은 허용하는 걸까? 미국 여자들은 왜 뉴욕의 건설 노동자들이 휘파람을 불면 모욕감을 느끼고 밀라노의 노동자가 휘파람을 불면 우쭐해할까? 그 답은 바로 코드에 있다.

:: 왜 사랑은 늘 헛된 기대로 끝날까

나는 미국 전역에서 각인 발견 작업을 진행하면서 사랑에 대한 코드를 찾아냈다. 이 작업을 할 때 참가자들에게 낭만적인 사랑이든, 부모의 사랑이든, 형제간의 사랑이든, 조국에 대한 사랑이든, 애완동물에 대한 사랑이든, 스포츠팀에 대한 사랑이든 사랑의 의미를 구체적으로 말하지 말고 '사랑'이라는 단어에만 집중하도록 요구했다. 그러나 참가자들에게 최초의 각인으로 되돌아가게 했을 때 대다수의 참가자들은 동일한 지점에 도달했다.

■ '사랑'이라는 단어 또는 사랑과 관련된 나의 첫 경험은 네다섯 살 때의 일이었습니다. 주방에서 어머니가 내가 좋아하는 치즈 케이크를 만들고 계셨지요. 그 냄새는 사랑의 냄새였습니다. 어머니가 오븐을 열 때 나는 어머니에게 "사랑해요, 엄마." 하고 말했지요. 어머니는 오븐을 닫고 내게 다가와 입을 맞추며 말했습니다. "나도 사랑해." 그러고 나서 어머니는 커다란 케이크 조각을 내게 주었고, 나는 어머니의 "사랑해."라는 말이 바로 그 케이크 조각을 의미했다는 것을 알았습니다. — 40세의 남성

■ 어머니는 우리를 지극히 사랑해서 추수감사절이 되면 항상 음식을 만드셨지요. 어머니는 가족들이 모두 모여 식탁에 둘러앉아 음식을 먹는 모습을 바라보며 너무 행복해했습니다. 식탁에는 사랑이 넘쳤고 음식도 푸짐했지요. 우리는 끊임없이 먹어댔지요. — 36세의 여성

■ 어릴 때는 부모가 계셔서 보살핌과 보호를 받지요. 어린아이에게는 근심걱정이 없습니다. 좋지 않은 일이 생겨도 가족이 곁에 있으니까요. 저는 이런 보살핌이 너무 아쉽습니다. — 58세의 여성

■ 우리 부모님의 방을 설명하려면 둥지라는 표현이 가장 적절할 겁니

다. 양탄자는 엷은 갈색이었고, 벽은 푸른색이었습니다. 침대는 방 한 가운데 놓여 있었고 커다란 흰색 이불이 덮여 있었지요. 그 침대가 어릴 때 어머니 곁에 앉아 세상에 대해 물어보던 곳이었습니다. —21세의 남성

■ 어릴 때 어머니 무릎을 베고 누워 있던 기억이 납니다. 어머니와 대화를 나누며 서로 어루만져주던 기억도 나고요. —65세의 남성

참가자들이 말하는 사랑에 관한 첫 경험은 한결같이 어머니의 보살핌—젖을 주고, 안아주고, 안정감을 준 것—과 관련이 있었다. 충분히 이해할 만하다. 뭐니뭐니 해도 9개월 동안 어머니는 세상에서 가장 완벽한 '리조트호텔'을 우리에게 마련해주지 않는가. 룸서비스도 일급이어서 주문만 하면 즉각 이용할 수 있고, 실내는 너무 덥지도 춥지도 않으며, 운반비도 무료이고, 여흥을 위한 배경음악(어머니의 심장소리)도 있다. 우리는 결국 이 안식의 천국을 떠나야 하지만 어머니는 언제나 그 자리에서 우리를 성장하도록 이끌어주고, 젖을 먹이고, 응석을 받아주고, 따뜻하게 품어준다. 그리고 우리를 밖으로 데리고 나가 세상을 보여주며 우리가 시간을 보람 있게 보내고 즐겁게 공부할 수 있도록 수많은 방법들을 제시해준다.

사랑에 대한 이런 반응은 청년기적 문화의 사고방식과 매우 일치한다. 젊은이들 역시 독립에 대한 욕구와 어린아이 같은 행동 사이를 오락가락하며, 어린아이 같은 행동을 할 때면 은근히 어머니의 손길, 즉 한량없는 사랑으로 이루어진 안전한 피난처를 구하곤 한다.

가정을 거부하고 스스로 실수할 권리를 요구하는 '독립형'도 있다. 내가 참가자들에게 사랑에 관한 가장 강렬한 기억을 떠올려보라고 하자 다음과 같은 다양한 이야기들이 나왔다.

- 대학에 진학했을 때 난 정말 행복했지요. 마침내 자유를 얻은 겁니다. 그런데 대학생활은 별로 순조롭지 않았습니다. 어느 날 처음으로 술을 마시기 시작했고 계속 마셔댔습니다. 그 뒤에 어떤 일이 일어났는지 모르지만, 나는 몹시 아팠어요. 전날 밤 나를 따라왔던 남자애들도 다 가버리고 아무도 나를 도와주지 않았습니다. – 50세의 여성

- 내가 열세 살 때 어떤 남자아이를 좋아했는데 그 아이는 다른 여자아이를 좋아했어요. 이 일로 나는 큰 교훈을 얻었지요. 나는 뚱뚱한 그 여자아이보다 내가 더 예쁘다고 생각했으니까요. 하지만 나는 성질이 못되고 때로는 심술궂기도 했지요. – 24세의 여성

- 내게 가장 뚜렷한 기억으로 남은 것은 부모가 별거를 결정했을 때였습니다. 밤늦게 두 분이 의논하는 이야기를 엿듣다가 그런 사실을 알게 됐죠. 상황은 매우 절박했지만 모두 아무 일 없는 것처럼 보이려 했지요. – 37세의 남성

- 나는 푸른 숲이 우거진 곳에 폭포수가 쏟아지고 그 앞에 치렁치렁한 크레페 드레스를 입은 금발 미녀가 아름다운 백마를 타고 잘생긴 남자를 만나 포옹하는 모습을 상상합니다. 나는 정말 그런 여자가 되고 싶

어요. —38세의 여성

    이것은 청년기적 경험의 또 다른 내용, 즉 흥분과 실망, 성공과 실패로 이어지는 이야기다. 이런 이야기들에는 대체로 서술된 사건과 함께 약간의 불쾌감과 불안이 나타나 있다. 마치 한 젊은이가 좋아하지도 않고 이해하지도 못하는 경험을 이야기하는 것처럼 말이다. 이 이야기들이 사랑에 관한 '가장 뚜렷한' 기억을 말하고 있다는 사실을 기억하라.
    그러나 청년기적 경험의 가장 중요한 요소는 순수성의 상실일 것이다. 모든 젊은이들은 자신의 이상이 한때 생각했던 것처럼 그리 찬란하지 않다는 사실을 언젠가는 깨닫는다. 이런 깨달음은 보통 새로운 성숙으로 이어지고 현실에 대처하는 새로운 수단을 얻게 해준다. 그러나 이러한 깨달음은 환멸감과 함께 찾아오는 경우가 많다. 참가자들은 사랑에 관한 최근의 기억을 기록할 때 잃어버린 이상을 이야기했다.

- 나는 남자들이 무엇을 원하는지 알아요. 그들은 사랑한다고 말하지만 나는 그들이 원하는 것을 알지요. —35세의 여성

- 내가 낳은 세 명의 아이들은 아버지가 전부 다른데, 그들은 모두 자동차를 타고 총질을 하다가 상대편의 총에 맞아 죽었지요. 나는 죽기 전에 아이를 하나 더 낳고 싶어요. 아이에게 젖을 먹이고 사랑해주고, 그리고 무조건 사랑을 받고 싶어요. —50세의 여성

■ 여자친구에게 다이아몬드 반지를 하나 사줬습니다. 그런데 차 안에서 다투다가 그녀가 반지를 빼버리는 게 아니겠어요? 정말 미친 듯이 화가 나더군요. 나는 반지를 집어서 차창 밖으로 던져버렸지요. 그런 다음에 그녀에게 반지를 소중하게 여기지 않는 것 같아 내버렸다고 말해주었어요. —31세의 남성

이 세 가지 형태의 이야기, 즉 사랑에 대한 최초의 기억, 가장 뚜렷한 기억, 가장 최근의 기억을 통해 미국인의 독특한 유형이 드러났다. 참가자들은 거듭 사랑에 대한 갈망과 사랑의 필요성, 참된 사랑에 대한 믿음을 이야기했지만, 다른 한편으로는 시종일관 사랑에 실패한 이야기를 늘어놓기도 했다. '가장 최근의 기억'은 대체로 상실과 비참함, 슬픔에 관한 이야기였다. 미국인은 나이와 상관없이 청년들이 세상을 보는 방식으로 사랑을 본다. 즉 이들이 보기에 사랑이란 이루어지는 일이 거의 없는 가슴 설레는 꿈이다. 미국인의 사랑에 대한 코드는 '헛된 기대(FALSE EXPECTATION)'다.

말할 것도 없이 실연은 모든 나라의 보편적인 경험이다. 결혼이 중매로 이루어지고 연애가 드문 문화에서도 금지된 사랑과 이루지 못한 사랑으로 인해 슬픈 결말을 맞이한 이야기들이 있다. 그러나 오래된 문화, 즉 여러 세기 전에 청년기를 거친 문화에서는 사랑에 관한 기대와 관련된 무의식적인 메시지가 매우 다르다.

프랑스에서는 사랑과 쾌락의 개념이 서로 얽혀 있다. 그들은 참된 사랑과 이상적인 남편감은 서로 관계가 없다고 생각한다. 연애는 극히 기교적인 과정이며 세련된 쾌락이 가장 중요하다. 사랑은 상대가

가능한 한 많은 쾌락을 얻도록 도와주는 것이다. 그런 쾌락을 얻기 위해서 다른 사람이 필요한 경우에도 마찬가지다. 물론 프랑스인도 상대방에게 헌신적인 모습을 보여주기도 하지만, 그들의 헌신에 대한 정의는 미국인과 크게 다르며(예컨대 프랑스인에게는 정절이 크게 중요하지 않다), 그래서 상대방에 대한 기대 수준도 다르다.

이탈리아인은 인생이 비극이 아닌 희극이라 믿으며, 기회가 있을 때마다 웃고 살아야 한다고 생각한다. 그들은 풍성한 쾌락과 아름다움, 그리고 무엇보다 재미가 듬뿍 담긴 사랑을 기대한다. 너무 극적이거나 힘겨운 사랑에는 만족을 느끼지 못한다. 이탈리아 문화는 가족을 중시한다. 이탈리아인은 어머니를 가장 존경하며, 이들에게 참된 사랑은 모성애다. 따라서 낭만적인 사랑에 관한 기대는 낮은 편이다. 이탈리아 남자들은 연애를 하긴 하지만 참된 사랑은 어머니에게서 찾는다. 또한 이탈리아 여자들은 사랑을 표현하고 경험하는 최고의 방법은 어머니가 되는 것이라고 믿고 있다. 남자들 역시 자녀를 낳아야지만 이상적인 남편이 된다.

사랑을 바라보는 일본인의 태도는 청년기와 노년기에 확연한 차이를 보인다. 그들은 내게 서구인들의 결혼 풍습에 대해 자주 묻는다. 나는 젊은 남녀가 만나 서로를 알아가는 과정을 시작하는 게 서구인들의 결혼 풍습이라고 대답한다. 그리고 남자가 사랑에 빠지면 여자에게 청혼을 하고, 여자도 그를 사랑하면 허락을 한다고 말한다(실제로는 이보다 더 복잡하지만 이런 식으로 요점만 전달한다).

일본인은 이런 이야기를 들으면 항상 깜짝 놀란다. "남자가 젊다고요?" 그리고 이렇게 말하곤 한다. "남자가 젊다면 중요한 결정을 내릴 만큼 풍부한 경험이 있을 리가 없지요. 부모만이 적합한 혼처를 알 수 있고 훌륭한 가정을 이루도록 허락할 수 있습니다. 그리고 여자가 젊다고 하셨나요? 그것은 여자가 남자보다 경험이 부족하다는 뜻이지요!"

그들은 서구인이 사랑을 위해 결혼한다는 생각을 매우 경멸한다. 그들은 이렇게 말한다. "사랑은 '일시적인 질병'이지요. 가정을 이루는 것처럼 중요한 일을 그런 일시적인 감정에 의존한다는 것은 어리석은 짓입니다." 요즘 일본 문화의 '내용'은 달라졌지만 이러한 정서는 아직까지 일반화되어 있다. 일본의 10대들은 클럽에서 미팅을 하는 등 부모 세대보다 훨씬 활발하게 데이트를 하고 있지만 결혼은 대부분 연애가 아닌 중매로 한다. 이러한 사실을 미국인은 끔찍하게 받아들일지도 모르지만, 어느 정도 합리적인 측면도 있다. 결혼한 부부의 거의 절반이 이혼으로 끝나는 미국에 비해, 일본의 이혼율은 2퍼센트 미만이라는 사실이 이를 잘 설명해주고 있다.

그렇다고 해서 노년기적 문화가 반드시 더 명확한 세계관을 갖고 있다는 뜻은 아니다. 실제로 '청년기적' 접근 방법이 훨씬 효율적인 때가 많다. 그러나 사랑에 관한 한 미국 문화가 현재 불안정한 상태에 있음은 분명하다. 미국 여자들이 이상적인 남편감을 구하는 이유는 책이나 TV에서 본 그대로를 믿기 때문이다. 그녀들은 남자들을 자신이 원하는 이상적인 남편감으로 변화시킬 수 있다고 믿으며, 그러다가 자신의 노력이 실패하면 좌절감에 빠진다. 남자들도 대개 동일한 이유로 '완벽한 신붓감'을 구한다. 남자는 자신의 가슴을 설레게 할 여자를 찾으며, 그 설렘이 영원히 지속되리라 믿는다. 그러다가 아내가 아이를 낳고 자녀에게 관심을 쏟게 되면 실망한다.

물론 이런 완벽함에 대한 추구 역시 코드와 관련이 있다. 미국인은 문화적 무의식으로 인해 사랑에 대해서 비현실적으로 높은 기준을 세우는 경향이 있다. 그러나 50퍼센트의 이혼율에서도 나타나듯이 코드는 인생을 수월하게 만들어주지 않는다. 하지만 코드를 이해하면 사랑에 대한 헛된 기대와 좌절에서 생산적으로 벗어날 수도 있다. 즉 문화적 무의식 속에 '실패'가 예견되어 있다는 사실을 깨닫는다면 보다 현명한 목표를 가지고 사랑을 바라볼 수 있을 것이다. 이상적인 남편감이나 완벽한 신붓감을 찾으려는 치열한 노력을 이해하고 존중하는 한편, 사랑하는 배우자나 친구, 혹은 다정한 연인이 될 수 있는 상대를 찾을 수 있을 것이다. 비록 그 상대가 모든 욕구를 채워줄 수는 없겠지만 말이다.

한 유명한 다이아몬드회사는 독특한 방식으로 사랑에 대한 코드를 다룬다. 마케팅 전략의 초점을 미국인이 사랑에 관해 무의식적으로 갖고 있는 '헛된 기대'에 맞추고 있는 것이다. 이 회사의 광고를 보면 남녀가 다이아몬드를 이용해 영원한 사랑을 약속하거나 몇 년 뒤에 함께 그 약속을 확인하는 장면이 나온다. 그리고 또 한 가지 교묘한 방법으로 헛된 기대의 결과를 다룬다. 즉 다이아몬드의 투자 가치와 전매 가치를 부각시킨 것이다. 두 광고는 모두 철저하게 미국인의 사랑에 대한 코드에 근거한 것으로서, 한편으로는 낭만적인 사랑의 영원성에 관한 변함없는 믿음을 보여주기도 하고, 한편으로는 그 믿음이 성공적으로 이루어지지 못할 경우를 대비해 유용한 돈벌이 방법을 제시해주기도 한다.

:: 유혹은 우리를 불안하게 한다

다음은 유혹에 관한 각인에 대해 알아보자. 우선 다음의 이야기들을 살펴보도록 하자.

> ■ 열한 살 때의 일이었어요. 어머니와 함께 쇼핑을 하고 있었지요. 나는 이미 성숙한 몸매에 멋진 가슴을 지니고 있었지만 어머니는 내가 화장하는 걸 싫어했어요. 한 중년남자가 나를 보더니 다가와서 말을 걸더군요. 엄마는 그 자리에서 마치 슈퍼우먼처럼 이렇게 소리를 질렀어요. "이 추잡한 늙은이 같으니!" 어머니가 내 손을 잡아끄는 바람에 우리는 다른 통로로 자리를 옮겼지요. 처음엔 영문을 알 수가 없었어요. 그저 위험하다는 느낌뿐이었지요. — 56세의 여성

프랑스의 화장품회사인 로레알(L'Oreal)의 의뢰로 전세계에서 유혹에 관한 각인 발견 작업을 진행할 때, 유혹에 대한 미국인의 코드와 노년기적 문화들의 코드를 비교해볼 기회가 있었다. 미국의 코드가 프랑스, 영국, 이탈리아 등과 같은 노년기적 문화를 가진 나라들의 코드와 다르다는 것은 전혀 놀라운 일이 아니었다. 그러나 미국에서 실시한 작업 첫 시간부터 참가자들의 반응은 시종일관 새로운 깨달음과 함께 놀라움을 안겨주었다. 유혹의 개념에는 미국인을 불편하게 하는 어떤 것들이 있었다.

> ■ 유치원에 다닐 때였어요. 한 남자아이가 내게 매우 상냥하게 대해주었고, 항상 나를 좋아한다고 말하며 내 장난감을 가지고 놀았지요. 그

런데 어느 날 그 아이가 내 봉제완구 하나를 가져갔어요. 장난감을 가져가는 것을 보면서도 나는 울지도 못하고 아무 말도 하지 못했지요. 그 아이가 다시 돌아와서 나와 놀아주기를 바랐으니까요. —51세의 여성

이런 반응은 내가 다른 지역에서 얻은 것들과는 전혀 달랐다. 물론 모든 문화에는 저마다 유혹과 유혹 의식(儀式)에 관한 독특한 인상이 있다. 예를 들어 프랑스에는 이런 속담이 있다. "중요한 것은 당신이 무엇을 소유하느냐가 아니라, 소유한 것을 어떻게 다루느냐." 성형수술과 지방흡입, 치아표백과 교정, 끊임없는 운동 등으로 타고난 외모를 바꾸려고 애쓰는 미국 여자들과는 달리, 프랑스 여자들은 타고난 외모 그대로를 돋보이게 하려고 애쓴다. 이들은 화장을 전혀 안 한 것처럼 보이려고 거울 앞에서 두 시간씩 보낸다. 프랑스 여자들의 목표는 되도록 자신의 매력에 무관심한 것처럼 보이는 것이다. 실제로 프랑스에서는 여자가 짙은 화장을 하고 나타나면 창녀로 오해받기도 한다. 프랑스인은 여자들의 짙은 화장을 남자를 유혹하려고 지나치게 안달하는 모습으로 보며 눈살을 찌푸린다. 이런 태도는 유혹의 수단으로 입는 의복의 명칭에까지 영향을 미친다. 예를 들어 여성용 실내복을 일컫는 '네글리제(negligee)'라는 단어는 영어로 '무시하다(neglect)'로 번역되는 프랑스어에서 유래된 것이다. 프랑스 여자들은 네글리제에 유독 신경을 쓰면서도 겉으로는 아무렇지도 않게 보이려 애쓴다.

미국인을 대상으로 한 유혹에 관한 각인 발견 작업에서는 화장과 준비라는 개념이 드물게 나타났으며, 대개 부모의 비웃음과 관련되

어 있었다.

■ 내가 유혹을 처음 경험한 것은 어릴 때였어요. 어머니의 화장품과 립스틱을 훔쳐 두 친구랑 어른 흉내를 냈지요. 우리는 어머니의 하이힐을 신고 천천히 걸으며 무대 위의 모델 흉내를 냈어요. 그러다가 어머니가 돌아오면 난리가 나곤 했습니다. 우리가 화장품을 엉망으로 만들어놓았기 때문이지요. —55세의 여성

한편 영국인은 매우 시끄러운 음악에 맞춰 유혹의 춤을 추곤 하는데, 남자들만 춤을 추는 것처럼 보인다. 영국 남자들은 놀라울 정도로 유대관계가 강하다. 아마 다른 어떤 문화에 속한 사람들보다 강할 것이다. 이들은 남자만이 남자의 감정을 이해할 수 있다고 믿기 때문에 깊은 우정은 남자들 사이에서만 이루어진다. 그래서 남성 클럽에서 많은 시간을 보내며 저녁 모임도 대개 남자들끼리 갖는다. 그들은 모임이 끝난 뒤에야 여자를 데리고 집으로 돌아간다.

그 결과 영국 남자들은 파티에서 무시당했다고 생각한 여자들에게 곧잘 절교를 당하기도 한다. 이해될 만한 일이다. 남자로부터 무시당한다는 것은 여자들에게는 몹시 실망스럽고 비참한 일이기 때문이다. 무시당하고 인정받지 못한다고 느끼는 영국의 젊은 여자들은 프랑스 여자들과는 정반대의 방식으로 유혹을 준비한다. 이들은 남자들의 눈을 끌기 위해 튀는 옷차림을 한다. 허리띠 넓이만 한 짧은 미니스커트를 입고 배를 다 드러내놓은 채 배꼽을 장신구로 꾸미는가 하면, 한꺼번에 여러 가지 빛깔로 머리를 염색하기도 한다. 사람들의

눈길을 끌기 위해 필사적으로 노력하는 것이다.

그러나 영국 남자들은 여전히 초연한 태도를 보이곤 한다. 사실 초연함은 영국 남자들의 징표다. 영화 〈타이타닉Titanic〉의 장면을 생각해보라. 사람들이 침몰하는 배에서 도망가려고 애쓰는 동안 한 영국 남자는 카드놀이를 계속하며 이렇게 말한다. "패가 괜찮군. 이 판을 마저 쳐야겠어." 영국 남자들이 길을 가다가 아름다운 여자를 보고 반응을 보이는 경우는 매우 드물다. 이런 태도 때문에 영국 여자들은 남자들을 유혹하려는 노력의 강도를 점점 높여간다. 그 노력의 진행 방향을 감안하면 지금부터 20년 뒤에 런던에서 어떤 의상이 유행할지 짐작이 되기도 한다.

미국 여자들은 이렇게까지 도발적이지 않다. 이러한 분위기 또한 미숙함과 불확실성의 청년기적 문화가 반영된 탓이다. 미국 문화에는 노골적인 성적 행동에 관한 두려움이 저변에 깔려 있다. 각인 발견 작업에 참가한 한 사람의 다음과 같은 반응은 그것을 잘 설명해주고 있다.

■ 내가 고등학교에 다닐 때의 일이었죠. 남학생 둘이 한 여학생을 붙잡으려고 쫓아다니더군요. 그들은 장난을 치고 있는 중이었지만 갑자기 추한 싸움으로 변했어요. 한 남학생이 여학생의 가슴을 만지자 여학생이 주먹으로 남학생의 코를 갈겼던 거죠. 선생님이 달려오자 여학생은 남자애들이 자기를 강간하려 했다고 말했어요. 큰 소동이 벌어졌죠. 그 뒤로 나는 남자애들과 그런 장난을 치고 싶지 않았어요.

— 25세의 여성

또 하나의 노년기적 문화를 지니고 있는 이탈리아에서는 이런 문제들에 관해 전혀 다른 무의식적 메시지를 보인다. 이탈리아인은 유혹을 교묘하고 유쾌한 놀이로 본다. 이탈리아 남자들은 여자를 숭배하고 여자의 모든 것을 받아들인다. 게다가 다른 문화의 남자들보다 여성적인 측면을 더 많이 드러낸다(한 가지 기억해야 할 것은 코드가 모든 사람에게 동일한 것은 아니라는 점이다. 단지 코드는 하나의 준거 체계로서 그 문화에 속하는 모든 사람에게 적용될 수 있을 뿐이다). 실제로 이탈리아 남자들은 자신을 아름답게 가꾸는 일에 여자들보다 더 많은 시간을 보낸다. 화장품도 많이 사용하고, 부드럽고 윤이 나는 머릿결을 위해 유아용 샴푸를 쓰기도 한다. 또 젊어 보이기 위해 피부에 크림과 연고를 바르고 의복, 구두, 향수 등의 옷차림에도 매우 세심하게 신경을 쓴다. 세계에서 가장 우아한 남자들은 아마 이탈리아 남자들일 것이다. 이들이 이렇게 우아해지려고 노력하는 목적은 물론 유혹에 있다.

이탈리아 남자들은 이처럼 여성적인 측면이 강하기 때문에 여자들과도 쉽게 관계를 맺는다. 이탈리아 여자들이 이탈리아 남자들을 사랑하는 까닭은 여성적인 측면 때문이다. 실제로 외국 여자들도 이탈리아 남자에게는 다른 문화의 남자를 대할 때와 다르게 반응한다. 이들은 자신들의 나라에서 남자가 휘파람을 불면 모욕감을 느끼지만(뉴욕의 건설노동자들에 대한 미국 여자들의 태도를 생각해보라), 이탈리아 거리에서 같은 일을 당하면 대부분 황홀해한다. 여자들이 이렇게 반응하는 이유는 이탈리아 남자들이 재미로 그러는 것일 뿐 전혀 위협적이거나 음탕하지 않다는 사실을 분명히 알고 있기 때문이다. 이탈리아 남자들은 여자들과 친밀한 관계를 맺는 능력을 타고난 덕분에 자신의 의도를 쉽게 전달할 수 있다.

사실 유혹은 이탈리아 남자들에게는 오락거리이지만 다른 문화에 속한 사람들은 다르다. 이 놀이에서는 즐기는 것이 쟁취하는 것보다 더욱 중요하다. 이탈리아 남자들은 처음 보는 여자에게 다가가서 너무 아름다워서 첫눈에 사랑에 빠졌다고 고백하곤 한다. 그리고 여자가 반응을 보이지 않으면 씩 웃으며 어깨를 한번 으쓱해 보이고는 가버린다. 아마도 이탈리아 남자들은 5분 뒤에 다시 다른 여자한테 같은 행동을 되풀이하고 또 거절당하면 유혹에 넘어가는 여자를 만날 때까지 같은 행동을 계속할 것이다. 그런데 놀라운 점은 이런 접근 방법은 성공할 가능성이 꽤 높다는 사실이다.

각인 발견 작업에 참가한 미국 남자들에게서는 이러한 장난스런 면을 거의 느끼지 못했다. 그들은 한결같이 혼란과 낙심, 절망 등 청년기적 감정들을 털어놓았을 뿐이다.

- 나는 지금까지 유혹에 성공한 적이 없습니다. 여자들과 있으면 몹시 불안했어요. 여자들은 언제나 깔깔대며 웃었지만 왜 그러는지 알 수가 없었어요. 나는 부끄러움을 느꼈지만 그 이유도 몰랐지요. – 20세의 남성

- 네다섯 살 때 사람들은 나를 보고 귀엽다고 했지요. 학교에 내 또래의 여자친구가 있었어요. 우리는 늘 함께 다녔고, 가끔 손을 잡기도 했습니다. 그런데 선생님이 우리 부모들에게 알리는 바람에 나는 그 뒤

로 그 아이와 함께 다닐 수 없었어요. 그 아이가 첫사랑이었던 것 같습니다. 나는 너무 슬퍼서 며칠을 울었습니다. – 35세의 남성

■ 나는 동정을 지켰습니다. 친구들은 나를 비웃으며 여자와 섹스도 한번 못해볼 것이라고 놀려댔습니다. 내가 너무 못났다는 거죠. 고등학교 친구들은 늘 섹스 이야기만 했어요. 나는 그들과 함께 있으면 마음이 불편했습니다. 나는 나를 사랑해줄 여자를 찾고 싶었어요. 그러나 여자를 다루는 법을 알지 못해 걱정이 되었지요. – 38세의 남성

일본의 문화는 노년기에 해당하지만, 일본 남자들은 미국 남자들과 똑같이 불안한 감정을 나타낸다. 그러나 그 이유는 다르다. 일본에서는 중매결혼이 일반화되어 있는 탓에 남자가 여자를 유혹하는 기술을 개발하지 못했다. 일본 남자들은 바에 가는 걸 좋아한다. 바에 가서 '호스티스'에게 많은 돈을 주고 술을 따르게 하고 술을 마시며 그들과 대화를 한다. 어떤 때는 네다섯 명의 게이샤를 부르기도 하고 술에 취하면 그녀들과 섹스를 하기도 한다. 그러나 일본 남자들은 여자에게 구혼하거나 구애하는 기술이 전혀 없는 것처럼 보인다. 이는 사랑을 하찮고 위험한 것(일시적인 질병)이라고 가르치는 문화에 직접적인 원인이 있다.

일본에서 진행한 각인 발견 작업을 통해 보면, 일본인 남녀 모두에게 유혹은 매우 미묘한 활동이다. 일본 여자들은 머리를 청결하게 하기 위해 많은 공을 들인다. 그녀들은 목에 각별히 관심이 많아서 크림과 화장으로 열심히 관리한다. 그리고 티 하나 없이 깨끗한 머리를

틀어 올리고 기모노 깃을 이용해 목을 특별히 돋보이게 한다. 이는 남자를 유혹하기 위한 것으로 보이는데, 생식 과정과 전혀 관련 없는 신체 부위를 이렇게 중요하게 여기는 문화는 일본밖에 없는 것 같다.

전세계에서 진행된 유혹에 관한 각인 발견 작업은 흥미진진했지만, 이미 알려진 사실들을 재확인하는 데 그친 경우도 많았다. 나는 청년기적 문화에 관해 어느 정도 알고 있었지만 미국에서의 작업이 가장 예측하기 어려웠다. 미국에서 이뤄진 각인 발견 작업에는 여러 도시에서 총 300명이 참가했는데, 유혹에 관한 최초의 각인은 물론 가장 뚜렷한 기억과 가장 최근의 기억도 살펴볼 수 있었다. 나는 이 작업에서 나온 900개의 메시지를 분석해 다음 이야기들과 같은 공통의 주제를 확인할 수 있었다.

- 어머니가 처음으로 내게 치마를 내려 입으라고 말했어요. 주변에 남자들이 있어서였죠. 그때는 어머니 말이 이해가 되지 않았지요. 여자는 왜 짧게 입어서는 안 될까? 나중에야 알겠더군요. – 45세의 여성

- 유혹에 관해서는 전혀 모르겠어요. 아무것도 기억나지 않습니다. 아마 친구들과 맥주를 마시고 큰소리로 떠들어대고 여자에게 술을 권하며 함께 마셨겠지요. 그러고는 집으로 돌아왔어요. – 41세의 남성

- 나는 노인과 데이트를 했었지요. 그는 친절했지만 항상 내가 치마를 입기를 바랐어요. 치마는 구식이라고 생각했어요. 난 진을 좋아하거든요. 그가 치마를 입은 내 모습을 보면 흥분이 된다고 말할 때까지는 그

가 시키는 대로 했지요. 이제는 그를 만나지 않아요. - 40세의 여성

각인 발견 작업을 하는 동안에 이처럼 분노와 혼란이 뒤섞인 심상(心象)들이 되풀이해서 나타났다. 아울러 잠재의식적인 메시지, 최면상태, 부정행위, 그리고 '숨은 설득자들(hidden persuaders : 정보와 이미지로 구성된 상업광고 등을 통해 소비자의 잠재의식에 영향을 미치는 미디어를 일컬음 - 옮긴이 주)'에 대한 이야기들이 나타나기도 했다. 이는 내가 미처 예상하지 못했던 청년기의 특징이었다. 즉 의구심과 통제에 대한 두려움, '행동을 간섭하는' 사람들을 향한 반항 등이 그것이었다.

앞에서 말했지만 감정은 학습의 열쇠다. 각인을 일으키는 감정이 부정적일 때, 그 각인도 부정적일 가능성이 높다. 미국 사회 전반에는 유혹의 개념에 관한 부정적인 각인이 있다. 미국인은 유혹을 생각할 때 하고 싶지 않거나 해서는 안 될 일을 강요받는 것을 떠올린다. 유혹에 대한 미국인의 코드는 '조종(MANIPULATION)'이다.

미국인은 유혹을 이처럼 부정적으로 보는 탓에 무의식적으로 남녀의 모든 관계를 의심스럽게 본다. 성적인 접근이 서로 대립적이지 않은 경우에서조차 '조종'이라는 무의식적인 메시지가 나타난다. 미국인은 '남녀 간의 투쟁'이라는 개념을 만들어냈다. 미국의 책과 토크쇼들은 남녀가 이성을 대하는 방법을 놓고 서로 비난하도록 끊임없이 부추긴다. 큰 성공을 거둔 영화들도 남녀가 유혹하며 서로를 조종하는 방법을 묘사하고 있다. 책과 토크쇼, 영화들은 유머를 통해 자신들의 주장을 펼치고 있는지 모르지만, 저변에 깔린 메시지는 재미

와는 전혀 거리가 멀다. 즉 유혹은 미국인을 몹시 불안하게 하고 있는 것이다.

이러한 유혹에 대한 각인 발견 작업이 이루어진 후에 로레알은 마케팅에서 미국의 코드를 피하기로 결정을 내렸다. 프랑스의 광고에서는 매우 관능적이고 유혹적인 분위기를 강조했지만, 미국에서는 로레알 제품을 선물로 받는 소비자들에게 불안감이나 조종당한다는 느낌을 주지 않으려 했다. 그래서 미국 광고에서는 성적인 분위기를 전혀 풍기지 않고 소비자가 오직 자신에 대해 긍정적인 느낌을 갖게 하는 데만 초점을 맞추기로 했다. 로레알 제품을 사용하는 목적을 남자를 유혹하는 데 두는 것이 아니라 자신감을 갖는 데 두게 한 것이다. 즉 로레알 제품을 사용하는 이유는 "그만한 가치가 있기 때문"임을 강조했다. 그리고 로레알의 제품이 피부와 머리에 영양분을 공급한다는 메시지를 통해 무의식적으로 모성애를 연상하게 했다.

로레알은 유혹에 대한 미국인의 코드를 피하는 마케팅 전략을 펼침으로써 성공을 거두었다. 그들은 "코드를 효과적으로 회피"했다. 어떤 문화에서 일정한 코드를 연상하게 하는 제품이 부정적인 감정을 불러일으킨다는 사실을 알면 그 코드를 철저하게 피해감으로써 실패를 방지할 수 있다는 것을 로레알이 보여준 것이다.

부정적인 연상이 불가피할 때(나중에 술에 관한 코드를 다룰 때 보겠지만) 사용하는 또 다른 유용한 방법은 그 영향을 약화시킨 형태로 코드를 교묘하게 알리는 것이다. 이 전략은 누군가를 유혹하려고 애쓰는 사람에게 쓸모가 있다. 모든 것을 단념하고 독신생활을 택하지 않는 한 결국 유혹에 가담할 수밖에 없다. 이때 유용한 한 가지 기술은

프랑스 회사인 로레알은 미국 시장에 진입하면서 '유혹'이라는 콘셉트를 포기했다. 미국인은 유혹에 대한 이미지를 보면 조종을 당한다는 느낌을 갖기 때문이었다. 부정적 감정을 불러일으키는 코드를 철저하게 피해감으로써 실패를 방지할 수 있다는 것을 보여준 예이다.

순진한 정직성을 보이는 것이다. 즉 사랑하는 상대에게 자신의 관심을 직접 알림으로써 속거나 조종당한다는 기분이 들지 않게 하는 것이다. 이런 경우에도 부정적인 코드는 여전히 남아 있지만 정직함—무언으로 코드를 인정하는 것—이 코드의 힘을 약화시킨다.

:: 섹스는 없고 폭력은 있다

할리우드 배우인 마를렌느 디트리히(Marlene Dietrich)는 "미국인에게는 섹스는 없고 섹스 문제만 있다."라고 했다. 그것은 왜일까?

청년기적 세계관에는 회색의 영역이 거의 없다. 청년들은 양극단만 보는 경향이 있다. 사물은 좋거나 나쁘고, 재미있거나 따분하며, 의미 있거나 무가치하다. 이런 사고방식은 미국의 청년기적 문화에 널리 퍼져 있다. 섹스에 대한 코드도 그런 예다.

나는 사랑과 유혹에 대한 코드를 알고 있었기 때문에 섹스에 대한 코드도 분명히 상당한 불안감을 반영하고 있으리라 예상했다. 미국인은 친밀한 관계를 생각할 때 압박감을 많이 느끼고 있는 것이 분명했다. 그러나 나는 섹스에 대한 각인 발견 작업에서 그토록 극단적인 반응이 나타날 줄은 미처 예상하지 못했다.

■ 사내들은 전부 개라고요. 우리는 그들이 뭘 원하는지 알아요. 가끔 그들이 원하는 걸 주기도 하지만 우리는 그들이 사랑한다고 말하는 속셈을 뻔히 알고 있어요. — 40세의 여성

■ 내가 열한 살 때 한 살 위인 언니와 언니 친구들이랑 함께 있었어요. 우리는 동네에 있는 초등학교 옥상에 앉아 있었지요. 언니 친구가 얼마 전에 알게 된 사실이라면서 언니와 나한테 그것(성)에 관한 이야기를 들려줬죠. 난 정말 겁이 났어요. 그런 행위가 뭘 의미하는지 전혀 알지 못했으니까요. - 42세의 여성

■ 나는 섹스를 하고 싶은 생각이 간절했습니다. 몇 년 동안 온통 그 생각뿐이었어요. 그러다 마침내 처음으로 섹스를 하게 되었죠. 너무나 순식간에 끝나버리자 섹스에 관해 대단한 환상을 가졌던 나는 누군가에게 속은 기분이었죠. 황홀한 느낌을 기대했었지만 두들겨 맞은 기분이었어요. 실망감이 어찌나 컸는지 겁이 날 정도였습니다. - 36세의 남성

■ 5학년 때 나는 친구들이랑 주디 블룸(Judy Blume)의 《하나님, 거기 계세요? 저, 마거릿이에요 Are you there, God? It's me, Margaret》라는 책을 읽었어요. 책에는 섹스 이야기가 있었는데, 그것이 무엇인지 궁금해서 집에 돌아와 어머니에게 보여드렸지요. 어머니는 섹스가 무엇인지 처음으로 설명해주었습니다. 나는 겁도 나고 호기심도 있었지요. - 40대 여성

■ 내가 열한 살 말괄량이였을 무렵 사춘기가 시작되었지요. 나는 여자가 되고 싶지 않았어요. 나는 매우 진지한 아이였는데 부모님은 내 인생에서 이런 변화를 맞을 준비를 충분히 해주지 않았어요. 10대 때

나는 섹스는 어떻게 하는 것일까 내내 궁금했지요. —50세의 여성

■ 10대 때 누나의 가장 친한 친구가 스트리퍼라는 사실을 알게 되었죠. 그 뒤로 그녀를 볼 때마다 나는 당장 옷을 벗기고 섹스를 하고 싶었어요. 내 몸에서 호르몬이 미친 듯이 솟구쳤던 겁니다. —34세의 남성

응답자들은 성공과 패배, 쟁취하고 빼앗긴 일, 지배하고 지배당한 경험 등을 되풀이하며 이야기했다. 섹스를 즐거운 경험으로 묘사할 때도 이야기는 자주 어둡게 끝났다.

나는 각인 발견 작업을 할 때 사람들이 쓴 글을 읽더라도 그들이 하는 이야기를 보지 않고("사람들이 하는 말을 믿지 말라."는 원칙을 명심하라) 공통적인 메시지를 본다. 글의 문맥을 보지 않고 어법을 보는 것이다. 중요한 것은 내용이 아니라 구조다. 나는 사람들이 섹스에 관해 쓴 이야기들을 분석하다가 글의 운율에 무엇인가 있음을 알아차렸다. 그리고 겁먹은, 두려운, 호기심이 발동하는 등의 단어들과 함께 "두들겨 맞은 기분이었다."라든가, "섹스를 어떻게 하는지 궁금했다."와 같은 짧은 문장 속에서 무언가 숨가쁜 어조를 감지할 수 있었다. 그것은 대결을 떠올리게 했지만 평화롭게 해결되어 양측이 모두 승자가 되는 그런 종류의 대결이 아니었다. 그것은 최소한 한쪽이 패자가 되거나 아니면 양쪽 모두 패자가 되는 폭력적인 대결이었다. 실제로 섹스에 대한 미국인의 코드는 '폭력(VIOLENCE)'이다.

이는 청년기적 문화의 극단적인 사고방식을 나타내는 예다. 미국인은 섹스를 불안해하기 때문에 섹스를 쾌락의 정반대, 즉 고통과 죽

음을 불러일으키는 것으로 여긴다. 그리고 미국 문화는 섹스보다 폭력을 훨씬 더 편안하게 여기는 것이 확실하다. 식탁에서 섹스 이야기를 하는 것은 무례하게 여기지만 전쟁이나 범죄 또는 최근에 나온 액션 영화 이야기를 장황하게 하는 것은 얼마든지 허용한다. 무엇인가를 총으로 쏘고 죽이겠다는 명확한 의도를 가지고 사냥 여행을 계획하는 사람은 친구와 동료에게 모두 알리고 '전리품' 곁에서 찍은 사진을 자랑할지도 모른다. 그러나 미혼의 두 동료가 근처 호텔에서 섹스를 하려 할 때는 절친한 친구 외에는 아무에게도 알리지 않을 것이다. 미국연방통신위원회는 여성의 수유 장면을 방영했다는 이유로 텔레비전 방송국에 벌금을 물리지만(마치 수유가 성적인 행위라도 되는 것처럼), 동일한 방송국이 늦은 밤에 살인과 신체 절단 장면을 방영해도 벌금을 물리지 않는다.

여러분은 1989년도 영화인 〈장미의 전쟁The War of Roses〉을 기억할지 모르겠다. 마이클 더글러스(Michael Douglas)와 캐슬린 터너(Kathleen Turner)가 주인공으로 나오는 이 영화는 두 사람 사이의 이혼 과정을 아주 적나라하게 보여주고 있다. 두 사람의 싸움은 전면적인 육박전이었는데, 휴게실 발코니를 무너뜨리고 와장창 소리를 내며 바닥으로 굴러 떨어질 정도였다. 이때 마이클 더글러스는 캐슬린 터너와 죽은 듯이 누워 있다가, 그녀를 돌아보며 이렇게 묻는다. "당신도 나처럼 좋았어?" 사생결단의 대결 끝에 나오는 이러한 질문은 섹스에 대한 미국인의 코드와 일치한다.

이 영화의 감독인 대니 드비토(Danny DeVito)와 시나리오 작가인 마이클 리슨(Michael Leeson)은 미국인이 무의식적으로 섹스를 폭력으로 '대체해왔다'는 사실을 알고 있었다. 미국의 대중문화는 섹스와 폭력의 연관으로 가득 차 있다. 힙합 가사는 온통 폭력적인 섹스에 관한 찬양뿐이다. 연애소설의 하위 장르인 로맨틱 스릴러에는 연속 살인자와 집단 살인자, 테러리스트들에 관한 이야기가 나오다가 연인들이 등장한다. 그리고 연인들이 서로 뺨을 갈기다가 상대 품안에 안기는 영화의 진부한 장면은 수없이 많이 봐왔다.

미국 문화에서는 섹스와 폭력의 경계가 뚜렷하지 않은 경우를 쉽게 찾아볼 수 있다. 남자들은 여자와 잠자리를 같이할 때 '명중시켰다'거나 '쐈다'는 말을 한다. 그리고 여자들은 남자가 배신을 하면 성기를 잘라버리겠다는 농담을 한다. 고등학교와 대학교 캠퍼스에는 '강간용 마약'이 널리 퍼져 있다. 독신자들이 주로 찾는 클럽은 '정육점'이라고 표현되고 있다. 이 모두가 매우 익숙한 현상들이다.

앞에서 우리는 로레알이 마케팅에서 유혹과 관련된 부정적인 메시지를 피하기로 결정을 내린 과정을 보았다. 섹스에 대한 코드 역시 부정적이지만, 미국의 회사들은 마케팅을 할 때 섹스 코드를 배제하지 않는다. 그들은 섹스를 이용해 제품을 판매한다. 그것도 매우 성공적으로 말이다. 많은 광고 전문가들이 섹스에 대한 코드를 이용해 광고를 만들지만 자신들이 제품을 폭력과 연관시킨다는 사실을 깨닫지 못하고 있다. 만약 이 사실을 알면 깜짝 놀라겠지만, 이런 광고가 효과를 거두는 이유는 단 하나다. 그것은 미국인들이 폭력에 매력을 느끼고 있기 때문이다. 다음과 같은 단편적인 사실들을 생각해보자. 2005년 10월 9일 주말에 미국에서 시청률 1위를 기록한 프로그램은 소름끼치는 범죄 장면으로 가득한 〈CSI : 과학수사대 CSI〉였다. 2위는 도시 근교에 사는 섹시한 여성들의 생활을 다룬 〈위기의 주부들 Desperate wives〉이었는데, 살인을 비롯한 여러 가지 이야기들이 포함돼 있었다. 실제로 그 주에 5위 안에 든 프로그램들은 저마다 강렬한 폭력적 주제들이 포함돼 있었다. 같은 주에 미국의 흥행 1위였던 영화는 공포물인 〈안개The Fog〉였고, 4위는 폭력 스릴러인 〈파이트 플랜Fightplan〉, 6위는 여자 현상금 사냥꾼에 관한 액션 영화인 〈도미노Domino〉, 8위는 〈폭력의 역사A History of Violence〉였다. 미국인은 실제의 폭력에 대해서는 질색할지 모르지만, 가상적인 폭력에는 넋을 잃는다는 것을 우리는 안다. 이는 청년기적 문화의 또 다른 특성이다. 청년인 그들은 영원히 죽지 않을 것처럼 생각하고, 그들의 불멸성을 시험하기 위해 폭력에 매혹된다. 그리고 마케팅 전문가들은 광고에 섹스를 이용할 때 이런 폭력과 연결시킨다.

:: 롤러코스터를 타다

문화는 느리게 변화한다. 적어도 현 세대에는 미국 문화의 청년기가 끝나지 않을 것이다. 이는 사랑과 유혹, 섹스에 대한 코드가 앞으로도 오랜 세월 지속될 것이라는 뜻이다. 그러나 청년기는 롤러코스터 타기와 같다. 여러분은 다음 장들에서 청년기적 문화가 어떻게 사람들을 불안의 심연으로 곤두박질치게 하고, 또 하늘 높이 치솟게 하는지 보게 될 것이다.

Chapter 03

아름다움과 비만에 대한 코드

폭력과 도피에서의 줄타기

삶은 곧 긴장이다. 우리가 삶에서 경험하는 모든 것은 양극단 사이를 잇는 축선 위의 한 지점에 놓여 있다. 사람은 쾌락을 알면 반드시 고통도 알게 된다. 기쁨을 느끼면 슬픔도 느끼게 되는 것이 당연한 이치다. 우리가 하나의 경험을 어느 정도로 느끼는가는 (조금 고통스럽다, 미칠 듯이 기쁘다 등) 그 경험이 축선 위의 어느 지점에 있는가에 달렸다. 가학·피학성 변태성욕자라면 다 알겠지만, 우리 뇌에 고통을 전달하는 체계는 동시에 쾌감도 전달한다.

　이러한 긴장들이 바로 문화를 규정한다. 문화는 수많은 원형들 (archetypes), 그리고 각 원형과 그 반대의 원형 사이에 존재하는 긴장으로 이루어진다. 예를 들어 미국 문화에서 나타나는 일차적 긴장 중 하나는 '자유'와 '금지' 사이의 긴장이다. 미국인은 자유를 양도할 수 없는 권리로 여긴다. 미국인은 자유를 지키려고 여러 차례 전쟁을 치러왔으며, 자유를 유지하기 위해 기꺼이 목숨을 바친다. 동시에 금지를 지향하는 성향도 매우 강하다. 과음해서도 안 되고, 지나치게 놀아서도 안 되고, 지나치게 부를 과시해서도 안 된다고 생각한다. 축 자체는 변하지 않지만 문화가 축 위의 어느 지점에 놓이는가는 시대마다 다르다. 예컨대 미국 역사에서는 시대에 따라 문화가 자유와 금지의 축 위에서 놓이는 자리가 달랐지만(1920년대에는 금지를 향해 크게 기울었고, 1960년대 말에서 1970년대 초에는 정반대 방향으로 급격하게 쏠렸다), 반대 세력은 항상 존재했다(1920년대의 밀주업자, 1960년대와 1970년대의 '침묵하는 다수'). 미국 문화에서 이러한 긴장은 늘 존재하며 현재와 같은 미국 문화를 형성하는 데 기여하고 있다.

문화가 다르면 동일한 원형이 전혀 다른 반대 원형을 가질 수 있다. 예를 들어 프랑스에서 자유의 반대 원형은 금지가 아니라 '특권'이다. 전 역사를 통틀어 프랑스인은 특권 계급이 지배하는 시기와 이 계급이 전복되어 국가가 특권과 귀족제도를 폐지하는 시기 사이를 오락가락해왔다. 그 중 1789년에 발생한 사건은 가장 유명한 사례다. 그런데 흥미로운 사실은 나폴레옹(Napoleon, Bonaparte)이 새로운 귀족과 특권의 시대를 열었지만 그리 오래가지 않았다는 것이다. 현재 프랑스는 다시 자유 쪽으로 기울어 있지만, 공산당이 특권에 관한 여러 가지 주장들(최소한의 노동 또는 무노동, 복지 재정에 관한 정부의 책임 등)을 옹호한 결과 여전히 긴장이 남아 있다.

프랑스인은 주 35시간의 노동을 엄격하게 실천하고 1년에 6주간의 유급 휴가와 무료 보건의료 서비스, 무상 교육의 혜택을 받는다. 이런 생활방식을 귀족적이라고 말하면 프랑스인에게는 충격적으로 들릴지도 모른다. 그러나 행동의 '내용'은 달라졌지만 '구조'는 철저하게 귀족주의적이다. 여기서 말하는 귀족주의란 노동은 나쁜 것이며 고귀한 인간의 품위를 떨어뜨린다는 사고방식을 가리킨다. 이제 프랑스에서 실질적인 귀족은 거의 사라졌지만, 사회 저변에는 여전히

'특권'이 남아 있다. 예컨대 여러 가지 직업을 갖는 것보다 실직수당으로 더 많은 돈을 받을 수 있는 제도 등이 그렇다.

디즈니(Disney)가 파리에 유로 디즈니(Euro Disney)를 개장했을 때, 그들은 특권이 프랑스 문화에 얼마나 중요한가를 알게 되었다. 원래 파리의 테마 공원에도 다른 모든 디즈니 공원과 마찬가지로 애완동물과 흡연, 음주를 금하는 규칙이 있었다. 하지만 프랑스인은 이러한 규제를 좋아하지 않았기 때문에 집단적으로 입장을 거부했다. 디즈니는 '특별 입장권'을 제공하고 나서야 비로소 프랑스 시장에 진입할 수 있었다. 방문객들이 할증료를 내고 '특별 입장권'을 사면 애완동물을 데려오고, 담배를 피우고, 포도주를 마실 수 있는 일정한 구역에 출입할 수 있게 한 것이다. "평등의 바다에 떠 있는 특권의 섬"이라는 사상은 프랑스의 컬처 코드와 정확히 일치했다.

:: 아름다움과 섹시함은 다르다

커버걸(Cover Girl : 미국 생활용품회사인 프록터앤드갬블(P&G)의 자회사 ― 옮긴이 주)로부터 의뢰받은 아름다움에 대한 미국의 코드를 찾는 작업을 할 때에도 어김없이 이러한 원형과 관련된 긴장을 발견할 수 있었다. 섹스에 관한 무의식적 코드가 '폭력'인 미국 문화 내에서 성장한 여성 참가자들은 매력과 도발 사이에서 균형을 이루어야 한다는 무언의 메시지를 표현했다. 또한 아름다움과 '지나친 섹시함'을 구분하는 경계선을 가지고 있었으며, 그 선을 넘으면 위험하다는 생각을 강하게 갖고 있었다.

분명한 것은 미국 문화 전반에 이러한 사고방식을 뒷받침해주는 메시지들이 있다는 사실이다. 예를 들어 한 강간사건에서 피해자가 강간을 당한 것은 피해자의 외모와 행동이 강간범을 도발시켰기 때문이라고 판결한 판사가 있는가 하면, 한 모델이 얼굴을 난자당한 사건에서는 범인이 보기에 그녀의 외모가 너무 완벽했기 때문이었다는 주장도 있었다. 이처럼 미국 여성들은 아름다움과 도발적인 섹시함 사이에서 줄타기를 하고 있으며, 균형을 취하지 않고 방심하면 경계선을 넘을 위험이 있다고 생각한다. 그래서 그녀들은 무의식적으로 지켜야 할 규칙들을 수집한다. 이를테면 다음과 같은 것들이다. 하이힐은 사교모임에는 적합하지만 직장에 신고 다니기에는 너무 섹시하다, 몸에 꼭 끼는 짧은 옷은 남편을 동반한 사적인 칵테일 파티에서는 허용되지만 독신자가 그런 옷을 입고 클럽에 가면 불량한 여자로 보인다, 짙은 화장은 시내에서 야간근무할 때는 괜찮지만 슈퍼마켓에 갈 때는 사람들의 눈총을 각오해야 한다 등등이다.

여성의류회사인 빅토리아스 시크릿(Victoria's Secret)이 크게 성공한 이유 중 하나는 여성들에게 쉽게 줄타기할 수 있는 방법을 제공했기 때문이다. 이 회사 덕분에 여자들은 겉으로 보이지 않는 은밀한 부분을 자신이 원하는 대로 여성적이면서도 섹시하게 치장할 수 있게 되었다. 란제리는 아름다우면서도 도발적일 수 있게 해주는 안전한 의류다. 이 회사 이름은 그 자체로서 긴장을 암시하고 있다. '빅토리아'는 빅토리아시대의 엄격함과 억압을, '시크릿'은 비밀의 방 또는 성적 매력과 아름다움에 관한 금지된 표현을 암시한다.

이러한 긴장을 밝혀내는 과정에서 나는 미국이라는 나라에서 아름

미국의 여성들은 아름다움과 지나친 섹시함 사이에서 늘 위험한 줄타기를 해야만 한다. 빅토리아스 시크릿의 화려한 란제리들은 여성들이 이 줄타기를 좀더 쉽게 할 수 있도록 해줌으로써 성공을 거두고 있다.

다움을 인식하는 방법을 많이 알게 되었다. 미국에서 여자로 사는 것은 힘든 일이다. 농담삼아 말하곤 하지만, 내가 만약 환생하더라도 미국 여자로는 태어나고 싶지 않다고 자주 말한다(절반은 진실이다). 나는 미국 여성을 대단히 숭배하지만 그녀들이 겪고 있는 일을 똑같이 겪고 싶지는 않다. 규칙이 많으면 긴장도 많은 법이다.

그러나 긴장을 이해하는 일은 커버걸을 위한 내 임무의 일부에 지나지 않았다. 코드를 밝혀내기 위해서는 이야기들을 깊이 분석해야 하고, 참가자들의 진정한 의도를 알아내기 위해서는 그들이 말한 '내용'을 무시해야 했다.

■ 열네 살 때인가 큰 파티에 초대를 받았어요. 그래서 새 옷이 필요했지요. 좋아하는 남자친구한테 예쁘게 보이고 싶었거든요. 엄마한테 새 옷을 살 돈을 좀 달라고 했어요. 돈을 받은 뒤에 나는 상점으로 가서 내가 찾고 있던 옷을 발견했어요. 그 옷을 입어보니 정말 섹시해 보이더군요. 나는 남자친구와 밤새도록 춤을 추었고 우리는 데이트를 시작했지요. 새 옷 덕분에 뜻을 이룬 것 같았습니다. ─ 40대 여성

■ 지난여름 가족과 휴가를 갔지요. 나는 여느 때보다 4킬로그램 정도 더 날씬해진 상태였죠. 멋진 헤어스타일과 머리 빛깔, 아름다운 피부, 매니큐어, 페디큐어, 햇볕에 그을린 몸. 디스코텍 파티에서 남편과 무대에서 춤을 추었지요. 나는 젊음을 느꼈고 사랑에 빠져 있었어요. 남편은 나한테서 눈을 떼지 못했지요. 남편은 나하고 함께 있는 게 자랑스럽다고 말했어요. ─ 42세의 여성

▪ 내가 유일하게 아름다웠던 시절은 18년 전 멋진 남자와 재혼했을 때였어요. 불행하게 끝난 결혼 때문에 17년을 혼자 지내다가 좋은 남자를 만난 것이지요. 그런데 불행하게도 그 남자는 멋진 결혼이 있은 뒤 3개월 만에 세상을 떠났어요. 그 후로 나는 아름답게 보인 적이 없는 것 같아요. −65세의 여성

▪ 내가 아름다웠던 가장 뚜렷한 기억은 열네 살 때였지요. 나는 이미 가슴이 부풀어 있었고, 생리도 하고, 어른이 다 되어 있었죠. 나는 다섯 살 많은 멋진 남자와 사랑에 빠졌어요. 세상이 완전히 달라졌죠.
−30대 여성

▪ 내가 서너 살 때쯤 어머니의 사촌이 우리 집에 다니러 왔어요. 내가 웃는 모습을 보고 그가 칭찬을 해줄 때마다 얼마나 행복했는지 몰라요. −43세의 여성

▪ 1970년에 찰스라는 남자를 만나 데이트를 시작했죠. 어느 날 우리는 저녁을 먹으러 시내로 나갔어요. 6월이라 바닷가에 자주 나간 덕분에 내 피부는 멋지게 그을려 있었지요. 그리고 새로 미장원을 다녀온 뒤여서 머리 모양도 완벽했어요. 나는 짧은 바지를 입고 있었지요. 머리를 길게 늘어뜨리고, 양 어깨를 뒤로 젖힌 채 찰스와 나란히 걸었지요. 마치 영화배우라도 된 기분이었어요. −56세의 여성

▪ 애인이 내 서른번째 생일 파티를 열어주었어요. 나는 레이스가 달

린 검은 드레스를 입었지요. 파티가 시작되기 전 흥분과 기대로 가득 차 있었어요. 나는 아름다웠고, 사랑을 받고 있었지요. 소중하게 보살핌을 받는 기분이었어요. 나는 한 사람에게 가장 특별한 존재였지요.
―36세의 여성

각인 발견 작업에 참가한 수백 명의 응답들을 보면 미국 여자들에게 아름다움을 보는 방식과 관련해 매우 감동적인 무언가가 있었다. 그녀들은 자신이 아름답다고 느꼈던 순간에 대한 가장 강렬한 기억을 되살려보라는 요청을 받자, 연애를 하고, 유혹을 느끼고, 남자의 관심을 끌었던 순간들을 기억해냈다. 자신을 아름답게 느끼는 것은 남자와 밤새도록 춤을 추었을 때의 느낌, 짧지만 멋졌던 결혼생활에 대한 느낌, 사랑에 빠졌을 때의 느낌, 영화배우가 된 것 같은 느낌, 애인에게 사랑받고 있다는 느낌과 관련이 있었다.

이외에도 많은 이야기를 통해 더 심층적인 것들이 드러났다. "그가 나와 함께 있음을 자랑스러워했다."라든가, "그가 칭찬을 해줄 때마다"라든가, "나는 한 사람에게 가장 특별한 존재였다."와 같은 진술들은 아름다움은 남자를 매혹시킬 뿐만 아니라 동시에 자신을 변화시킨다는 사실을 암시했다. 여자들이 자신의 아름다움을 느낀 순간과 관련된 이야기들은 대부분 남자를 만난 것과 관련이 있었다. 그리고 대부분은 잠시 즐기는 상대가 아닌 평생의 반려자가 된 남자를 만난 이야기였다. 이런 여자들을 알아본 남자들은 여자라면 무조건 침을 흘리는 저질들이 아니라 진실한 감정을 품은 사람들이었다. 여기에는 매우 강력한 무엇인가가 있었다.

남자는 섹스를 하도록 프로그램화되어 있다. 이 말에 항의할 사람이 있을지 모르지만, 보통 남자들은 섹스를 원하는 여자라면 누구와도 기꺼이 섹스를 할 수 있다고 본다. 하지만 한 남자가 단순히 한 여자를 떠받드는 것으로 그치지 않고 그녀의 아름다움까지 알아보게 된다면, 그리고 그녀의 육체적인 화려함만을 찬양하지 않는다면 그의 영혼은 한 단계 더 고양된다. 여자가 남자에게 자신의 아름다움을 영원히 각인시킬 수 있다면, 여자가 남자의 눈에 늘 아름답게 보일 수 있다면 그녀는 남자를 더 훌륭한 인물로 만들 수 있다. 그녀는 남자에게 시각적인 즐거움을 주는 이상의 보다 가치 있는 일을 하고 있는 것이다. 즉 남자를 발정한 동물에서 더욱 고상한 존재로 향상시키고 있는 것이다. 이런 의미로 볼 때 아름다움에 대한 미국인의 코드는 '남자의 구원(MEN'S SALVATION)'이다.

많은 인기를 끌었던 영화 〈귀여운 여인Pretty Woman〉을 생각해보자. 이 영화에서 줄리아 로버츠(Julie Roberts)는 냉혹한 거물 실업가에게 고용된 창녀였다. 그리고 리처드 기어(Richard Gere)는 바로 그 냉혹한 거물 실업가 역을 맡았다. 줄리아는 창녀처럼 보였으므로 리처드가 보기에는 한낱 노리개에 지나지 않았다. 그러나 공식 연회에 동반할 상대로 그녀가 필요해지고, 그녀가 우아하게 옷을 차려 입고 한껏 아름다운 모습으로(도발적이지 않고) 단장을 하고 나타나자, 리처드는 그녀를 사랑하게 된다. 여자는 감정이 없는 공허한 삶에서 남자를 구원한 셈이다.

대중문화에 코드가 작용한다는 더욱 노골적인 표시는 텔레비전 드라마 〈베이와치Baywatch〉에서 나타난다. 이 시리즈에서는 멋진 여자들(가장 유명한 인물은 파멜라 앤더슨(Pamela Anderson))이 구조대의 역할을 수행하면서 물에 빠지거나 위험에 처한 남자들을(물론 여자들도) 구해낸다. 이 여자들은 용감하게 구조대 역할을 수행하지만, 그러면서도 마치 〈스포츠 일러스트레이티드 Sports Illustrated〉의 수영복 화보에서 직접 뛰어나와 바다로 뛰어든 것처럼 보인다.

다른 문화에서는 각자의 코드에 따라 아름다움에 대한 다른 기준을 갖고 있다. 아랍 국가들에는 서로 다른 다양한 문화가 존재하지만, 한편으론 사막 유목민으로서의 비슷한 혈통을 지닌 탓에 공통점도 많다. 그 중 하나가 아름다움을 보는 방식이다. 이들은 여성의 외모가 남편의 성공을 반영한다고 본다. 예를 들면 여자가 말라깽이인 경우 그녀의 남편이 아내를 제대로 먹여 살릴 능력이 없다는 표시다. 그러므로 아랍 남자들은 아내가 살이 많이 쪄서 남편의 부를 과시해주는, 걸어다니는 광고판 역할을 잘해주기를 바란다.

노르웨이에서 아름다움은 자연과의 관계를 반영한다. 노르웨이 남자들은 운동선수 같은 체격을 갖춘 날씬한 여자를 최고의 미인으로 여긴다. 이런 여자가 활동적일 뿐만 아니라 달리기와 스키 타기를 오래 할 수 있다고 보기 때문이다. 노르웨이 여자들은 화장이나 머리 손질을 별로 하지 않는다. 노르웨이 문화에서는 자연스러움이 아름다움의 최고 기준이기 때문이다.

:: 아름다움 안의 신비로움을 찾다

아름다움에 대한 미국인의 코드가 아름다움과 도발 사이의 긴장과

결합되면 여자들에게 큰 억압의 굴레가 될 수 있다. 남자를 구원해서 인류를 향상시키고 존속시키려면 여자는 아름다워야 한다. 하지만 너무 아름다워서도 안 된다. 지나친 아름다움은 위험하기 때문이다. 여자들이 하루라도 머리 손질을 하지 않으면 전 인류가 실망하게 될까? 여자들의 드레스가 너무 짧으면 남자들을 구원하지 못하고 파멸시키게 될까?

아름다움 뒤에 있는 긴장은 청년기적 특징이다. 청년들은 극단적인 삶을 산다. 하늘 높이 올라가다가도 끝없이 추락하고, 불굴의 의지를 발휘하다가도 쉽게 패배한다. 아름다움에 대한 코드는 남자의 구원이지만 또 다른 측면에서 보면 '파멸'이다. 사람을 구원하는 것이 파멸이 되기도 하기 때문이다. 이는 매우 강렬한 긴장이다.

하지만 다행스럽게도 컬처 코드가 마련해준 새 안경을 통해 아름다움을 보면 좀더 쉽게 줄타기를 할 수 있다. 예를 들어 슈퍼모델이 아름다움에 대한 코드와 꼭 맞는 이유는 이들이 아름다움에 관한 도달할 수 없는 기준을 실현하고 있기 때문이다. 여자들은 아무런 압박감을 느끼지 않고 완벽한 수준에 도달하고 싶은 열망을 품을 수 있다. 왜일까? 남자들―여자들이 아름다움으로 구원하려는 바로 그 남자들―은 슈퍼모델을 보면서 이렇게 말할 것이기 분명하기 때문이다. "난 저런 여자와는 죽었다 깨어나도 함께 살 수 없을 거야." 이처럼 슈퍼모델들은 호감이 가는 외계인 취급을 받는다. 그녀들은 보는 것만으로도 황홀하고 가끔 유용한 정보를 주기도 하지만 '우리와는 다른' 종족인 것이다. 한편 극도로 도발적인 옷차림을 한 여자들이나 창녀가 아름다움에 대한 코드와 전혀 맞지 않는 이유는 남자들에게 저열한 욕망을 쉽게 충족시킬 수 있는 방법을 제시해주기 때문이다.

최근에 도브(Dove)가 시작한 피부 탄력 강화 로션 시리즈 광고에는 몸집이 크고 몸매도 보통인 여자들이 속옷 차림으로 등장한다. 광고가 암시하는 메시지는 이 로션이 '진실한' 여성들을 위한 '진실한' 제품이라는 것이다. 언론 매체는 이 광고가 여성을 진실하게 표현하고 여성이 슈퍼모델이 될 필요가 없음을 보여주었다고 칭찬했지만, 이는 아름다움에 대한 코드와 맞지 않는다. 아름다움이 일반화되고 모든 여자들이 그 자체로 아름답게 보인다고 암시를 주면 아름다움의 고상한 성격은 사라진다. 모든 여자들이 광고 모델이 될 수 있다면 어느 누가 세상의 남편들을 구원할 수 있겠는가? 미국의 어느 곳에서도 모델처럼 아름다운 처녀를 찾아보기 어려울 때 모델이 '옆집 처녀'처럼 보이는 것과 그 모델이 실제로 이웃집 처녀일 때의 상황은 전혀 다르다. 컬처 코드라는 안경을 통해 보면 아름다움에는 신비스러운 분위기가 포함되어 있음을 알 수 있다. 그 신비감이 일반화되면 중요한 무엇인가가 사라진다.

:: 비만은 문제가 아니고 해결책이다

몇 년 전 나는 터프츠대학교 초청으로 비만에 관한 심포지엄에서 강연을 했다. 내 순서가 비교적 뒤에 잡혀 있어서 차례를 기다리는 동안 다른 강연들에 귀를 기울일 수 있었다. 저명한 강사들이 화려하고 쟁쟁한 저명인사들을 대상으로 하는 강연이었다. 강연장은 의학박사, 철학박사 등 광범한 분야의 뛰어난 전문가들로 꽉 차 있었다. 청중 또한 실력이 쟁쟁한 사람들이었다. 그런데 적어도 청중의 3분의 1은 비만이었고, 3분의 2는 과체중이었다.

강사들은 저마다 비만에 관한 해결책을 내놓았는데 핵심은 모두 교육에 있었다. 미국인이 올바른 영양 섭취와 운동의 이로움에 대해 자세히 알기만 하면 날씬해질 것이라는 내용이었다. 마치 대중을 상대로 적극적인 계몽운동을 벌이기만 하면 온 나라가 날씬해질 수 있다는 주장이었다.

그들이 내놓은 처방들과 강연장을 가득 메운 비대한 몸집들을 비교해보니 웃음이 나왔다. 그래서 내 차례가 왔을 때 그것에 관련된 지적을 할 수밖에 없었다. "오늘 다른 강연자들이 미국의 비만 문제에 관한 해결책이 교육에 있다고 말씀하신 것은 훌륭한 주장이라고 생각합니다." 그리고 나서 천천히 강연장을 둘러보며 말했다. "교육이 해결책이라면 여러분에게는 왜 효과가 없었습니까?" 내가 이렇게 말하자 청중 속에서 어이없어 하는 소리가 들렸고 몇 사람은 킥킥거렸으며 많은 사람들이 코웃음을 쳤다. 그리고 당연하게도 그 후 터프츠대학교에서는 두 번 다시 나를 강사로 초청하지 않았다.

내가 젊은 시절 심리치료사로 일할 때, 한 여인이 과체중인 10대 딸을 데리고 진료를 받으러 왔다. 그 여인은 내게 딸의 '잘못된' 습관을 찾아내고 식습관 문제의 심리학적 원인을 찾아내줄 것을 원했다. 나는 모녀와 함께 대화를 나눈 다음 소녀와 따로 여러 차례 면담을 가졌다. 개인면담에서 소녀는 사춘기가 되어 가슴이 부풀기 시작할 때까지 체중에 아무런 문제가 없었다고 말했다. 문제가 생긴 것은 어머니의 남자친구가 소녀에게 접근해 더러운 짓을 시작한 때부터였다. 그러다가 그 사내는 소녀가 뚱뚱하게 살이 찌자 비로소 희롱하는 짓을 그만두었다. 소녀의 입장에서는 이제 만사가 해결된 것이다.

나는 소녀의 어머니를 개인적으로 만나 딸의 비만이 그 사내와 관련이 있다는 이야기를 해줬다. 그러자 소녀의 어머니는 기겁을 하며 내게 추잡한 늙은이라고 욕을 했고(나는 당시 늙지도 않았지만), 다음 면담 약속을 취소해버렸다. 그러고는 의사에게 딸을 데리고 가 엄격한 식이요법을 시작했다. 그 뒤 소녀의 체중은 크게 줄었지만 불행히도 소녀의 어머니는 자신의 남자친구를 내쫓지 않았다.

그런데 약 1년 뒤 면담 일정에 그 모녀와 약속이 잡혀 있는 것을 보고 나는 깜짝 놀랐다. 새로운 근심거리가 생겨 마지못해 내게 도움을 청하러 온 것이었다. 이번에는 체중이 아니라 소녀의 온몸에 잔뜩 퍼져 있는 습진 때문이었다. 그리고 소녀의 체중이 줄어 날씬해진 뒤 어머니의 남자친구가 추잡한 짓을 다시 시작했다는 사실이 밝혀졌다. 하지만 소녀의 몸에 피부병이 생기자 사내는 다시 접근을 피했다고 한다. 나는 소녀의 어머니에게 그 사내를 집에서 내보내라는 조언을 다시 했지만 안타깝게도 그녀의 반응은 이전과 똑같았다. 그 뒤 나는 다시는 그 모녀를 보지 못했다.

미국에서 비만은 심각한 문제다. 1억 2,500만 명 이상이 과체중이며 6,000만 명 이상이 비만이다. 이 중에서 거의 1,000만 명은 병원에서 병적인 비만으로 진단을 받았다. 이러한 실정은 다이어트산업에는 기막힌 희소식이 되겠지만 일반인들에게는 깜짝 놀랄 만한 소식이다. 신체의 아름다움에 대한 기준이 어떠하든 과체중이 심각한 건강상의 위험을 안고 있다는 점은 분명하다. 하지만 우리는 터프츠 대학교의 저명한 강사들이 내놓은 견해와는 달리, 비만 문제가 결코 해결되지 않고 계속 남아 있으리란 걸 알고 있다.

   비만이 해롭다는 사실을 알면서도 왜 이처럼 비만에서 벗어나는 것이 어려운 걸까? 비만은 문제가 아니고 해결책이기 때문이다. 심리학자들은 오래전부터 비만이 문제라기보다 해결책의 하나라는 사실을 알고 있었다. 과식은 성적인 학대를 받는 사람들에게 일어나는 일반적인 방어기제다. 내가 면담했던 소녀가 비만이 된 까닭은 그렇게 돼야만 구역질나는 그 남자가 자신을 희롱하는 짓을 그만두게 된다는 것을 무의식적으로 깨달았기 때문이다. 그런데 어머니가 체중을 줄이도록 강요하자 소녀의 무의식은 다른 해결책을 찾아냈고 그것이 바로 피부병이었다.

:: 비만의 반대편에는 관계가 있다

다른 나라들에 비해 미국에 과체중이 많은 것은 사실이다. 최근에 《프랑스 여자들은 뚱뚱하지 않다 *French Women Don't Get Fat*》라는 책이 〈뉴욕 타임스〉 베스트셀러에 올랐는데, 실제로 프랑스 여성은 미국 여성에 비해 뚱뚱하지 않다. 미국 성인 여성의 62퍼센트가 과체중인 것에 비해, 프랑스 성인 여성은 30퍼센트 정도만이 과체중이다. 또한 이탈리아의 과체중 비율도 미국의 절반 정도밖에 안 된다. 이렇게 미국에 유독 과체중이 많은 문화적 이유는 무엇일까? 미국인들에게 비만은 무엇을 위한 해결책일까?

항상 그렇지만 각인 발견 작업의 세번째 시간에 참가한 사람들의 이야기를 들어보면 뜻밖의 사실들이 드러난다. 어떤 사람은 다음과 같은 승리감을 이야기하기도 했다.

- 내 키에 맞춰 9킬로그램 정도를 빼려고 씨름하다가 우울증에 걸리게 되었어요. 특히 쇼핑할 때 증세가 심했습니다. 몸에 맞는 옷도 없고, 감히 내 뒷모습을 비춰볼 수도 없었기 때문에 쇼핑은 악몽이었어요. 나는 '너무 늦기 전에' 체중을 줄이기로 나 자신과 약속을 했지요. 14킬로그램 정도 체중이 줄자 자부심과 성취감이 느껴졌어요. — 22세의 여성

- 열두 살 때 다이어트를 하기로 결심했지요. 나는 남자애들에게 관심을 갖게 되었지만 그 아이들은 내게 관심이 없었어요. 나는 코티지 치즈(cottage cheese : 탈지유로 만든 희고 연한 치즈)와 과일로 다이어트를 한 덕분에 9킬로그램이나 줄일 수 있었습니다. 정말 행복했어요. 사촌언니 낸시가 나이가 들어 못 입게 된 짧은 바지 몇 개를 주었는데 내게 꼭 맞았어요. 이웃사람들이 어머니에게 내가 너무 말랐다고 말하던 기억이 나네요. 정말 멋진 칭찬이었죠! — 50대 후반의 여성

다음과 같은 비극적인 이야기를 하는 사람도 있었다.

- 내가 초등학교 2학년 때 친할머니가 성인형 당뇨병 진단을 받았어요. 할머니는 농가에서 태어나고 성장해서 농부의 아내로 평생을 사

신 분이었지요. 할머니는 돼지기름과 버터, 생크림으로 음식을 만들었어요. 점심식사 때는 보통 고기 세 덩어리, 죽 네다섯 그릇, 채소 네다섯 가지, 후식 서너 가지를 앉은자리에서 드셨어요. 농부답게 식사를 하신 거죠. 할머니는 신장 150센티미터에 체중은 90킬로그램이 넘었지요. 할머니는 당뇨병과 관련된 합병증으로 세상을 떠나셨어요. 과식 때문에 돌아가신 거죠. —35세의 여성

■ 아마 초등학교 1학년 때였을 거예요. 엄마랑 교복을 사러 갔는데 윗옷이 내 팔에 너무 꽉 꼈어요. 기분이 나쁘기도 하고 어떤 면에서 내가 '남보다 모자라는' 것 같은 느낌이 들었던 것 같아요. 나는 친구들보다 덩치가 큰 탓에 나쁜 사람이 된 기분이었죠. 바로 그 무렵 아빠가 돌아가셨고, 그 때문에 죄책감은 더 커졌어요. 나는 뚱뚱했고 나쁜 아이였어요. 아빠는 돌아가셨고요. 내가 나쁜 아이인 탓에 아버지를 빼앗기는 벌을 받은 셈이지요. —38세의 여성

다음과 같은 슬픈 이야기도 있었다.

■ 내 사촌은 젊고 아름다운 처녀였어요. 날씬한 몸매에 백옥 같은 피부, 푸른 눈, 투명한 금발머리의 미인이었죠. 하지만 반항심이 너무 커서 잘못된 선택으로 인생을 망치고 말았지요. 나는 지난봄까지 사촌을 만난 적이 없어요. 그녀는 지금 얼굴도 제대로 알아볼 수 없을 만큼 심한 비만증에 걸려 있어요. 그렇게 달라진 모습을 보고 너무 슬펐는데 그녀의 세 아이들도 비만인 것을 보고 더 우울했어요. —45세의 여성

■ 내가 네다섯 살 때 가족들과 함께 자전거 타던 기억이 나네요. 아빠와 형제자매들이랑 나는 모두 활동적이었지요. 그런데 엄마는 몸이 뚱뚱하고 불안해했기 때문에 우리와 함께 적극적으로 활동한 적이 거의 없었어요. 자전거 안장에 앉은 엄마가 멍청하게 보였던 기억이 나요. 엄마는 무엇을 하든 불안하게 보였어요. 나는 엄마가 날씬해져서 옷도 마음대로 입고 외출도 하고 적극적으로 활동하기를 바랐지요.
― 50대 여성

■ 내가 어릴 때 우리는 새 집으로 이사를 했습니다. 이사하기 전까지만 해도 나는 뚱뚱하지 않았어요. 이사한 후, 나는 친구들과 멀리 떨어지게 된 것에 낙담해서 다른 친구들을 사귀지 않고 혼자 지냈죠. 여름 내내 집에만 틀어박혀 지내는 바람에 체중이 불어났죠. 그 여름을 다르게 보냈다면 지금의 내 모습은 달라졌을지도 모릅니다. ― 30대 후반의 남성

다음과 같이 분노가 담긴 이야기도 있었다.

■ 최근에 춤을 추러 갔는데, 거기서 만난 남자가 나한테 꽤 관심을 보이더군요. 배 크기로 볼 때 그는 뚱보였어요. 난 뚱보는 질색이거든요. 난 그에게 관심이 없었어요. 뚱뚱한 남자한테는 거부감이 들기 때문에 그 남자에게 도저히 매력을 느낄 수 없었어요. 내게 청혼할 가능성이 있는 사람을 만날 때 내가 맨 처음 주목하는 부분은 몸매입니다.
― 61세의 여성

■ 내가 초등학교 6학년 때 학교 공부를 마치고 여동생과 함께 걸어서 집으로 돌아오던 일이 생각나네요. 남자애들이 내 동생더러 '뚱보'라고 놀려댔어요. 나는 동생의 두 눈에 눈물이 고인 것을 보고 너무 화가 치민 나머지 한 남자애를 쫓아가서 코피가 터지게 때려줬지요. 동생은 그때부터 지금까지 비만으로 어려움을 겪고 있어요. —49세의 여성

이 모든 이야기들과 이와 유사한 다른 수많은 이야기들에는 무엇인가 서로 연관되는 것이 있었다. 참가자들이 이야기한 것이 옷인지 농장인지, 자전거인지, 피범벅이 된 코인지는 중요하지 않았다. 중요한 것은 그들이 이야기하는 방식이었다. 체중을 줄이거나 날씬해지면 사람들은 옷이 '꼭 맞는 것'을 보고 '자부심과 성취감'을 느꼈다. 반대로 과체중이 되는 것은 '벌 받는 것'이나 '집에 틀어박히는 것', '정이 떨어지는 것'과 관련이 있었다.

이러한 이야기들은 또 다른 긴장의 축을 드러냈다. 아름다움의 반대편에 도발이 있는 것처럼 비만의 반대편에는 '관계'가 있다. 미국인들은 날씬한 사람들이 활동적이고 참여적이라고 생각한다. 반면에 뚱뚱한 사람들은 사회적 관계의 단절을 경험한다. 이들은 사람들을 멀리하고, 언제나 방 안에 틀어박혀 있으며, 가족들과도 쉽게 교류를 하지 못한다.

미국 문화에서는 어디서나 이러한 비만과 사회적 관계 사이에 존재하는 '긴장'을 볼 수 있다. 많은 여성들이 결혼 초기에는 날씬한 상태를 유지하다가 두세 번 임신과 출산을 반복한 뒤에는 체중이 불어나 다시 줄어들지 않는다. 왜 그럴까? 여성은 어머니의 역할에 집중

하기 위해 무의식적으로 남편과의 관계를 단절하기 때문이다. 남자들은 어떨까. 그들은 중간관리직에서 불안하게 생존을 위한 싸움을 벌이다가 14~18킬로그램 정도 과체중이 되면 체중 때문에 승진에서 탈락되었다고 불평한다. 어떤 사람들은 배우자와의 심각한 불화나 실직, 자녀의 대학 진학, 부모의 사망 같은 일을 겪은 뒤에 체중이 급격히 불어난다.

긴장은 늘 있기 마련이다. 우리는 비만에 대해 뼈대가 크다거나 신진대사가 느리기 때문이라고 변명할지도 모른다. 또한 '아랫배 군살'이라거나 참된 아름다움은 '내면에 있다'는 따위의 구실을 댈지도 모른다. 하지만 체중과 씨름하는 사람들은 자신의 어떤 관계와—사랑하는 사람, 스스로의 역할, 생존 경쟁 등과—씨름하고 있는 경우가 많다. 그러니까 비만에 대한 미국인의 코드는 '도피(CHECKING OUT)'다.

앨 고어(Al Gore)는 미국 대통령 노릇은 하지 못했지만 이러한 코드를 제대로 보여주는 시각적 모델 역할을 했다. 고어가 대통령 선거에 패배하고 나서 정신적 타격으로 인해 2~3개월 동안 모습을 드러내지 않은 것은 이해할 만한 일이다. 고어가 마침내 인터뷰를 하게 되었을 때, 그는 덥수룩한 턱수염에 체중이 상당히 불어난 모습으로 나타났다. 선거 패배로 타격을 심하게 받은 나머지 '도피'를 했던 것이다. 그런데 흥미로운 것은 최근에 그가 기자회견을 열어 새로운 유선 텔레비전 방송국 설립을 발표했을 때, 단정하고 날씬한 모습을 보여주었다는 사실이다. 새로운 목표를 세우면서 다시 '돌아온' 것이다.

::: 욕구를 저버리기 위한 퇴행

이러한 코드를 감안하면 미국 문화에 그토록 과체중이 많은 이유를 확실히 알게 된다. 미국인은 무모한 스트레스를 자청하는 데 선수다. 초능력을 발휘하는 엄마가 되어야 하고, 회사의 승진 사다리를 올라가야 하며, 할리퀸 연애소설에 나옴직한 멋진 관계를 가져야 한다. 이것은 우리가 감당해야 하는 끔찍한 몫이다. 실제로 이러한 욕구는 많은 사람들에게 너무 힘든 과제다. 그래서 무의식적으로 도피한다. 기대를 저버리고 싶은 자신의 욕구를 인정하기보다 비만을 탓하는 게 더 낫기 때문이다.

비만해지는 것은 생존 경쟁을 피하고, 싸우지 않고도 강한 개성을 얻고(뚱뚱이라는), 적극적인 태도에서 수동적인 태도로 돌아서기 위해 무의식이 가장 일반적으로 이용하는 방법이다. 비만해지면 우리가 어떤 사람인지(뚱보), 왜 이런 일이 일어났는지(우리에게 '강요된' 식품 과잉 섭취), 누구에게 책임이 있는지(우리에게 패스트푸드를 먹게 한 맥도널드나 다른 간이음식점들), 우리의 정체가 무엇인지(희생자) 알 수 있다. 또한 비만해지면 아동기로 퇴행하기 위해 일반적으로 용납되는 구실을 댈 수 있다. 우리가 경험하는 또 다른 긴장은 아기일 때나 어릴 때는 비만아로 키워지지만—말라깽이 아기를 원하는 사람은 아무도 없다—어른이 되면 사회적으로 날씬해지라는 압력을 받는 것이다. 비만해지면 우리는 무의식적으로 자신이 어렸을 때처럼 남들이 돌봐주리라 생각한다.

다른 문화에서는 비만이 전달하는 메시지가 전혀 다르다. 에스키모 문화에서 비만은 '지구력'이 있음을 나타낸다. 살찐 사람은 먹을

무언가에서 도피하고 싶을 때 사람들이 가장 쉽게 이용하는 방법이 비만해지는 것이다. 엄청난 생존 경쟁을 치르며 과도한 스트레스 속에서 살아가는 미국인에게 비만이 많은 것은 바로 이런 이유 때문이다.

거리가 부족한 혹독한 겨울을 이겨낼 수 있기 때문이다. 영국에서 비만은 천박함의 표시다. 초연함이라는 영국 문화의 특징은 과식에도 해당된다. 뷔페 식당에서 영국인들은 매우 적은 양의 음식을 접시에 담는다. 그들에게 음식을 탐내는 것은 천박한 짓이다. 따라서 잦은 과식으로 비만이 된 사람도 천박하게 본다.

:: 도피에서 벗어나기

비만에 대한 코드를 이해하면 빵이 없는 베이컨 치즈버거를 먹거나, 운동기구를 사서 지하실에 처박아두고 녹슬게 하는 것보다 훨씬 합리적인 방법으로 비만 문제를 다룰 수 있다. 적당한 영양 섭취와 활동적인 생활이 건강 유지에는 필수적이지만 비만을 해결하는 수단은 아니다. 근본적인 해결책은 "나는 무엇으로부터 도피하고 있는가?"라는 질문에 대한 답에서 찾아야 한다.

　우리는 스트레스를 받거나, 우울하거나, 사람들에게 치일 때 과식하게 된다는 사실을 인정해야 한다. 스트레스가 도피의 원인이 된다는 사실을 이해하면 근본적인 문제에 더욱 관심을 기울일 수 있다. 과식으로 문제가 해소되는가? 비만해지면 문제의 원인이 된 상황으로부터 벗어나게 되는가? 예컨대 이성에게 매력을 잃게 되거나 승진에 적합하지 않은 '인물 유형'으로 변하면 문제가 해결되는가? 여러분은 진실로 이런 해결책을 원하는가?

　다양한 영양학적인 근거에 따라 소개되고 있는 여러 가지 유행하는 다이어트 방법들도 사실상 소속감을 통해 도피 상태에서 벗어날 수 있는 수단을 제공한다는 점에서 비만에 대한 코드의 연장선상에 있다. 이미 선풍적인 인기를 끌고 있는 애킨스(Atkins) 다이어트나 사우스비치(South Beach) 다이어트를 시작하는 것은 많은 회원을 거느린 클럽에 가입하는 것과 흡사하다. 이런 다이어트들이 인기 절정에 오를 때면 주방이나 슈퍼마켓, 커피숍, 칵테일 파티 등 전국 어디서나 화젯거리가 된다. 그리고 다이어트에 참여하는 사람들은 동일한 방법으로 체중을 줄인 다른 사람들과 함께 문화적 공동체에 소속됨으로써 연대감을 느낄 수 있다. 물론 이런 방법들은 도피의 근본적인 원인을 제거하는 것이 아니기 때문에 장기적인 효과를 보기가 힘들다. 이미 코드를 통해 알아본 바와 같이 탄수화물을 마구 먹어대는 것은 해결책의 하나이며, 과식이 진정한 문제가 되는 경우는 거의 없다.

코드에 잘 부합하도록 비만 문제를 특별히 잘 다루는 회사는 웨이트와처(Weight Watchers)다. 유행하는 다이어트 방법들이 대개 그렇듯이 이 회사도 정기적인 모임 등을 통해 고객들에게 소속감을 준다. 또한 다이어트에 관한 책들에 소개되어 있는 올바른 식습관을 비롯한 여러 가지 영양학적인 조언도 제공한다. 나아가 상담을 통해 회원들로 하여금 스스로 체중 문제와 도피의 원인을 다룰 수 있도록 도움을 준다(비록 '도피'라는 단어를 직접적으로 사용하지는 않지만). 이러한 접근법은 비만의 코드에 전적으로 잘 들어맞는다.

:: **구원의 추구**

아름다움과 비만에 대한 코드는 단지 신체적 외양을 바라보는 것 이상의 심오한 무엇인가를 엿보게 해준다. 코드에 따르면, 아름다운 사람은 지금 고상한 사명을 수행하고 있는 것이며, 비만인 사람은 자신이 수행해야 할 역할에서 물러나 있는 것이다. 우리는 아름다움을 찬양하고, 아름다움에 압도되며, 아름다움을 열망한다. 한편 뚱뚱한 사람들을 차별하고, 비만증 환자를 사회적으로 소외시킨다. 하지만 미국 여성의 대다수가 비만이며, 미국에서 과체중인 사람들의 수는 2004년 대통령 선거에서 두 후보에게 투표한 사람들의 수보다 많다.

코드라는 새로운 안경을 쓰면 우리가 지금까지 흔히 목격했으면서도 제대로 이해하지 못한 것, 즉 구원의 추구가 미국 문화에서 얼마나 핵심적인가를 알게 된다. 노동과 돈에 관한 코드, 그리고 미국 문화에 대한 코드를 밝혀낼 때 우리는 이 문제를 더 깊이 탐구하게 될 것이다.

― Chapter 04 ―

건강과 젊음에 대한 코드

언 제 나 생 존 이 우 선 한 다

사람은 세 부분으로 나누어진 뇌를 갖고 태어난다. 그 중 한 부분은 '대뇌피질'로서 학습과 추상적 사고와 상상력을 다룬다. 어린이들은 대부분 7세가 넘어야 대뇌피질을 실질적으로 사용할 수 있다. 7세 이전의 어린이들에게는 지적인 판단을 내릴 수 있는 정신적 도구가 갖추어져 있지 않다. 진흙으로 공 두 개를 똑같이 만든 뒤 7세 이전의 어린이에게 두 개의 공이 똑같은지 물어보라. 아이는 '똑같다'고 대답할 것이다. 그러나 공 한 개를 뱀 모양으로 길게 늘인 다음 아이에게 어느 것이 더 큰지 물어보면 아이는 그 중 하나를 고를 것이다. 하지만 7세 이상의 어린이에게 동일한 질문을 하면 아이는 이렇게 대답할 것이다. "내가 바본 줄 알아요?" 대뇌피질은 논리가 작용하는 곳이며, 인간이 다른 동물들과 구별되는 수준 높은 추리력을 발휘하는 곳이다.

또 한 부분은 '대뇌변연계'로서 감정을 관장한다. 감정은 전혀 단순하지 않으며 모순으로 가득할 때가 많다. 예를 들어 당신이 비즈니스를 하는데 고객이 당신의 제품을 마음에 들어한다면 이는 좋은 일이다. 그런데 고객이 제품을 좋아하긴 하지만 구입은 하지 않는다면 어떨까? 차라리 제품을 싫어하더라도 구입을 하게 만드는 것이 더 나을 것이다. 대뇌변연계는 출생 직후부터 5세 사이에 주로 어머니와의 관계를 통해 형성된다. 우리는 어머니를 통해 따뜻한 정과 사랑, 그리고 강한 유대감을 얻는다. 아버지와 그런 경험을 하는 경우는 매우 드물다. 어머니와의 이런 관계로 인해 대뇌변연계는 여성적인 측면이 강하다. 한 남자가 "자신의 여성적인 면과 접촉하고" 있다고 말한다면, 이는 그가 대뇌변연계에 접근하기를 두려워하지 않는다는 뜻이다. 대부분의 사람들은 대뇌피질과 대뇌변연계의 싸움에서 대뇌변연계가 승리하는 경우가 많음을 알고 있다. 그것은 사람들이 이성보다 감정을 따를 가능성이 훨씬 높기 때문이다.

:: 파충류 뇌가 언제나 승리한다

그러나 세 부분의 뇌 중 으뜸은 두말할 나위 없이 '파충류 뇌'다. 이 명칭은 이 부분이 파충류의 뇌와 비슷한 데서 유래되었는데, 파충류 뇌는 2억 년 전의 조상의 뇌와 별로 다를 바 없다고 한다. 파충류 뇌는 두 가지 중요한 일, 즉 생존과 생식을 관장한다. 물론 이 두 가지는 기본적인 본능이다. 생존하고 생식하지 않는다면 인류는 멸종된다. 따라서 파충류 뇌는 다른 두 부분보다 영향력이 훨씬 크다. 예컨대 육체적 이끌림 역시 파충류 뇌의 차원, 즉 '생존'의 차원에서 이루어진다. 즉 인간은 자신이 처한 환경에서 후손에게 최고의 생존 기회를 제공할 유전자를 보유한 상대에게 육체적인 매력을 느낀다. 앞에서 말한 것처럼 이런 까닭에 에스키모 남자는 뚱뚱하게 살이 찌고 강인한 여자에게 매력을 느끼기 쉽다. 그런 여자가 북극의 혹독한 겨울과 가혹한 생활환경을 이겨낼 가능성이 높다고 믿기 때문이다. 에스키모 남자가 자신의 유전자와 그러한 여자의 유전자를 결합시킨다면 그 자녀들의 생존 가능성은 확실히 더 높아질 것이다.

인간에게는 '좋은 감정을 느끼는 것'이나 '올바로 이해하는 것'보다는 '살아남는 것'이 훨씬 더 중요하다. 따라서 삶의 대부분을 지배하는 것은 바로 파충류 뇌다. 파충류 뇌는 대뇌피질, 대뇌변연계와의 싸움에서 언제나 승리한다. 본능, 논리, 감정과의 싸움에서 늘 승리하는 것은 본능이다. 이는 개인의 행복과 인간관계, 구매 결정, 심지어 지도자 선택의 문제를 다룰 때도 마찬가지다.

문화 역시 생존의 차원에서 변화하고 발전한다. 문화는 우리가 한 세대에서 다음 세대로 이어지는 데 필요한 일종의 생존 수단이다. 미국의 문화가 지금의 형태로 발전한 것은, 미국으로 물밀듯이 쏟아져 들어온 개척자들과 이주민들이 이 광활한 나라에서 살아남으려면 문화를 그런 형태로 발전시켜야 했기 때문이다. 청교도적 특성과 강한 근면성, 사람에게는 두 번의 기회가 온다는 믿음, 성공을 중시하는 태도 등은 모두 미국이라는 신세계에서 살아남는 데 도움이 되었다. 에스키모 문화가 미국 문화와 다른 것은 생존 조건이 전혀 다르기 때문이다. 스위스 문화는 주권국가로서 일상적인 생존 위협에 대응해 다양한 문화를 강력한 하나의 문화로 융합하면서 지금의 형태로 발전했다. 우리는 두 문화가 저마다 생존의 필요성에 따라 독특하게 발전한 과정을 추적할 수 있다.

이처럼 우리는 파충류 뇌가 문화의 여러 가지 요소들을 어떻게 다루는가를 이해함으로써 그 요소들에 대한 코드를 발견할 수 있다. 그리고 이는 생존과 가장 밀접한 관련이 있는 건강에 대한 코드, 그리고 젊음에 대한 코드를 발견하는 과정에서 가장 확실하게 드러난다.

: : 주술치료사에게서 배운 것

나는 사람들의 건강을 유지해주고 환자를 돕는 일에 열정을 바쳐왔다. 이는 나의 '치료자'의 측면, 즉 나의 아니마(anima : 남성의 억압된 여성적 특성 – 옮긴이 주)다. 나는 가능한 한 다양한 관점에서 치료법을 이해하고 싶었기 때문에 1960년대 말 니카라과에서 2년을 지내며 여러 의사들과 함께 연구했다. 그 뒤 볼리비아로 가서 백마술(white magic : 병을 낫게 하거나 좋은 일이 생기게 하는 선의의 마술 – 옮긴이 주)과 흑마술(black magic : 남을 해하는 데 목적을 둔 나쁜 의도의 마술 – 옮긴이 주)의 차이를 연구했다. 그리고 마침내 아마존의 풍요한 지역 중 하나인 마토 그로소 주에서 몇 개월을 지내며 한 주술치료사와 함께 연구를 했다.

이 지역에 오기 전에도 나는 이미 과학은 한계가 있으며, 우리의 뇌와 육체에서는 과학적 방법으로 설명되지 않는 일들이 얼마든지 일어날 수 있다는 사실을 알고 있었다. 여기에 더해 남아메리카에서의 연구를 통해 나는 새로운 인식에 도달하게 되었다.

몇몇 주술치료사들은 위대한 심리학자들이기도 했다. 예를 들어 이들은 환자가 진정으로 치료받기를 원한다는 사실을 입증하기 전에는 치료를 시작하지 않았다. 내가 연구한 한 주술치료사는 환자들로 하여금 일종의 입문식을 치르게 했다. 즉 그들을 깊은 숲 속으로 보내 특이한 식물을 찾게 하고 가상적인 악마나 도깨비들과 싸우게 했다. 이는 환자가 자신의 병을 이기기 위한 혼신의 노력을 하고 있는지의 여부를 알아보기 위한 것이었다. 그 주술치료사는 환자가 이 정글 여행이라는 입문식에 적극적으로 참여하지 않을 경우, 그리고 가족들이 환자를 헌신적으로 돌보고 있지 않을 경우 치료를 거절했다. 여기에는 그만한 이유가 있었다. 그 주술치료사는 환자가 건강 회복에 가장 적합한 마음의 상태를 유지하고 병을 이길 수 있다는 자신감을 갖고 있는지, 그리고 가족들이 든든하게 후원하고 있는지 확인하려 했다. 이는 기초적인 의학 상식처럼 보일지 모르겠지만, '전통적인' 의사들 가운데 치료를 시작하기 전에 환자에게 이처럼 철저하게 준비시키는 이들이 과연 얼마나 될까?

이 주술치료사는 환자들을 대뇌피질에서 '떼어놓는' 방법을 찾아냈다. 그는 환자에게 두꺼운 의학서적을 펼쳐 보이거나 의료정보 사이트를 가르쳐주며 자신의 질병을 연구하게 만들지 않았다. 그는 환자의 파충류 뇌를 이용했다. 다시 말해 이 주술치료사는 환자들에게 원하기만 하면 병을 이겨내도록 도움을 줄 수 있다는 사실을 믿게 했다.

:: 활동은 계속되어야 한다

P&G가 건강과 행복에 대한 미국인의 코드를 찾아내는 작업을 의뢰해왔을 때, 나는 정말 신나는 기회가 찾아왔다고 생각했다. 그 이유는 물론 건강이 삶의 가장 중요한 원형 중 하나였기 때문이다. 따라

서 나는 미국 문화에서 '살아 있음'이 무엇을 뜻하는지 그 핵심을 말해줄 코드를 발견해내리라 기대했다.

미국인은 행동파다. 미국의 위대한 철학자(?)인 나이키(Nike)의 표현을 빌리자면, 미국의 아젠다는 "일단 해보라(Just do it)."라는 말로 요약할 수 있다. 미국에서는 운동선수, 기업가, 경찰관, 군인이 찬양을 받으며, 이들은 모두 행동하는 사람들이다. 미국인 역시 위대한 사상가를 존경하지만, 행동하는 인물들에게 보내는 찬양만큼은 아니다. 지성과 상상력으로 이루어진 위대한 작품들의 보고(寶庫)인 필라델피아미술관의 계단 꼭대기에는 영화 속 권투선수인 '록키(Rocky)'의 동상이 세워져 있다. 이것은 우연이 아니다. 반대로 양키 스타디움의 입구에 잭슨 폴록(Jackson Pollock : 미국의 화가, 액션 페인팅의 대표적 인물 – 옮긴이 주)의 기념 동상이 세워져 있는 모습을 상상이나 할 수 있겠는가?

미국 문화가 전반적으로 행동지향적이라는 사실을 인식하면 미국인이 건강을 바라보는 시각을 알 수 있다. 비록 해군 특공대원이나 마라톤 선수가 컨디션을 유지하는 것이 얼마나 중요한지에 대해 관심을 갖는 사람은 거의 없을지라도, 우리가 "어떤 일인가를 하려면" 건강해야 한다는 점은 모든 사람이 굳게 믿고 있다.

나는 이 연구를 위해 열 차례의 각인 발견 작업을 진행하는 동안 다양한 이야기들을 듣게 되었다. 다음 내용은 병에 관한 참가자들의 이야기다.

- 내가 열여덟 살 때였어요. 나를 길러주시고 우리 모두를 돌봐주신

할머니가 폐암으로 돌아가시리라는 걸 알게 되었죠. 정말 있을 수 없는 일이었어요. 할머니는 여든 살이었지만 매일 여러 블록을 걸어 다니셨지요. 병원이나 식품점 등 가고 싶은 곳은 어디든지 다니셨어요. 할머니는 내가 아는 사람들 중에서 가장 강한 여자였어요. 거의 81년을 사셨지만, 마지막 두 주를 제외하고 아무에게도 의지한 적이 없었지요. — 46세의 여성

■ 내가 여덟 살 때였습니다. 의사가 말하기를 내 왼쪽 다리에 칼슘이 부족해서 힘을 줘서는 안 된다고 하더군요. 엄마와 아빠가 어딜 가나 나를 업어다줘야 했지요. 날마다 의사가 내 다리를 형광 투시경으로 검사했고, 어머니는 의사 어깨너머로 내 다리가 어떤 상태인지 살펴보았지요. 나는 어머니가 나를 항상 업고 다녀야 하는 게 정말 싫었어요. — 65세의 여성

■ 다섯 살 때 병을 앓았던 기억이 납니다. 나는 어두컴컴한 방 안에서 줄곧 침대에 누워 있어야 했지요. 빛을 차단하기 위해 커튼과 블라인드까지 모두 닫혀 있었어요. 나는 두 눈을 안정시켜야 했기 때문에 책도 읽을 수 없었고 텔레비전도 볼 수 없었지요. 정말 심심해서 죽을 지경이었어요. 마침내 완쾌되었다는 진단을 받았을 때는 마치 감옥에서 나온 기분이었지요! 나는 밖으로 뛰쳐나가고 싶어 견딜 수가 없었어요. — 40대 여성

■ 몇 해 전 나는 통풍에 걸린 적이 있습니다. 한번 상상해보세요. 건

강을 잘 유지하며 음식도 조심하던 장년의 남자가 갑자기 통풍에 걸리다니요! 오른쪽 엄지발가락이 통통 부어올랐고 걸음을 옮길 때마다 아팠습니다. 나는 월터 브레넌(Walter Brennan : 아카데미상을 세 차례 수상한 미국 배우-옮긴이 주)처럼 절룩거리며 다녔고, 한 백 살쯤 된 기분이었어요. - 47세의 남성

회복에 관한 이야기도 있었다.

■ 내가 어릴 때 어머니는 사고로 하반신이 마비되었습니다. 의사들은 어머니가 다시 걷지 못할 것이라고 말했죠. 어머니는 61일 동안 병원에 있으면서 자신의 마비 상태와 여섯 살도 채 안 된 네 자녀를 돌보는 문제로 몹시 애를 태웠지요. 집으로 돌아온 뒤 어머니는 우울증에 시달렸어요. 그러나 어느 날 저녁 할머니가 어머니를 교회로 데려갔고 목사님은 하나님이 어머니를 치유해주실 것이라고 말했습니다. 어머니는 그 말을 믿지 않았지만 그날 밤 아무 도움도 받지 않고 차도까지 걸어갈 수 있었습니다. 의사들은 믿을 수 없어했지만 어머니는 24년이 지난 지금도 잘 걸어 다니십니다. - 30세의 여성

■ 어머니는 지금 유방암과 잘 싸우고 계십니다. 어머니의 낙담한 모습은 정말 보기 힘들더군요. 훨씬 늙어 보이기도 했고요. 요즘은 삼림지를 답사하거나 휴가여행을 다니십니다. 어머니가 다시 활기를 되찾은 모습을 보면 너무 기뻐요. - 29세의 여성

행복에 관한 개인적인 정의를 알 수 있는 이야기들도 있었다.

■ 행복에 관해 가장 뚜렷한 경험을 한 것은 대학을 졸업한 지 2~3주 지난 무렵이었어요. 나는 취직이 확정되어 있었고 출근을 시작하려면 몇 주의 여유가 있었지요. 그래서 대학 동기인 여자친구들과 오렌지색 폭스바겐을 몰고 여행을 떠났습니다. 어느 날 나는 운전을 하고 있었고 다른 친구들은 잠을 자고 있었어요. 나는 여러 가지 생각을 골똘히 하며 시골길을 달리고 있었어요. 그때 갑자기 길모퉁이를 돌아가는데 온몸이 황홀한 느낌으로 가득 찼습니다. 내 인생 전체가 눈앞에 환하게 펼쳐져 있는 것 같았어요. 정말 환상적인 기분이었지요. — 45세의 여성

■ 가장 최근에 행복을 경험한 것은 새 직장에 취직이 되었을 때죠. 다른 회사에서 인정을 받지 못하다가 새 직장에서 인정을 받게 되어 만족감을 느낍니다. 내가 다른 사람들에게 영향을 미치고 있다는 기분이 듭니다. — 45세의 남성

■ 행복감을 처음 느낀 것은 열한 살인가 열두 살 때였어요. 부모의 이혼은 이미 옛날 일이었지요. 이혼은 견디기 힘들었지만 어머니는 독립심을 되찾았고, 아마 그것이 나에게도 영향을 미쳤을 거예요. 그날은 봄날처럼 따뜻했고 나는 혼자 롤러스케이트를 타고 있었어요. 부드럽고 향기로운 공기가 나를 감싸주었어요. 그 순간 우주의 힘과 나 자신의 힘을 동시에 느낄 수 있었죠. — 46세의 여성

■ 멕시코의 라 푸에르타 목장에서 멋진 일주일을 보냈어요. 생애 처음으로 나만의 시간을 가졌죠. 직장도, 아이들도, 남편도 없었어요. 매일 명상과 요가, 아프리카 춤, 아침 산책, 걷기 수련, 마사지가 있을 뿐이었지요. —42세의 여성

참가자들이 들려준 이야기를 통해서 보면, 건강은 햇볕이 좋은 날을 즐기거나 배우자와 조용한 시간을 함께 보낼 수 있을 만큼 원기왕성한 것과는 상관이 없었다. 병에 걸린다는 것은 기침이나 감기 또는 쑤시고 아픈 것과 상관이 없었다. 참가자들의 이야기를 들어보면 병에 걸린다는 것은 누군가가 업고 다녀야 하는 상황, 밖에 나가 놀 수 없는 상황, 절룩거리며 다니는 상황, 식품점까지 걸어갈 수 없는 상황을 의미했다. 회복이 된다는 것은 혼자서 차도까지 걸어가거나 여행을 할 수 있는 것을 뜻했다. 그리고 행복은 장거리 자동차 여행이나 롤러스케이트 타기, 남에게 영향을 미치는 일을 하는 것, 아프리카의 전통춤을 추는 것과 관련이 있었다.

　미국인에게 건강과 행복은 "자신의 사명을 완수할 수 있음"을 뜻한다. 그 사명은 다국적기업을 운영하는 것일 수도 있고, 아이들을 학교에 보내거나 지역정치에 참여하는 것, 혹은 산에 오르거나 가족을 위해 멋진 요리를 만드는 것일 수도 있다. 어떤 것이든 간에 거기에는 모두 '행동'이 따른다. 미국인들은 이러한 활동을 할 수 있을 정도라면 건강한 것이라고 믿는다. 그들이 병에 걸렸을 때 가장 두려워하는 것은 활동을 할 수 없는 것이다. 건강과 행복에 대한 미국인의 코드는 '활동(MOVEMENT)'이다.

이 코드가 제공하는 새 안경을 쓰고 보면 미국 문화에서 두드러지게 나타나는 특정 행위를 발견할 수 있다. 미국인은 왜 자유로운 시간을 비워두지 못할까? 은퇴자들은 왜 다시 일을 시작할까? 왜 늙어서 운전면허가 취소되거나 휠체어에 앉게 되면 그토록 낙담할까?

그것에 대한 답은 건강에 대한 코드에 숨겨져 있다. 우리는 가정과 직장에서 많은 스트레스를 받으며 일하고 있고, 사회인으로서 여러 가지 자잘한 의무들도 이행하고 있다. 그리고 한편으로는 골프, 뜨개질, 독서 등과 같은 취미생활도 열심히 하려고 한다. 이러한 활동들을 통해 자신이 건강하다고 느끼고 더불어 살아 있음을 확인하기 때문이다.

오랫동안 매우 활동적으로 사회생활을 한 사람이 은퇴를 한 뒤에 느끼는 상실감도 바로 여기에서 기인한다. 이성적으로는 자신이 충분할 만큼 오랫동안 일을 해왔고, 은퇴 후에도 계속 안락한 생활을 할 수 있을 만큼 저축도 충분히 했다는 생각을 받아들일 수 있다. 그리고 이른 시간에 맞춰 시계가 울리도록 해놓을 필요가 없다는 사실을 깨달았을 때 안도감을 느끼기도 한다. 하지만 파충류 뇌는 다른 사실을 일깨워준다. 즉 모든 것이 너무 속도가 느려졌다는 사실을 알려준다. 그래서 많은 사람들이 갑자기 할 일이 크게 줄었음을—자신의 생활에서 활동이 크게 줄었음을—깨닫게 되고 장래를 불안해한다. 어떤 사람들은 취미나 봉사를 통해 스스로 위안을 찾고 건강을 확인할 수 있는 활동을 찾는다. 또 어떤 사람들은 자신의 생활에서 활동이 없는 것은 건강을 잃고 있다는 암시로 생각하며 심기증이나 우울증에 빠진다. 그리고 이 문제를 해결하기 위한 가장 적극적인 방

쇠약해진 노인들은 스스로 더 이상 활동을 할 수 없다는 것 때문에 우울증에 빠진다. 활동을 멈추는 것은 곧 삶을 멈추는 것으로 받아들이기 때문이다. 사람들이 나이가 들어서도 필사적으로 운동을 하는 이유는 바로 활동을 지속함으로써 삶을 계속 이어나가기 위해서다.

법으로 아예 은퇴를 하지 않는 사람도 있다. 일을 다시 시작하면 활동 감각이 되살아나고 건강한 의식이 되돌아오게 된다.

건강에 대한 코드를 알면 활동력의 상실이 사람들에게 그토록 치명적인 이유를 이해할 수 있다. 노인들은 휠체어 생활을 피하려고 필사적으로 몸부림치며 현실을 받아들이기까지 몇 년 동안은 보행기구와 씨름하기도 한다. 마찬가지로 운전면허를 계속 유지하기 위해 갖은 애를 다 쓰다가 자신이나 남에게 위험하다고 판명이 난 뒤에야 비로소 포기를 하게 된다. 왜 그럴까? 활동이 줄어든다는 것은 자신의 건강 상태를 알려주는 극적인 선언이기 때문이고, 또한 영구적으로 기동성이 줄어드는 것은 건강이 다시는 회복되지 않을 것이라는 암시이기 때문이다.

다른 문화에서는 건강에 대한 개념의 차원이 달라진다. 중국인에게 건강은 자연과 조화를 이룬 상태를 의미한다. 식물을 약의 주재료로 삼고 천문학을 이론적 바탕으로 삼는 한의학은 그 역사가 대략 5,000년에 이른다. 한의학은 항상 자연 속에서 인간이 차지하는 위치를 중요하게 고려해왔다. 중국인은 자신이 자연의 원소들과 영원한 관계 속에서 살며 건강은 자연과 조화를 이루는 것과 관련이 있다고 믿는다.

한편 일본인은 건강을 의무로 여긴다. 건강해야만 자신의 문화와 공동체, 가족에게 몸바쳐 이바지할 수 있기 때문이다. 일본인은 건강을 유지하는 일에 지나치게 집착하며 병이 들면 깊은 죄책감을 느낀다. 아이들이 학교에 가기 싫으면 열이 난다거나(체온계를 전등에 대는 오래된 수법을 이용해) 배가 아프다고 꾀병을 부리는 미국 문화와는 달리, 일본 아이들은 병이 나면 부모에게 잘못을 빈다. 병 때문에 성적이 떨어지기 때문이다. 일본에서 손을 씻는 행위는 단순히 청결을 유지하기 위해서만이 아니다. 문화의 충실한 종인 자신에 대한 의무감에서, 그리고 자신으로 인해 다른 사람이 병에 걸리는 것을 예방하기 위해 손을 씻는다.

:: 의사와 간호사, 그리고 병원

건강에 대한 코드를 보면 그와 관련된 몇 가지 흥미로운 코드들이 드러난다. 의사와 간호사에게는 사람들의 건강을 유지시킬 책임이 있다. 생존에 대한 본능의 힘이 얼마나 강한지를 감안한다면 의사와 간호사에 대한 코드들이 매우 긍정적인 것은 당연한 일이다.

의사에 대한 미국인의 코드를 찾기 위한 각인 발견 작업에서 나온 이야기들을 보면 구출 이미지, 위험에서 구원받는 이미지, 무서운 운명에서 목숨을 건진 이미지가 나타난다. 대부분의 미국인은 의사가 생명을 구한다는 개념을 각인하고 있어서 의사가 가족의 생명을 구해준 때나 자신을 구해준 때를 기억해낼 수 있다. 의사에 대한 미국인의 코드는 '영웅(HERO)'이다.

간호사에 관한 감정은 더욱 긍정적이다. 최근에 갤럽(Gallup)에서 실시한 여론조사 결과를 보면, 간호사는 지난 6년간 다섯 차례나 미국에서 가장 윤리적이고 정직한 직업으로 나타났다(2001년에는 9·11 사태의 여파로 소방관 다음으로 2위에 올랐다). 사람들은 간호사를 '돌보는 사람'으로 인식할 뿐만 아니라, 병에 걸리면 의사보다 훨씬 많

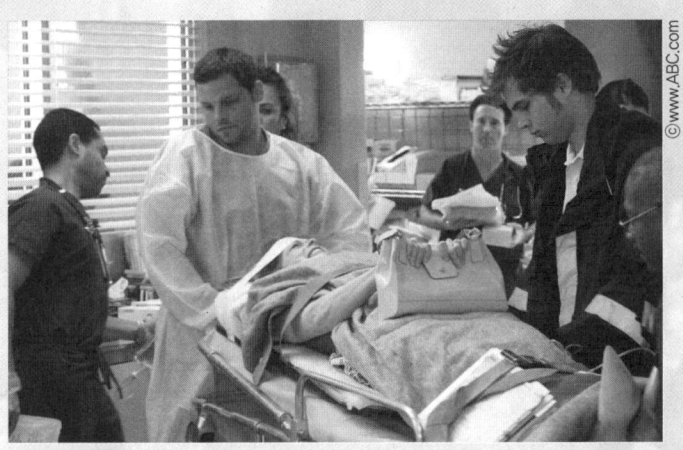

미국의 영화나 드라마에서 의사는 대개 커다란 희생을 감수하는 고뇌에 찬 영웅으로 그려진다. 이것은 코드와도 부합한다. 사진은 미국의 인기 의학 드라마 중 하나인 〈그레이 아나토미〉의 한 장면이다.

은 시간을 함께 보내고 '항상' 진심으로 가장 많은 관심을 기울여주는 직업인으로 인식한다. 각인 발견 작업에서 나온 이야기들에는 "기분이 좋아졌다."라든가, "들어와서 내 곁에 앉았다."라든가, "그녀의 말을 믿고 싶었다." 등과 같은 내용들이 있었다. 사람들은 그 누구보다 간호사에게 편안함을 느끼고 사랑받는다는 느낌을 갖고 있었다. 간호사에 대한 미국인의 코드는 '어머니(MOTHER)'다.

　미국인은 의사를 영웅으로, 간호사를 어머니로 여긴다. 그렇다면 의료 분야의 모든 구성원에 대해 긍정적인 인상을 가져야 하지 않을까? 하지만 실제로는 그렇지 않다. 병원에 대한 코드는 전혀 다르다. 이 세상에서 병원보다 더 본능을 자극하는 장소도 없다. 그곳에서 태어나, 그곳에서 세상을 떠나며, 미래도 그곳에서 이루어지는 검사와 절차에 따라 좌우되는 경우가 많다. 병원에는 무섭게 생긴 기계장치들과 포르말린 냄새에서 풍기는 불길한 예감들이 떠나질 않으며, 왠지 모르게 삭막하고 비인간적인 분위기가 퍼져 있다. 각인 발견 작업의 참가자들은 에드가 앨런 포(Edgar Allan Poe)의 소설에나 나옴직한 이야기들을 전했다. '탐침기'나 '비인간적인'과 같은 단어들이 자주 등장했으며, "수술실로 급히 실려 간"이라든가 "그들이 실험하던 시체 몇 구가"와 같은 구절들도 읽을 수 있었다. 사람들이 무의식적으로 병원과 연관시키는 느낌은 그곳에 있을 때 우리는 사람이 아니라 제품이라는 것이다. 병원에 대한 미국인의 코드는 '가공 공장(PROCESSING PLANT)'이다.

　의사와 간호사에 대한 코드에 비추어보면 병원에 대한 코드는 충격적으로 보인다. 그러나 건강에 대한 코드가 활동이라는 사실을 돌이커보면 그렇지 않다. 병원은 활동을 금지한다. 튜브와 기계에 연결되어 있어 돌아다닐 수가 없고 침대에 줄곧 누워 있어야 한다. 허락을 받고 다닐 때도 링거대를 밀며 천천히 걸어 다녀야 한다. 그리고 운이 좋아 퇴원한다고 해도 병원에서는 마음대로 하도록 놔두지 않고 반드시 휠체어를 타고 다니라고 고집한다.

병원에 대한 미국인의 태도를 이해하기 위한 열쇠는 바로 '활동'이다. 의사와 간호사들은 우리를 다시 활동할 수 있게 해주고, 그래서 그들을 좋아한다. 반면에 병원은 우리를 꼼짝 못하게 속박하기 때문에 무시무시한 생각밖에 안 든다.

:: 절제를 강요하지 마라

코드라는 새로운 안경은 건강과 관련된 사업을 하거나 관련 제품에 대한 마케팅을 펼치고자 하는 사람들에게 하나의 통찰력을 제공한다. 그것은 바로 운동성이나 기동성과 관련이 있다. 즉 건강과 관련된 시장에서 경쟁력을 갖추려면 가능한 한 사람들의 활동을 촉진할 수 있는 제품을 내놓아야 한다는 것이다. 그것이 바로 건강에 대한 코드에 부합하는 것이기 때문이다. 제너럴 모터스(General Motors)의 금융계열사인 지맥(GMAC, General Motors Acceptance Corporation)이 그 좋은 예를 보여준다. 사고 직후 지맥에 연락하면 직원은 먼저 "몸을 움직일 수 있습니까?"라고 묻는다. 이러한 질문은 움직임과 건강의 관계를 무의식적으로 드러내고 있으며 연락한 사람이 몸을 움직일 수 있는 경우 중상이 아님을 확인할 수 있다. 흥미로운 점은 직원이 다시 던지는 두 가지 질문이 뇌의 다른 부분들과 관련이 있다는 사실이다. 먼저 "기분이 어떠세요?"라는 질문을 하고, 다음은 "사고의 경위를 상세히 설명해주실 수 있습니까?"라는 질문을 한다. 질문이 파충류 뇌에서 대뇌변연계와 대뇌피질로 서열을 따라 이어지는 것이다.

활동의 제한을 암시하는 제품은 모두 건강에 대한 코드와 어긋난다. 전국적인 한 소매체인점이 최근에 "절제하세요."라는 말로 끝을 맺는 광고를 시작했다. 나는 짜증이 났다. 그 체인점은 미국의 모든 가정이 사용할 수 있는 제품을 판매하고 있지만 그들의 메시지는 미국인의 무의식에 전혀 적합하지 않았다. 미국인은 절제를 강요당하는 것을 싫어한다. 어지르는 습관이나 낡은 물건 또는 철 지난 옷에 대해서는 절제를 해도, 자신을 절제하는 일은 전혀 내켜하지 않는 것이다.

:: 젊음에 매혹되는 이유

오스카 와일드(Oscar Wilde)는 이렇게 말했다. "젊음은 미국의 가장 오랜 전통이다. 그 전통은 지금까지 300년 동안 지속되어왔다."

건강에 대한 미국인의 코드는 자신의 미래를 인식하는 방법에 관해 대단히 낙관적인 메시지를 보여준다. 사람들은 적극적이고 참여적인 인생을 살면 건강이 유지된다고 믿는다. 무엇인가 할 일이 있는 한 사람들은 강인함을 계속 유지할 것이다. 그러나 흥미롭게도 젊음에 관한 각인 발견 작업에서 파충류 뇌와 청년기적 문화의 충돌로 생겨난 암울한 메시지가 나타났다. 그 충돌로 인해 성인들은 때때로 불건전한 가면놀이를 하게 된다.

파충류 뇌는 사람들이 생존을 원하도록 조종한다. 실제로 어떤 문화를 막론하고 사람들은 생존을 원한다. 그런데 미국 문화에서는 생존을 원할 뿐만 아니라 절정기의 힘까지 유지하려 한다. 미국에서는 활동적인 노인이 되는 것만으로는 부족하다. 모든 10대가 지닌 무적의 힘이라는 환상을 유지하려 한다. 미국인들은 젊음과 젊음을 영원히 유지한다는 환상적인 생각에 매혹된다. 〈타임Time〉지는 건강하게 늙어가는 것과 젊음의 유지라는 주제를 놓고 2005년 10월 17일호의 표지와 상당한 지면을 할애했다. 밥 딜런(Bob Dylan)은 모든 사람이 '영원한 젊음'을 유지하기를 바란다는 가사가 담긴 노래를 불렀고, 프랭크 시나트라(Frank Sinatra)는 "동화가 현실이 될 수 있으며, 마음이 젊으면 당신에게도 그런 일이 일어날 수 있다."라고 노래했다. 〈코쿤Cocoon〉처럼 크게 인기를 끈 영화는 노인을 다시 젊은이로 바꿀 수 있는 외계의 힘을 가상적으로 그렸고, 〈로건 대탈출 Logan's Run〉은 30세를 넘길 수 없는 '유토피아적인' 세계를 상상했다.

Chapter 2에서 살펴본 것처럼 미국인은 영원한 청년이다. 유럽이 구세계라면, 미국은 신세계다. 그러나 많은 부분에서 미국은 전세계에서 가장 오래된 나라 중 하나다. 프랑스혁명이 시작된 것은 1789년으로 미국 독립전쟁이 끝난 지 10년도 넘은 때였다. 이탈리아는 1871년에 민족국가가 되었고, 독일은 1871년에 세워졌다. 미국 문화는 프랑스와 이탈리아, 독일의 문화들(이 문화들은 모두 프랑스와 이탈리아, 독일이 현재의 국가 형태를 이루기 훨씬 전부터 존재했다)만큼 오래되지는 않았지만, 미국이 현재의 모습으로 존재한 것은 이들 나라들보다 더 오래되었다. 미국에는 지구상에서 가장 오래된 성문헌법이 있다.

그렇다면 미국인이 젊음에 그토록 매혹되는 이유는 무엇인가? 한 가지 이유는 미국이 이주민들로 가득 찬 문화를 갖고 있기 때문이다. 이주민들은 미국으로 와서 과거와 단절하고 새롭게 출발한다. 이주민들은 새로운 꿈과 새로운 일거리를 가지고 다시 태어난다. 미국은 많은 수의 이주민들을 계속 받아들이기 때문에 미국 문화에는 여전히 갱신과 재창조 의식이 살아 있다. 이런 상황이 미국을 늘 젊게 만든다. 또한 미국은 청년기적 문화를 갖고 있으므로 60대가 되어도 청년과 같은 사고방식을 지니고 있기 쉽다. 미국 문화는 성장하기를 바라지 않으며 성인기에 정착하려 하지 않는다. 그래서 사람들은 전자제품과 오토바이를 '장난감'으로 여기며, 여자친구가 할머니가 된 뒤에도 커피 데이트를 한다.

미국에서 젊음은 나이는 물론 정신 상태를 가리키기도 하는 것이어서, 젊음에 대한 미국인의 코드를 발견하기 위한 작업에는 다양한 연령대의 사람들이 참여했다. 그러나 각인 발견 작업의 세번째 시간에 나온 이야기들은 그룹들의 연령이 다양함에도 불구하고 그 내용이 다음과 같이 매우 비슷했다.

- 우리 직장에서는 젊음을 유지하는 것이 필수적입니다. 우리 상사는 나이가 스물아홉밖에 안 되어서 말을 할 때 항상 스포츠 용어를 은유로 사용하고, 경쟁자들을 '꼰대들'이라고 부르죠. 몇 달 전 나는 10년 만에 처음으로 체육관에 등록해서 체중도 몇 킬로그램 줄이고 근육도

조금 만들었어요. 하루에 1시간 30분씩 일주일에 네 차례 운동을 합니다. 마라톤을 하고 싶지만 그 운동을 계속하려면 몸매를 갖춰야 합니다. —44세의 남성

■ 내 생일 기념으로 남편과 저녁식사를 하고 집으로 돌아와 처음으로 흰 머리카락을 발견했어요. 그 뒤 일주일 동안에 열 개나 더 찾아냈지요. 그리고 전에 없던 주름살도 몇 개 발견했습니다. 나는 늘 혼자 다짐했었지요. 되도록 화장이나 머리 염색은 하지 말고 '자연스런 모습'을 유지하자 하고 말이죠. 하지만 그 약속을 지킬 수가 없었어요. 거울로 늙은 제 모습을 본다는 생각만으로도 겁이 덜컥 났어요. 나는 백화점에 가서 염색약을 사다가 머리를 염색했지요. 그랬더니 기분이 훨씬 좋아지더군요. —32세의 여성

■ 아직 10대인 손자가 있는데, 그 아이는 내가 1950년대 말에서 1960년대 초 사이에 록 밴드에서 드럼을 연주했다는 사실을 자랑스러워합니다. 아들은 이 사실을 대수롭지 않게 여겼지만, 손자는 드럼 연주자가 되는 것이 꿈이기 때문에 별의별 질문을 다 해댑니다. 얼마 전부터는 로큰롤을 다시 듣기 시작했습니다. 차 안에서 들을 때는 나도 모르게 운전대에 장단을 맞추게 됩니다. 로큰롤은 항상 내게 젊음을 느끼게 해줍니다. —60세의 남성

■ 내가 첫 아이를 낳은 것은 20대 초반이었어요. 딸아이가 10대가 되었을 무렵 사람들이 우리를 보고 자매라고 해서 나는 너무 기분이 좋

았습니다. 나는 멋쟁이 엄마였고 딸아이의 관심사와 최신 유행에 뒤지지 않으려고 애를 썼지요. 그런데 작년에 딸아이가 아기를 낳아서 사람들이 나를 할머니라 부르기 시작했어요. 내가 할머니라니요! 나는 아기를 사랑하고 그 아기를 위해서라면 무슨 일이든 하겠지만, 할머니들은 보통 흰머리에 숨을 헐떡이고 몸도 뚱뚱하잖아요. 얼마 전에 남편에게 말했죠. 손자에게 나를 할머니가 아닌 존이라고 부르게 하겠다고요. 남편은 비웃었지만 나는 아직도 그럴 생각이에요. — 49세의 여성

■ 몇 년 동안 사람들은 내 나이를 매우 어리게 보았습니다. 내가 40세가 다 되었을 때도 회사의 상사들은 나를 '젊은이'라고 불렀죠. 2년 전 나는 한 달 동안 병원에 입원하게 되었습니다. 병원에서 나왔을 때 나는 전처럼 민첩하게 움직일 수가 없었고 체중도 줄어서 몹시 수척하고 나이도 들어 보였죠. 단순히 내 상상인지 모르겠지만, 갑자기 직장 사람들이 나를 선생님이라고 부르기 시작했습니다. 의사의 허락이 떨어지자마자 나는 예전의 모습을 되찾기 위해 철저한 계획을 짜기 시작했죠. 이제 조만간 사람들이 다시 나를 '젊은이'라고 부르도록 만들 겁니다. — 47세의 남성

■ 나는 항상 결혼식날의 모습을 그대로 유지하고 있다는 환상 속에서 살아왔습니다. 백옥 같은 피부에 커다란 두 눈, 반짝이는 금발머리를 지녔었지요. 내가 결혼식장에 입장할 때 사람들은 숨을 멈출 정도였죠. 나는 이상적인 젊은 신부의 모습 그 자체였습니다. 몇십 년이 지난

뒤에도 나는 항상 그 모습을 그대로 지니고 있다고 생각했어요. 2년 전 남편이 세상을 떠났습니다. 장례식을 마치고 집으로 돌아왔을 때 거울을 보니 머리가 하얗게 센 노파가 검은 옷을 입고 거기 서 있었어요. 거울 속의 그 노파가 어디서 나타났는지 도무지 알 수가 없었어요. 나는 이제 거울을 보지 않으려고 애씁니다. —63세의 여성

■ 나는 젊음을 사랑합니다. 어떻게 사랑하지 않을 수 있겠어요? 원하는 것은 무엇이든 할 수 있고, 미래가 앞에 놓여 있고, 남자들은 젊은 모습 그대로를 좋아하니까요. 난 오래오래 젊음을 유지할 작정이고 젊음을 유지하기 위해서라면 무슨 짓이든 할 거예요. 어떤 기사를 보니 조만간 과학자들이 늙음을 예방하는 백신을 만들어낼 거라고 하네요. 내가 맨 먼저 그 주사를 맞을 거예요. —20세의 여성

이러한 이야기들과 이와 유사한 수많은 이야기들에서 사람들이 말하는 젊음이란 무엇인가 형태가 있는 것, 유지하거나 되찾을 수 있는 어떤 것이었다. 예컨대 "나는 몸매를 갖춰야 합니다."라든가, "염색 머리이지만 기분이 좋아지더군요."라든가, "내가 맨 먼저 그 주사를 맞을 거예요." 등과 같은 표현들이 그렇다. 그들은 젊은이들의 음악을 듣거나, 화장을 하거나, 머리를 염색하거나 또는 거울을 보지 않고 자신을 젊은 나이로 상상하면 "젊어 보일 수 있다."고 생각한다. 미국인에게 젊음은 인생의 한 단계가 아니라 가장할 수 있는 어떤 것, 실제 나이를 감출 수 있는 어떤 것이다. 젊음에 대한 미국인의 코드는 '가면(MASK)'이다.

:: 젊음이라는 가면 쓰기

미국 문화에서는 어디서든 젊음과 가면이 연관되어 있다는 증거를 찾아볼 수 있다. 성형수술은 말 그대로 두개골 주변의 얼굴을 팽팽하게 잡아당기는 일이다. 보톡스를 맞으면 얼굴 근육이 굳어져 마치 고무 가면을 쓴 것 같은 모습이 된다. 주름을 제거하고 피부를 아름답게 하려면 '늙음 방지 가면'을 살 수도 있다. 실제로 육체적인 젊음에 관한 인상은 얼굴과 머리(피부와 머리카락)와 연관되는 경우가 많기 때문에 젊어 보이려는 모든 시도들은 가면을 쓰는 행위라고 할 수 있다.

진짜 가면이 환상을 불러일으키는 것처럼 젊음의 가면도 마찬가지다. 바버라 월터스(Barbara Walters)는 80회 생일을 앞두고 있지만, 몇십 년이나 젊어 보이는 외모를 유지하고 있다. 조안 리버스(Joan Rivers)가 70세라고? 그녀의 가면을 꿰뚫어보기는 어렵다. 우리가 폴 뉴먼(Paul Newman)이 80세에도 멋지게 보인다고 말할 때, 그 말 속에는 그가 자신의 나이를 감추는 일을 멋지게 해냈다는 의미가 담겨 있다. 그러니까 그가 멋지게 보이는 것은 80세로 보여서가 아니라 훨씬 젊어 보이기 때문이다.

다른 문화들은 미국 문화처럼 젊음에 매혹되지 않는다. 인도의 힌두교도들은 인생에는 네 단계가 있다고 믿는다. 젊음은 가장 재미없는 첫번째 단계로, 세상을 살아가는 데 필요한 수단을 얻는 대로 빨리 지나가야 하는 어떤 것이다. 두번째 단계는 성숙인데, 아이를 낳고 돈을 벌며 성공을 이룬다. 세번째 단계는 초연함이다. 이 단계에서는 세상과 생존 경쟁으로부터 물러나 진리를 탐구하고 철학을 공부한다. 네번째 단계에서는 도인과 비슷한 존재가 된다. 인도에서는 노인들이 재를 뒤집어쓰고 거리를 돌아다니는 모습을 자주 볼 수 있다. 그들은 이승을 떠나 이미 내세에 도달해 있는 것처럼 보인다. 힌두교도들은 죽음을 두려워하지 않는다. 그들이 보기에 늙지 않으려고 몸부림치는 모습은 우스꽝스러운 짓이다.

영국인들은 젊음을 따분하게 여긴다. 젊은 사람들은 미숙하고 쉽게 실수를 저지른다. 영국인은 젊은이를 인내심을 가지고 대해야 하는 어린아이쯤으로 여긴다. 미국인은 젊은이들의 활력과 열정을 찬양하지만 영국인은 괴짜들의 활력과 열정을 찬양한다. 영국에서는 초연함과 기벽(奇癖) 사이의 긴장이 핵심이다. 영국 문화는 초연함을 관습으로 삼고 있지만 긴장의 축 가운데 또 다른 면도 즐긴다. 그렇지 않으면 어린아이처럼 우주복을 입고 출근하는 것으로 유명한 엘튼 존(Elton John)이나, 수염을 깎고 여자 복장을 한 채 새로운 사업을 시작한 리처드 브랜슨(Richard Branson) 같은 사람에게 기사 작위를 준 것을 어떻게 설명하겠는가?

:: 젊음에 대한 환상을 판다

어떤 제품을 선전할 때 소비자들에게 젊음이라는 '가면'을 제공할 수 있다는 이미지를 풍긴다면 그것은 젊음에 대한 코드에 부합한다. 남성용 염색약을 만드는 저스트포맨(Just for Man)은 머리 염색약을 선전할 때 흰머리를 '표적으로 삼고' 원래의 머리 색깔에 가깝게 염색을 해주는 제품으로 소개한다. 젊음에 대한 코드에 잘 부합하는 이

회사의 광고는 한 남자가 단 5분 만에 흰머리를 염색하고 젊음으로 충만한 삶을 즐기는 모습을 보여준다.

남자에게 머리는 젊은 외모의 핵심이다. 그래서 흰머리를 제거하기도 하고 빠진 머리를 다시 자라나도록 만들기도 한다. 율 브리너(Yul Brynner)에서 마이클 조던(Michael Jordan)에 이르기까지 대머리 남자는 미국 문화의 섹스 심벌이 되어왔지만, 머리가 반쯤 벗겨진 남자는 주목을 받는 경우가 거의 없다. 그런 점에서 발모제인 로게인(Rogaine)은 젊음에 대한 코드에 맞춰 성공적인 마케팅을 펼쳐왔다. 그들은 제품 선전을 하면서 발모제를 바르면 새로 머리카락이 자라나서 '젊어 보인다'는 점을 강조한 것이다.

물론 머리는 여자들에게도 젊음이라는 가면의 일부다. 팬틴(Pantene)은 샴푸와 모발 관련 제품들을 젊음에 대한 코드에 부합하는 방식으로 마케팅하고 있다. 팬틴의 광고는 청결이나 육체 또는 윤기가 아닌 건강에 초점을 맞추고 있으며, 팬틴 제품을 이용하면 모발을 '젊게' 유지할 수 있다고 소비자들에게 호소하고 있다. 모발을 튼튼하게 하고 영양을 공급한다고 하면서 모발을 마치 성장을 위해 영양분이 필요한 어린아이처럼 취급하는 것이다. 최근의 광고는 모발에 '율동'을 주는 제품을 소개하며 건강에 대한 코드를 이용하고 있는데, 이는 젊은 모발을 원하는 중년 여성에게는 호소력이 강력한 메시지다.

어떤 회사는 제품의 주요 고객이 성년층인데도 불구하고 마케팅에 젊음의 코드를 이용한다. 예를 들어 일본의 마쓰다(Mazda)는 미아타(Miata)라는 브랜드의 자동차를 젊은이를 위한 초보자용 스포츠카로

소개했다. 정작 이 차를 가장 많이 구입한 층은 55세 이상의 사람들인데도, 이 회사는 10여 년이 지난 지금까지도 계속 동일한 방법으로 미아타를 선전하고 있다(회사의 웹사이트에는 미아타 비디오게임도 있다). 이러한 전략을 고수하는 것은 젊음에 대한 코드와 잘 맞으며 마쓰다로서는 크게 성공적인 전략이었다. 마쓰다는 미아타가 젊음의 가면을 제공한다고 암시함으로써 가장 활동적인 구매자들에게 호소하고 있는 것이다.

프랑스의 팬터마임 배우인 마르셀 마르소(Marcel Marceau)는 웃는 얼굴의 가면을 쓰고 매우 재미있는 코미디를 공연한다. 공연을 시작한 지 1분쯤 지나 그가 가면을 벗으려 해도 가면은 들러붙어 떨어지지 않는다. 가면에서 벗어나려고 몸부림쳐도 웃음은 그의 얼굴에 계속 붙어 있다. 마침내 그는 털썩 주저앉아 자포자기하지만 인조 웃음은 여전히 떨어지지 않는다. 우리가 젊음에 집착하는 모습은 이 가면과 많은 점에서 비슷하다. 성형수술, 보톡스, 모발 이식 등은 우리에게 빛나는 젊음을 주기도 하지만, 그 대가가 비쌀 뿐더러 여러 가지 고통과 불안도 따른다. 젊은이를 위한 자동차와 젊은 의상은 우리와 실제로 연관이 있는 경우에는 흥미롭고 멋지지만, 단지 젊음에 대한 환상을 갖기 위해서 그것들을 이용한다면 사기꾼이 된 기분이 들지도 모른다.

코드를 이해하게 되면 우리는 여기서 한 걸음 물러서서 몇 가지 중요한 질문을 던져볼 수 있다. 나는 정말 가면을 쓴 채 인생을 마감하고 싶은가? 가면을 벗으면 어떤 일이 일어날까? 나는 성숙을 받아들이고 탐구하기보다 계속해서 젊음에 매달림으로써 무엇인가를 잃고

언제나 웃는 얼굴의 가면을 쓰고 공연하는 마르셀 마르소. 실제 얼굴은 울고 있어도 가면의 얼굴은 계속해서 인조 웃음을 보여주고 있다. 이러한 모습은 젊음이라는 환상을 유지하기 위해 기꺼이 가면을 쓰는 미국인의 코드를 잘 대변해준다.

있는 것은 아닐까? 그 답은 충분히 예측할 수 있다. 가면을 씀으로써 우리는 거울에 비친 새로운 모습을 볼 수도 있겠지만, 그것은 아주 잠시일 뿐이다.

:: 파충류 뇌가 우리에게 거는 말

건강과 젊음에 대한 코드는 파충류 뇌가 작용하고 있다는 뚜렷한 예다. 이 두 가지 코드가 이런 방식으로 나타나는 까닭은 특수한 생존 도구(문화)라는 프리즘을 통해 그것들을 보기 때문이다. 이 문제는 생물학적 체계와 문화적 체계를 설명하는 다음 장에서 좀더 상세하게 다룰 예정이다.

미국인의 조상들이 새로운 나라를 건설해야 했다는 사실을 감안하면, 그들이 건강을 단지 질병으로부터의 해방으로 보지 않고 계속 활동하면서 무언가를 성취할 수 있는 능력으로 본다는 점을 충분히 이해할 수 있다. 또한 미국 문화가 청년기적 특성을 갖고 있어서 노인을 존경하지 않는다는 것을 알면 왜 그들이 나이를 감추고 영원한 젊음이라는 환상에 빠져들 수밖에 없는지 알게 된다.

대뇌피질은 나이가 들면 현명해진다는 사실을 알려줄지도 모른다. 대뇌변연계는 건강은 적극적인 생각을 하면서 좋은 기분을 유지하는 문제라는 사실을 암시해줄지도 모른다. 그러나 파충류 뇌가 말할 때 우리는 잠자코 귀를 기울일 수밖에 없다.

Chapter 05

가정과
저녁식사에 대한
코드

따뜻함으로의 회귀 본능

모든 종(種)은 유전자 구조로 구별된다. 나는 이를 생물학적 체계(biological scheme)라고 부른다. 그리고 모든 문화에는 생물학적 체계의 연장인 문화적 체계가 있다. 생물학적 체계가 어떤 필요성을 확인하면 문화적 체계는 특정한 문화의 범위 안에서 그 필요성을 해석한다. 생물학, 화학, 수학에서 차용된 동형이성(同形異性, isomorphism)이라는 용어는 일반적으로 생물학적 체계와 문화적 체계의 연속성에 적용될 수 있다.

예를 들어 인간의 생물학적 체계는 우리의 몸이 일정한 대기 온도에서 가장 안락함을 느끼도록 명령을 내린다. 대기가 너무 따뜻하면 게을러지고, 너무 추우면 병에 걸릴 위험이 있으며, 극단적으로는 사망에 이르기도 한다. 더위 문제를 해결하기 위해 우리는 에어컨을 개발했다. 그러나 모든 문화는 저마다 문화적 체계에 따라 에어컨을 보는 방식이 다르다. 미국인들은 에어컨을 필수품으로 여기지만(미국의 모든 자동차는 에어컨이 설치되어 나온다), 유럽인은 사치품으로 생각한다(영국에서는 에어컨이 보편적인 장치가 아니다). 몇 해 전 여름 독일에서 별 네 개짜리 호텔에 묵었던 기억이 난다. 나는 당시 방이 몹시 더워서 관리인에게 조치를 취해줄 것을 요청했는데 호텔에 에어컨이 설치되어 있지 않다는 답변만 들을 수 있었다. 에어컨이 설치되지 않은 이유는 그곳 기후가 1년에 1개월 정도만 덥기 때문이었다. 이는 그들의 관점에서는 당연한 일이었는지도 모른다. 하지만 나는 몹시 불편했다. 그래서 기분이 언짢은 상태로 지내게 되었고 줄곧 미국의 싸구려 모텔도 이보다는 낫겠다는 생각을 했다. 이러한 독일 호텔의 방침은 인간의 생물학적 체계에는 적합했지만 미국의 문화적 체계에는 맞지 않는다는 것을 잘 보여주었다.

한편 유럽인은 미국의 상점들이 여름에 너무 춥다고 불평한다. 이러한 갈등은 문화적 체계에서 나온다. 미국인은 서늘한 것을 좋아하는데, 어떤 때에는 서늘하다 못해 싸늘한 것을 좋아하기도 한다. 한 여론조사 결과를 보면 미국인들은 가장 추운 상점을 가장 고급스럽게 보는 경향이 있다. 에어컨은 필수품이므로 호화스러운 느낌을 주려면 에어컨을 매우 강하게 틀어야 한다.

생물학적 체계는 종마다 특수해서 교차점을 찾기가 어렵다. 사람은 아가미가 아닌 입, 코, 폐로 숨을 쉰다. 이런 생물학적 체계가 코드의 생성과 진화 방식을 미리 규정한다. 그리고 문화는 생물학적 체계가 설정한 한계 안에서 생존할 수 있다. 그 한계를 가끔 벗어나는 문화는 살아남을 수 있지만 줄곧 벗어나 있는 문화는 살아남지 못한다. 그러나 생물학의 한계를 인정하는 한 문화는 그 범위 안에서 자유롭게 융통성을 발휘할 수 있다. 인간이라면 누구나 음식을 먹어야 하지만 미국 문화는 패스트푸드를 만들어냈고, 프랑스 문화는 슬로푸드를 만들어냈다. 모든 종은 번식해야 하지만 어떤 문화는 일부다

처제를 택했고, 또 어떤 문화는 일처다부제를 선호한다. 이는 동일한 생물학적 체계에 대한 서로 다른 문화적 응답이다.

우리를 자연의 힘으로부터 보호하는 집도 생물학적 체계가 필요하다. 우리의 첫번째 집은 자궁이다. 자궁 다음에는 문화가 자연 환경(에스키모 사람들에게는 이글루, 아랍 유목 부족에게는 천막 등)에 적응하면서 그 역할을 이어받는다. 일단 생물학적 요구가 충족되면 문화적 체계가 문화 안에서 진화해갈 수 있다. 가정과 저녁식사에 대한 미국의 코드를 살펴보면, 미국 문화가 어디서 이런 진화를 이루어왔는지—집이 어떻게 가정이 되었는지—알 수 있다.

:: 야구가 국민적 오락이 된 이유

미국인은 집을 지을 때 생물학적 체계를 염두에 둔다. 즉 지붕을 얹고 단열벽을 세워 사나운 추위와 더위로부터 자신들을 보호할 수 있도록 하는 것이다. 냉난방 장치는 시원하거나 따뜻하게 해주고, 주방은 음식을 먹을 수 있게 해주며, 욕실은 피곤을 풀 수 있게 해준다. 그러나 집이 가정이 될 때 우리는 생물학적 체계를 넘어선다.

가정은 미국 문화에서 대단히 강력한 원형이다. 가장 성스럽고 독특한 의식의 하나인 추수감사절 만찬은 전적으로 귀향과 관련이 있다. 만찬은 대개 어머니의 집에서 이루어지며, 어머니가 몇 년 동안 집을 떠나 있었어도, 그리고 자손이 그 집에 산 적이 없었어도, 그곳은 가정을 상징한다. 추수감사절 만찬을 위해 함께 모일 때 우리는 가정과 다시 연결되고, 인생에서 가정이 얼마나 중요한가를 다시금

확인한다.

군대가 전선으로 떠날 때, 우리는 그들에게 지지와 격려를 보낸다. 그러나 애초부터 격려의 목적은 "우리 군인들을 고향으로 돌아오게 하는 것"이다. 마음속에 있는 가장 끈질기고 강력한 이미지는 군인들이 고국으로 돌아와 사랑하는 사람들의 품에 안기는 모습이다. 사실 (최근의 이라크 전쟁으로 강화되었지만) 우리의 감정으로는, 전쟁중에 어떤 성과를 달성했든 군인들이 고향으로 돌아올 때까지는 전쟁에서 진정으로 승리했다고 인정할 수 없다.

이러한 사고방식은 미국의 국민적 오락인 야구에서도 나타난다. 이 미국적인 스포츠에 세 개의 루와 하나의 본루(home plate)가 있는 것은 우연이 아니다. 미국인에게 가정(홈)은 강력한 보편적 이미지이며, 야구가 이를 웅변적으로 보여준다. 야구에서 점수를 얻는 유일한 방법은 홈으로 들어오는 것이다.

가정이라는 강력한 이미지는 폴저스(Folger's) 커피 광고와 홀마크 (Hallmark) 축하카드에서부터 사랑하는 이에게 돌아오겠다는 약속이 담긴 팝송에 이르기까지 미국 대중 문화에 널리 퍼져 있다. 아마 요즘 영화 중에 론 하워드(Ron Howard)의 〈아폴로 13호 Apollo 13〉만큼 이런 이미지의 울림을 잘 포착한 작품도 없을 것이다. 다른 우주 여행에 관한 영화였다면(일차적 목표에 모두 실패한 우주 탐사 여행은 제외하더라도) 관객들은 외면했을 것이다. 어쨌든 우리는 다시 달에 가든, 궤도 위에서 생활하든 또는 우주정거장을 오가는 왕복 우주선을 보내든, 우주 개발 계획에 진력이 난 지 이미 오래다. 그러나 〈아폴로 13호〉가 크게 성공할 수 있었던 이유는 전혀 다른 내용, 다시 말해 우

왜 미국인은 축구가 아닌 야구에 열광하는가. 그 이유는 바로 코드에서 찾을 수 있다. 가정을 의미하는 홈으로 들어와야만 점수를 올릴 수 있는 야구는 가정에 대한 미국인의 코드와 너무나 부합하는 스포츠이다.

리와 훨씬 밀접한 주제인 사람들의 귀환을 다룬 영화였기 때문이다.

미국인들이 가정에 이토록 중요한 의미를 두는 데에는 분명한 이유가 있다. 미국은 이 나라에 와서 새로 가정을 이룬 사람들이 세웠다. 그들이 미국에 처음 왔을 때는 집도, 도로도, 가정도 없었다. 그들 대부분은 고향으로 돌아갈 수도 없었다. 정치적 이유 때문이든, 돈 때문이든, 아니면 식량 때문이든, 그들은 떠나온 곳으로 다시 돌아갈 수 없었다. 그들에 이어 물밀듯이 들어온 이주민들도 사정은 마찬가지였다. 이들은 신세계에서 새로운 출발의 기회를 얻기 위해 기존의 모든 소유물을 포기한 사람들이었다. 이들은 익숙한 생활을 모두 버리고 미국으로 왔다. 이런 과정에서 가정은 그들 자신뿐 아니라 그들이 이루어낸 문화 전체에 대단히 중요한 의미를 지니게 되었다.

미국인의 가정에 대한 감정은 지구상의 어떤 문화보다도 강할 것이다. 미국인은 가정을 자신이 성장한 집 또는 가족과 함께 살아가는 곳으로 생각할 뿐만 아니라 나라 전체로 확장해 생각하기도 한다. 미국은 한번도 침략 세력에게 점령당한 적이 없다. 한때 점령되거나 합병된 경험이 있는 다른 나라 사람들과는 달리 미국인은 역사상 조국을 잃은 적이 없다. 프랑스인은 조국에 대해 이러한 감정을 느끼지 못한다. 여러 차례 침략을 겪었지만 조국에 대한 감정은 미국인보다 상당히 약하다. 그런데 이는 다른 나라 사람들이 미국인들의 강한 민족주의 감정에 매혹되거나 거부감을 느끼는 이유 중 하나다. 다른 나라들은 전쟁 뒤 다양한 문화의 융합으로 이루어지거나(제1차 세계대전 뒤의 이라크), 인도처럼 오랜 식민지 지배를 받은 뒤 독립을 얻은 경우가 많다. 이러한 나라의 국민들은 미국인들과는 달리 조국을 가

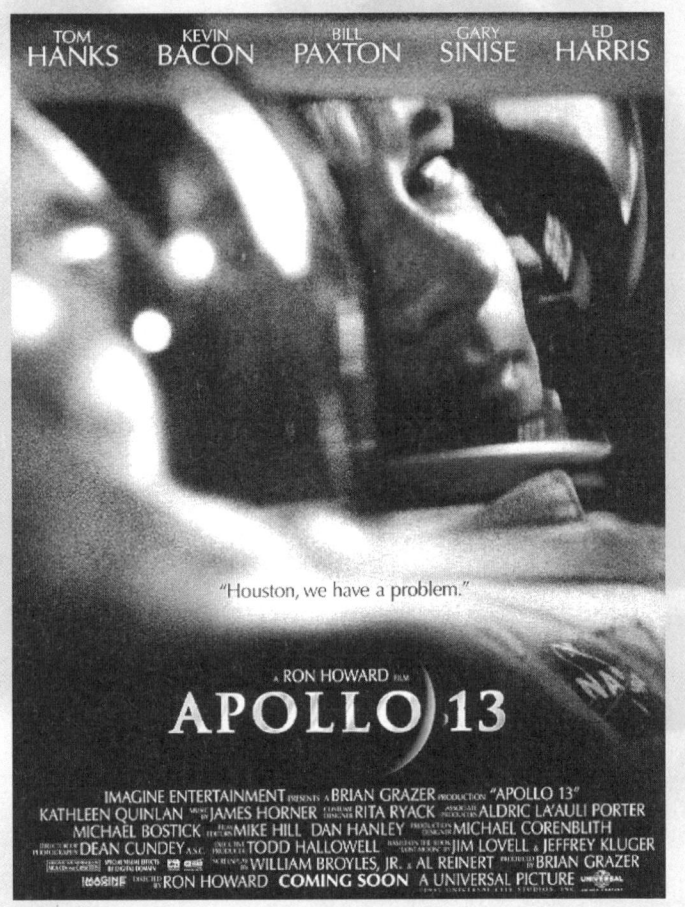

〈아폴로 13호〉라는 영화의 핵심 주제는 우주 여행이 아니라 '귀환'이다. 뜻하지 않은 난관을 이기고 귀환에 극적으로 성공한 '인간 승리'의 모습은 미국인들에게 강렬한 감정을 불러일으켰고, 그것은 영화의 성공으로 이어졌다.

정과 동일하게 여기지 않는다.

:: 가정으로의 귀환에 대한 집착

사람들은 가정을 생각할 때 어떤 정신적 고속도로를 건널까? 그리고 어떤 신호를 받을까? 나는 홈오너보험회사(Homeowner Insurance Company)를 위해 가정에 대한 코드를 연구했지만, 인랜드컨테이너(Inland Container)를 위해 골판지를 연구할 때와 폴저스를 위해 커피를 연구할 때도 역시 가정에 관한 많은 깨달음을 얻을 수 있었다.

- 가정에 관한 최초의 기억은 유치원 입학 첫날의 일이었어요. 수업이 끝난 뒤에 어머니가 차를 몰고 버스 정류장으로 나를 마중 나왔지요. 나는 유치원에 가는 것을 너무 두려워했지만 그날은 생각보다 잘 지냈어요. 돌아오는 길에 어머니가 나를 기다리고 있는 것을 보니 그렇게 반가울 수가 없었어요. 어머니랑 집으로 돌아와 함께 간식을 먹고 그날 있었던 일을 이야기했지요. 그날부터 고등학교에 들어갈 때까지 어머니와 나는 날마다 이야기를 나눴어요. — 24세의 여성

- 대학 첫 학기를 마치고 크리스마스 휴가로 집에 돌아왔을 때, 친구들을 위해 우리 집에서 큰 파티를 열었어요. 친구들을 다시 만난 뒤에야 내가 그들을 얼마나 그리워했는지 알았지요. 우리 중 몇몇은 새벽 4시까지 함께 시간을 보내며 예전처럼 이야기를 나누었습니다. — 37세의 여성

■ 우리 집에서는 일요일 저녁식사 때마다 한 가지 행사가 있었어요. 식사를 하기 전에는 그 주에 있었던 일들을 서로 털어놓았지요. 가끔 우리는 시시껄렁한 이야기도 했지만 대개 의미 있는 이야기를 나누었지요. 나는 일요일마다 집에서 저녁을 먹으려고 애를 썼어요. 가족과 생각을 주고받을 수 있는 기회를 정말 놓치고 싶지 않았거든요. — 32세의 여성

■ 재미있는 주제이군요. 그런데 가정에 대해 생각해보라는 말을 들었을 때 부모님과 할아버지, 할머니가 관중석에서 내가 출전한 청소년 야구대회를 구경하시던 모습이 생각나더군요. 그분들이 거기서 나를 응원하고 있다고 생각하니 웬일인지 집이 아닌데도 꼭 집에 있는 듯한 기분이 들었습니다. — 26세의 남성

■ 우리 집은 분위기가 늘 어수선했어요. 아버지는 클리블랜드에 계셨지만 우리는 여름이 되어야만 만날 수 있었지요. 어머니는 직장에서 늦게까지 일을 했기 때문에 우리와 많은 시간을 보낼 여유가 없었습니다. 이제 나는 행복한 결혼생활을 하고 있고 가정도 이루었지요. 가정은 내게 전혀 다른 의미가 있음을 알게 해주었어요. 우리 집은 휴가와 생일, 심지어 야구 시즌 등과 관련된 자잘한 행사들이 수없이 많아요. 함께 지내며 축하할 일이 무궁무진한 것 같아요. — 40세의 여성

■ 5년 전에 아버지가 돌아가셨습니다. 아버지는 가족을 너무 소중히 여기셨기 때문에 내게 가정에 대한 깊은 애정을 심어주셨지요. 아버

지는 큰 바위 같은 분이었어요. 정말 미칠 듯이 보고 싶어요. 괴로운 일이 있거나 좋은 소식이 있을 때 주방 카운터에 걸어둔 아버지 사진과 대화를 나누다보면 요즘도 아버지가 곁에 있는 것 같은 기분이 들어요. —60대 여성

위의 이야기들에 사용된 언어에는 강한 감정이 묻어 있다. 가정이라는 주제를 감안할 때 이미 예측한 바이긴 하지만 말이다. 그 감정들은 생동감이 넘치고 놀라울 정도로 반복을 강조하고 있다. 학교에서 돌아와 날마다 함께 간식을 먹는 일, 대학에 다니다 집에 돌아와 한때 많은 시간을 함께 보냈던 옛 친구들을 다시 만나는 일, 일요일마다 저녁식사를 함께하며 이야기를 나누는 일, 경기가 있을 때마다 관중석에 있는 가족들을 보는 일, 가족행사를 함께하는 일, 세상을 떠난 가족에게서 조언과 위로를 구하는 일 등 가정에 대한 애착에서 생긴 메시지를 설명할 수 있는 단어는 많지만 접두사는 단 하나다. 가정에 대한 미국인의 코드는 접두사 '재(RE-)'이다.

가정을 생각할 때 우리는 접두사 '재(re-)'로 시작되는 단어를 떠올린다. 귀가(return, 학교에서 집으로 돌아온 소녀의 경우처럼), 재회(reunite, 대학을 다니다 집으로 돌아온 청년처럼), 재결합(reconnect, 일주일 동안 있었던 일을 서로 나누는 가족처럼, 그리고 아버지의 사진과 대화를 나누는 여인처럼), 재확인(reconfirm, 야구시합 때 가족들이 관중석에 와 있는지 확인하는 소년처럼), 새롭게 하다(renew, 가족과 여러 가지 행사를 하는 동안 가족의 의미를 새롭게 깨달은 여인처럼)와 같은 단어들이 그런 예다. 이런 단어들은 가정의 의미에 관해 매우 강력한 메시지를

전달해준다. 가정은 어떤 일을 되풀이할 수 있고, 아무것도 예측할 수 없는 외부 세계와 달리 결과를 충분히 예상할 수 있는 장소다. 가정은 어떤 일을 반복하면 의미가 더해지는 장소다. 이것이 미국 문화에서 귀향이 그토록 중요한 이유이고, 군대나 위험에 처한 우주비행사들을 귀환시키는 일을 생각할 때 그토록 강한 감정적 반응을 보이는 이유다. 그들이 가장 소중한 사람들 속에서 인생을 다시 살아가기를 바라는 것이다.

다른 문화에서는 가정의 의미가 다르다. 일본인들은 공간이 비좁은 탓에 집 안의 자투리 공간까지 소중히 여긴다. 또 밖에서 묻은 흙으로 소중한 공간을 더럽히지 않으려고 집 안으로 들어오기 전에 신발을 벗는다. 각 방은 여러 기능을 동시에 갖고 있으며(일본인이 발명한 푸톤(futon)이 의자에서 침대로 바뀌는 것처럼 거실이 침실로 변한다), 자기 방이 따로 있는 경우는 거의 없다. 흥미롭게도 일본어에는 '친밀함'을 뜻하는 단어가 없다. 일본인처럼 비좁은 공간에서 생활하면 친밀함이라는 개념을 말로 표현할 필요가 없을 것이다.

아랍 유목민들은 항상 이동을 하지만 가정에 대한 애착이 강하다. 하지만 그 애착심은 특정한 공간과는 상관이 없다. 유목민들은 대단히 화려하고 복잡하게 설계된, 낙타털로 만든 천막을 갖추고 있다. 야영할 때 그들은 아름다운 가구나 양탄자 같은 개인적으로 중요한 의미가 있는 물건들로 천막을 꾸미는데, 장소를 이동할 때 그것들을 가지고 다닌다. 어느 날 그들이 만든 천막 속으로 처음 들어갔을 때 나는 깜짝 놀랐다. 내가 방문한 가족이 그 천막 안에 그들의 문화를 모두 갖춰놓고 있었기 때문이다.

:: 가족에 대한 감정이 존재하는 곳

미국인 가정에서 주방은 가족이 함께 모이는 핵심적인 장소다. 현대식 주방에는 텔레비전, 책상, 의자를 갖춘 격리된 공간과 가족들을 모여들게 하는 오락시설들이 있다. 미국의 가정에서 주방이 가장 핵심적인 장소인 까닭은 가장 중요한 의식, 즉 저녁식사 준비가 그곳에서 이루어지기 때문이다. 주방은 가족에게 영양분을 공급하는, 반복과 재결합으로 이루어진 의식의 장소다. 저녁식사를 마련하는 것은 가정에 대한 미국인의 코드와 맞는다.

프랑스에서 성장한 나는 미국인 가정을 처음 방문했을 때 조금 놀랐다. 미국인 가정은 옆문이나 차고를 통해 집 안으로 들어서면 곧바로 주방으로 통하는 경우가 많다. 주방에서 식사가 준비되고 있을 때면 "좀 도와주시겠어요?"라는 말을 자주 듣는다. 내게는 이런 모습이 낯설었다. 프랑스에서는 집 구조도 다르고 손님을 접대하는 방법도 전혀 다르다. 프랑스의 집에서 가장 큰 방은 '무대'라 할 수 있는 공간, 즉 현관방이거나 거실 또는 응접실이거나 식당이다. 손님은 응접실에서 술이나 커피를 마시고 식당에서 저녁식사를 하므로 주방을 들여다볼 기회가 없다. 이는 친한 친구라 해도 마찬가지다.

미국의 가족에 대한 코드를 알면 가족이 한번도 살아본 적이 없는 집으로 이사를 간 뒤에도 '집으로 돌아가는 일'이 왜 그토록 큰 의미가 있는지 이해하게 된다. 미국의 가정은 귀가, 재결합, 재생, 재회 등 접두사 '재(re)'를 가진 단어들과 관련이 있으며, 그것은 가정이 어떤 장소에 위치하는가 하는 문제와는 아무런 상관이 없음을 알려준다. 중요한 것은 가정의 물리적 위치가 아니라 그곳에 바로 가족과 가족에 대한 감정이 존재한다는 것이다. 기념물과 사진앨범 등 가족의 상징물을 보관하는 것은 가족에 대한 미국의 코드와 잘 들어맞는다. 이런 물건들은 필요할 때마다 가족들과의 추억을 되살려주기 때문이다. 반대로 혼란을 없애기 위해 추억을 내다버리는 것은 미국의 코드와 맞지 않는다. 온가족이 할머니 집 식탁에 둘러앉아 추수감사절 만찬을 하는 것은 미국의 코드와 잘 맞지만, 휴가철에 휑하니 넓고 낯선 식당에서 홀로 식사를 하는 것은 전혀 어울리지 않는다.

기업이 이러한 코드를 파악하면 가정용 제품을 선전하는 확실한 방법을 얻게 된다. 몇 년 전 제너럴 밀스(General Mills)에서 베티 크로커(Betty Crocker : 제너럴 밀스에서 홍보를 목적으로 사용했던 가상의 인물. 크로커는 한때 제너럴 밀스의 최고경영자였던 윌리엄 크로커(William Crocer)의 성에서 딴 것이고, 베티는 미국인의 취향을 감안해 선택한 이름이다 - 옮긴이 주)라는 상징 인물에 대한 코드를 발견하는 작업을 내게 의뢰해왔다. 그들은 베티 크로커라는 이름이 이미 수명을 다했으므로, 미국인들이 이 상징으로부터 받는 무의식적인 메시지를 알아내면 새로운 상징으로 브랜드를 혁신할 수 있다고 믿었다. 그리고 그들은 베티 크로커의 이미지가 미국인들의 무의식에 대단히 긍정적으로 각인되어 있음을 곧 알게 되었다. 베티 크로커에 대한 미국인의 코드는 '주방의 여신(THE SOUL OF THE KITCHEN)'이다. 맛있는 향기와 따뜻한 음식을 상징하는 베티 크로커는 가정에 대한 미국인들의 인식 속에 확고하게 자리잡고 있다.

베티 크로커의 브랜드 관리자들은 원래의 계획을 전면적으로 수정했다. 그들은 베티 크로커라는 상징을 포기하지 않고 재창조해 새롭

제너럴 밀스의 광고 캐릭터였던 베티 크로커는 온가족이 함께 저녁식사를 하는 따뜻한 가정의 이미지와 잘 맞아떨어지면서 큰 인기를 끌었다. 사진의 왼쪽 하단에 있는 것이 베티 크로커이다.

게 출발했다. 또한 모든 인종에게 호감을 줄 수 있도록 베티 크로커의 얼굴을 새롭게 바꿨다. 우선 베티 크로커만의 독특한 필체를 만들었고 라디오에서 베티 크로커라는 이름으로 가사 문제를 상담해주기도 했다.

가족 행사에 사용될 수 있다는 생각을 가지고 가정용 제품을 판매하는 것은(팝콘에서부터 커피와 세제에 이르기까지 무엇이든) 가정에 대한 애정을 불러일으키는 훌륭한 방법이다. 휴대전화회사가 가족과의 통화를 무료로 제공하는 것은 재결합의 기회를 준다는 측면에서 가정에 대한 코드에 부합한다. 가족의 재회를 위한 특별 패키지 상품을 제공하는 항공사나 여행사 역시 가정에 대한 코드에 잘 부합하고 있다.

지맥가정보험회사(GMAC Home Insurance)와 각인 발견 작업을 할 때 알게 된 것은 미국인은 무의식적으로 가정을 자신의 '물건'이 보관돼 있는 곳으로 생각한다는 사실이다. 예를 들어 우리는 사람들이 이사할 때 자신의 물건을 상자에 넣어 새 집 지하실에 처박아두었다가, 그 상자를 끌러보지도 않은 채 그대로 다음 집으로 이사할 때 가지고 간다는 사실을 발견했다. 상자의 내용물은 중요하지 않다(그리고 무엇인지 알지 못하는 경우가 많다). 중요한 것은 그 상자에 '물건'이 담겨 있다는 사실이고, 그 '물건'은 미국인들에게 가정을 느끼게 해준다는 점에서 귀중한 가치가 있다. 이러한 점을 제대로 간파한 지맥가정보험회사는 보험 가입자를 위해 가족 사진—매우 귀중한 물건—을 보존해주는 계획을 모색하고 있다. 소중한 사진들을 디지털 파일로 보관했다가 원본 사진이 화재로 파손될 경우 대체해준다는 이 회사의 전략은 가정에 대한 미국의 코드에 딱 들어맞는다.

:: 음식 만들기와 저녁식사의 의미

주거의 경우와 마찬가지로 저녁식사에도 생물학적 체계가 중요하다. 즉 모든 인간은 영양을 섭취해야 한다. 그러면 음식을 먹어야 하는 생물학적 필요성과 특수한 문화적 체계 사이에는 어떤 연관성이 있을까? 미국 문화에서는 가정과 마찬가지로 저녁식사에도 매우 깊은 의미가 있다.

미국에서 저녁식사는 하나의 중요한 의식이다. 1년 중 가장 규모가 큰 저녁식사인 추수감사절 만찬은 미국 문화의 출발을 기념하는 의식이기도 하다. 미국인들은 풍성한 가족 만찬으로 축제일과 생일을 기념하며, 축하 식사는 승진이나 좋은 성적표처럼 성취를 기리는 가장 일반적인 방식의 하나다.

이러한 만찬들은 저마다 오래 잊지 못할 추억을 남길 수 있는 중요한 행사다. 평일 저녁에 긴 하루 일과나 학업이 끝난 뒤 가족과 함께 나누는 식사에서는 어떤 각인이 이루어질까? 크래프트(Kraft)는 미국인들의 저녁식사와 똑같은 제품을 만들려는 목적으로 미국에서 저녁식사가 의미하는 바를 알아내기 위해 각인 발견 작업을 내게 의뢰해 왔다. 이 책 후반부에서 음식 전반에 대해 분석을 하게 되겠지만, 여기서는 미국인들이 가장 공감할 만한 음식만 다루기로 하겠다.

각인 발견 작업의 첫번째 시간에 참가자들은 평일의 저녁식사에 대해 생각하는 바를 이야기했다. 평일의 저녁식사는 간단히 준비하는 것이 보통이었다. 각자 바쁜 일정이 있기 때문에 가족 모두 함께 앉아서 식사하는 일도 거의 없었다. 함께 앉아 있는 경우는 텔레비전을 시청할 때였다. 그럴 때는 가게에서 사온 피자나 미리 준비해둔 음식을 먹었다. 대화는 하루 일과를 간단히 나누는 것으로 그치고 음식 먹는 시간은 15분을 넘지 않았다.

이러한 모습은 전혀 놀라운 일이 아니다. 활동을 건강과 동일시하는 미국인들은 매우 적극적인 생활을 하며 오랜 시간 일을 한다. 축구도 하고, 테니스 교습도 받고, 독서클럽 활동도 하고, 포커게임으로 밤을 새우기도 한다. 또한 세 시간씩 숙제를 하거나 직장에서 끝내지 못한 일감을 가져오기도 한다. 이 밖에 텔레비전도 봐야 하고 간단한 메시지도 작성해야 한다. 이런 상황에서 멋진 음식을 마련하거나 가족들과 노닥거릴 틈이 있겠는가? 나는 각인 발견 작업의 첫 번째 시간에 미국인들이 가족과의 저녁식사를 옛 시대의 별난 습관 쯤으로 여긴다는 사실을 알았다. 마치 자선을 목적으로 여자들이 정기적으로 모이는 바느질봉사회(sewing circle)나 아이스크림을 먹으며 친목도 다지고 봉사도 하는 아이스크림데이(ice cream social)와 같은 활동처럼 말이다.

그러나 각인 발견 작업의 세번째 시간으로 접어들면서 긴장을 푼 참가자들에게 저녁식사에 관한 최초의 기억과 가장 뚜렷한 기억, 가장 최근의 기억을 되살려보라고 요구하자, 저녁식사의 의미가 앞서 말한 내용과는 전혀 달라졌다. 다음 내용은 정기적인 가족모임에 관해 나눈 이야기들이다.

■ 나는 늘 저녁식사를 고대했어요. 무엇보다 어머니의 요리 솜씨가 뛰어나서 우리는 항상 맛있는 음식을 먹었지요. 어머니가 아무렇게나 뚝딱 만든 음식도 맛이 기막혔어요. 그런데 또 한 가지 중요한 점은 식

구들이 모두 둘러앉아서 대화를 나눈 일이랍니다. 부모님과 남자형제들이랑 그날 있었던 일과 이튿날의 계획 따위를 이야기했지요. 사랑과 보살핌으로 가득한 따뜻한 분위기였어요. 식구들은 모두 자신에게 중요하다고 생각되는 일은 무엇이나 이야기했어요. 그 순간은 모두가 서로의 형편을 살펴봐야 하는 시간이었습니다. —27세의 여성

■ 나는 학교에서 돌아오면 텔레비전 프로그램의 재방송 보기를 좋아했습니다. 내가 열 살인가 열한 살 무렵, 〈신혼 부부Honeymooners〉의 방송시간이 6시 30분으로 변경된 적이 있었지요. 나는 그 드라마에 푹 빠져 있었기 때문에 어머니에게 저녁을 가족들과 함께 먹지 않고 골방에서 따로 먹어도 되는지 물어보았어요. 어머니는 기분이 언짢았겠지만 허락해주었고 나는 골방에서 저녁을 따로 먹기로 했지요. 그날 저녁 나는 골방에 앉아서 음식을 먹으며 텔레비전을 보았는데 재미가 없었어요. 식당에서 부모님이 이야기하는 소리가 들려왔고 나는 무엇인가를 잃어버린 느낌이 들었습니다. 이튿날 저녁에 어머니가 골방에서 저녁을 먹겠느냐고 물었지만 나는 식구들과 함께 먹겠다고 대답했지요. 식구들이 함께 식탁에 앉았을 때 어머니는 내 손등을 토닥이며 이렇게 말했습니다. "잘 했어." —41세의 여성

■ 식탁에 앉을 때 우리 가족은 각자 앉는 자리가 정해져 있었어요. 남동생이 가끔 내 자리에 앉으려 하면 나는 동생의 머리를 쥐어박으며 난리를 쳤지요. 우리는 도자기 제조공장에서 우리가 직접 색칠해서 만든 접시에 음식을 담아 깨끗이 먹어치웠어요. 우리는 늘 6시 45분에

저녁을 먹었는데, 그것은 아버지의 귀가시간이 6시 30분이었기 때문이죠. 동생과 내가 커가면서 우리는 식사를 자주 함께하지 못했지만 기회가 날 때마다 함께 음식을 먹었지요. 대학에 들어가 기숙사 식당에서 처음 식사를 하게 되었을 때 집이 너무 그리웠어요. — 19세의 여성

■ 아버지가 출장 판매원이었기 때문에 온 가족이 함께 저녁을 먹는 기회가 드물었습니다. 하지만 아빠가 집에 돌아오면 풍성한 만찬이 마련되었지요. 저녁식사에 관한 첫번째 기억은 아마 대여섯 살 때였을 거예요. 아빠는 기분이 최고였고 모두가 즐겁게 장난을 쳤지요. 오빠들이 나를 놀려댔지만 크게 짓궂게 굴지는 않았어요. 나는 그 순간이 어제처럼 기억납니다. 나를 사랑하고 보살펴주는 사람들에게 둘러싸여 있었기 때문에 나는 우쭐해 있었지요. — 53세의 여성

■ 2~3개월마다 아버지는 할머니를 뵈려고 온 가족을 차에 태우고 캘리포니아 주 오클랜드에서 미시시피 주 스테이트라인으로 갔습니다. 삼촌과 고모들이 모두 그곳에서 살았는데, 사촌이 이십여 명에 우리 식구가 열 명이나 되었지요(남자형제들과 여자형제들, 아빠, 엄마). 집 안은 온통 시끌벅적했고, 모두가 옛 시절에 대한 이야기를 했어요. 우리는 음식을 하나도 남기지 않고 깡그리 먹어치웠지요. — 48세의 여성

다음과 같은 힘겨운 삶의 이야기도 있었다.

■ 아이들이 성장하면서 남편이 떠돌기 시작한 것 같아요. 한동안 저

녁식사를 마련하려 했지만 나 자신을 속이고 있다는 걸 깨달았지요. 저녁식사에 관한 가장 뚜렷한 기억은 잡지와 우편물이 쌓인 주방 식탁에서 플라스틱 그릇에 담긴 음식을 혼자 다 먹어치운 일입니다. 내 저녁식사 친구는 우편주문 목록과 청구서였던 셈이지요. — 45세의 여성

■ 지금 두 아이가 집을 나가 있어서 저녁식사 준비는 별로 할 게 없어요. 요즘 혼자 지내니까요. 지나간 일을 바꿀 수 있다면 아이들에게 '전통적인' 음식을 더 많이 해주었을 겁니다. 그리고 아이들에게 나와 저녁식사를 더 자주 하자고 고집했을 거예요. 아이들과 지낸 시간이 너무 짧아요. — 50세의 여성

■ 나는 돈을 더 벌기 위해 야간근무를 했습니다. 안타깝게도 야간근무를 하면 아내와 아이들과 저녁식사를 함께할 수 없었어요. 식당에서 먹는 샌드위치는 집에서 먹는 따뜻한 음식만 못하지요. 어느 날 밤 아내가 아이들과 함께 음식을 싸들고 직장으로 찾아와서 나를 놀라게 했습니다. 우리 다섯 식구는 간이식당 식탁에 둘러앉았어요. 그날 먹은 음식은 오랜만에 먹어보는 최고로 맛있는 식사였습니다. 가족이 찾아오면 내 휴식시간이 보통 때보다 조금 길어지기 때문에 상사는 몹시 못마땅해했지요. 그래서 자주 할 수는 없었지만 나는 식구들과 함께 식사하는 것이 너무 좋았습니다. — 39세의 남성

가족과 저녁식사를 영원히 함께할 수 없게 된 것을 슬퍼하는 이야기도 있었다.

■ 어머니가 세상을 떠난 뒤 처음으로 우리 가족이 함께 저녁식사를 한 날을 나는 영원히 잊지 못할 거예요. 음식은 아빠가 만드셨는데, 그때 아빠가 겪었을 마음의 고통을 감안한다면 정말 쉽지 않은 일이었을 거예요. 그래도 아빠는 최선을 다하셨죠. 식탁에 모여 앉자 우리는 주방 식탁에 커다란 구멍이 뻥 뚫린 듯한 기분이 들었어요. 방 안은 어둡고 텅 비어 있는 느낌이었죠. 아무도 입을 열지 않았습니다. 그리고 음식도 맛이 없었어요. 아빠가 엄마만큼 음식 솜씨가 좋지 않아서 그런 것은 아니었습니다. 그때 나는 식구들이 뿔뿔이 흩어질 것 같은 예감이 들었어요. — 25세의 여성

■ 큰 가족 모임에서 느낄 수 있었던 사랑과 즐거움이 정말 그립습니다. 불행하게도 돈 문제 때문에 가족들이 흩어지게 되었는데 다시는 온 가족이 함께 모이는 일이 없을 것 같아요. — 36세의 여성

■ 부모님이 이혼하고 아버지가 인디애나폴리스로 이사했을 때, 엄마는 저녁식사 시간을 규칙적으로 정하고 식구들을 식탁에 모이게 하려고 갖은 애를 다 썼어요. 그러나 엄마는 아빠의 자리가 영원히 비어 있게 되었다는 사실에 큰 충격을 받은 것 같았어요. 엄마는 결국 그 충격에서 벗어나지 못했고 우리 가족의 저녁식사는 다시는 예전과 같지 않았어요. — 18세의 남성

■ 우리 집에서 일요일 저녁식사는 큰 행사였습니다. 그것은 아버지가 나의 참석을 고집하는 유일한 행사였어요. 형제자매들은 아이들을 데

리고 왔고 우리는 식탁을 좀더 큰 것으로 바꿔야 했어요. 식구들이 모두 자리를 잡으면 식탁 한가운데 음식이 담긴 커다란 접시들이 놓였지요. 부모님들은 일요일이 되면 하루 종일 음식을 장만하셨어요. 매형은 클리블랜드에 직장이 있었는데 누나와 조카들을 데리고 왔습니다. 이상한 행사였지만 나는 곧바로 이것이 종말의 시작이라는 걸 알았지요. 6개월 뒤 또 다른 누나가 시골로 이사를 갔고 2년 뒤 나도 대학에 들어가서 베이에어리어에 정착했습니다. 이제 온 가족이 모이는 때는 추수감사절뿐인데 억지로 참석하는 기분이 듭니다. — 34세의 남성

각인 발견 작업의 세번째 시간에 나온 이야기들에는 진한 감정들이 배어 있었다. 우정에서 느끼는 기쁨, 따뜻한 가정 환경에서 얻은 만족감, 상실로 인한 슬픔과 회한 등이 드러나 있었다. 앞으로는 미국인들에게 가족과 저녁식사를 할 수 있는 기회가 자주 없겠지만, 이런 식사는 그들의 마음속에 소중한 기억으로 남아 있을 것이다.

이들의 이야기에 되풀이되어 나타난 개념은 '모임'이었다. "모두가 식탁에 둘러앉아 서로 이야기를 나누었어요."라든가, "우리 가족은 각자 앉는 자리가 정해져 있었어요."라든가, "우리 다섯 식구는 간이식당 식탁에 둘러앉았어요. 그날 먹은 음식은 오랜만에 먹어보는 최고로 맛있는 식사였습니다."라든가, "식탁에 모여 앉자 우리는 주방 식탁에 커다란 구멍이 뻥 뚫린 듯한 기분이 들었어요."라든가, "식구들이 모두 자리를 잡으면 식탁 한가운데 음식이 담긴 커다란 접시들이 놓였지요." 등등 많은 이야기들에 나타난 이미지는 가족이 식탁에 둘러앉은 모습이었다. 이러한 행위는 공동체의식, 즉 자신을 지

지하고 보살펴주는 사람들에 둘러싸여 있다는 느낌을 갖게 한다. 우리는 일을 하기 위해 매일 아침 직장에 나갔다가도 저녁에는 다시 집으로 돌아온다. 그리고 저녁식사를 하기 위해 식탁에 둘러앉는 순간 진정으로 가정에 되돌아온 느낌을 갖게 된다. 저녁식사에 대한 미국인의 코드는 '필연적인 순환(ESSENTIAL CIRCLE)'이다.

이러한 순환의 개념은 미국 문화에서 다양한 방식으로 나타난다. 미국의 가정에서는 식탁 한가운데에 음식이 담긴 큰 접시들을 차려놓는 것이 관습이다(식탁은 직사각형이지만 원형의 느낌을 준다). 상차림이 끝나면 음식을 준비한 사람이 식구들이 골고루 먹을 수 있도록 접시들을 죽 돌린다. 또한 저녁식사는 하루의 순환을 마무리하는 행사다. 사람들은 아침이 되면 잠에서 깨어나 집을 나선다. 그리고 세상으로 나가 전투를 벌인다. 그러다가 다시 저녁식사 시간이 되면 가족에게로 돌아와 사랑하는 사람들과 하루의 순환을 마무리하는 것이다.

다른 문화에서는 저녁식사의 분위기가 전혀 다르다. 일본은 가족끼리 저녁식사를 함께하는 경우가 드물다. 일반적으로 남자들은 하루 종일 일을 하며 퇴근 후에는 친구들과 술을 마시러 간다. 집에 돌아오면 잠자리에 들기 전에 아내가 간단한 수프를 만들어주기도 하지만, 아이들은 저녁을 먹은 지 이미 오래다. 가족과의 식사라는 개념도 일본에서는 비교적 생소하다. 부부가 외출을 할 때도 남자와 여자는 따로 식사를 한다.

중국의 저녁식사는 오직 음식을 먹는 행위일 뿐이다. 중국 가정에서는 다양한 장소에서 음식을 만들며(주방과 난롯가, 바깥, 심지어 욕실에서도 만든다), 식사를 하는 동안 서로 대화를 나누는 법이 없다. 오로지 음식에만 몰두하며, 이러한 모습은 비즈니스상의 식사에서도 마찬가지다. 중요한 거래를 놓고 열띤 대화를 나누다가도 음식이 들어오면 대화를 모두 중단한 채 음식을 즐긴다.

영국의 저녁식사는 미국보다 훨씬 형식적이다. 영국에서는 식사와 관련된 명확한 예절이 있어서, 음식을 먹을 때의 자세와 칼질하는 법, 음식을 씹는 법 등이 규정되어 있다. 미국과 달리 영국 음식점에서는 요리사가 직접 음식을 맛보는 경우가 없다. 미국인은 그런 모습을 흥겨워하지만 영국인들은 천박하고 비위생적인 행위로 본다.

:: 중요한 것은 음식이 아니라 재결합이다

저녁식사 시간에 함께 모여 하루를 마무리하는 것은 저녁식사에 대한 미국의 코드와 잘 맞는다. 각인 발견 작업에서 나온 이야기들에는 가족과 저녁식사를 함께하고 싶은 바람이 강하게 나타나 있다. 그러나 어느 가정이든 가장에게 가족의 저녁식사 시간에 관해 질문을 던지면, 밤늦게 퇴근하는 길에 저녁거리를 사들고 들어간다거나, 자녀들 스스로 시리얼을 찾아서 먹는다거나, 대부분 전자오븐에 먹을거리를 데워 먹는다는 이야기를 듣게 될 것이다. 이것이 현실 아닌가? 미국인들은 너무 바쁘게 산다.

저녁식사에 대한 이야기들에서 어떤 내용들이 빠져 있는가를 보는 것도 매우 흥미로웠다. 그 중 한 가지는 음식 자체에 대한 언급이었다. 이들에게는 미식가적인 자질이나 음식을 마련하는 긴 시간이 중요하지 않았다(음식에 대한 코드를 다룰 때 그 이유를 설명할 것이다). 어머니를 '위대한 요리사'라고 표현한 여성도, 어머니가 아무렇게나 만들어도 그 음식은 맛이 기막혔다고 말했다. 그들에게 저녁식사는 '순환'으로서의 의미가 강하기 때문이다. 그들의 저녁식사에서 음식 자체는 이차적인 것이다. 모든 가족이 둘러앉아 함께 먹을 수 있다면 음식점에서 사온 피자를 먹어도 상관하지 않는다. 피자는 실제로 둥근 원형이고 모두 나누어 먹을 수 있기 때문에 '순환'이라는, 저녁식사에 대한 코드와 가장 잘 맞는 음식이다. 이러한 코드를 받아들인 크래프트는 "함께 둘러앉자(gather around)."라는 표어로 광고를 시작했다. 또한 크래프트 로고를 저녁 식탁에 둘러앉은 가족으로 변형시킨 만화 영화를 제작하기도 했다. 미국인의 코드와 맞는 저녁식사를 장려하기로 자청한 것이다.

저녁식사에 대한 이야기에서 빠져 있는 흥미로운 또 한 가지 내용은 바로 시간이다. 참가자들 중에 가족과 저녁식사를 함께하며 시간이 지체되는 것에 대해 이야기한 사람은 거의 없었다. 저녁식사를 하는 시간에 대해서는 거의 의식을 하지 않는 것으로 보였다. 중요한 것은 역시 순환이었다. 즉 각자의 일 때문에 헤어졌던 가족이 다시 만나 식탁에 빙 둘러앉아 식사를 함으로써 재결합하는 상황 말이다. 그런 점에서 텔레비전을 끄고 온 가족이 함께 패스트푸드를 먹는 것도 순환이라는 저녁식사에 대한 코드에 부합한다.

저녁식사가 반드시 가정의 식탁에서 이루어져야만 코드에 부합하는 것은 아니다. 가족 모임을 권장하는 음식점도 이러한 코드와 잘 맞는다. 맥도널드는 어린이용 햄버거인 해피밀을 내놓으며 이러한 일을 훌륭하게 해냈다. 맥도널드는 아이들에게 무엇인가 특별한 것을 제공함으로써 가족들이 함께 식사하기 편하게 만들었다. 비록 음식 자체는 우아하지 않지만 말이다. 모든 패밀리 레스토랑은 저녁식사에 대한 미국의 코드와 잘 맞는다. 가족이 저녁식사를 위해 함께 모일 수 있게 해주고, 모든 사람에게 무엇인가 특별한 것을 제공해주며, 즐겁게 대화를 나눌 수 있도록 편안한 분위기를 조성해주기 때문이다.

공동체의식을 장려하는 패밀리 레스토랑들은 가정에 대한 미국인의 코드를 확실하게 이용한다. 미국 전역에 100여 개의 가맹점을 둔 퐁듀 레스토랑 체인인 멜팅포트(The melting pot)는 이러한 코드를 특별한 방법으로 활용하고 있다. 단골손님들이 가정의 식탁과 흡사한 칸막이 좌석에 앉으면 식탁 중앙에 음식이 차려진다. 퐁듀 또한 이러한 코드에 잘 부합하는 음식인데, 요리사가 항상 식탁 한가운데로 팔을 뻗어서 음식을 가져다주기 때문이다. 이런 방식은 식탁을 중심으로 접시를 한 바퀴 쭉 돌리는 것보다 공동체의식을 훨씬 강하게 불러일으킨다.

1인분으로 제공되는 음식은 저녁식사에 대한 코드와 맞지 않지만, 미국인의 바쁜 식습관에 대한 코드와는 어긋나지 않는다. 크래프트는 마카로니와 치즈로 이중 마케팅 전략을 구사한다. 그들은 아이들이 혼자 만들어 먹을 수 있는 방과후 간식으로 1인분씩 포장한 '이지맥(Easy Mac)'을 판매하는 한편, 온 가족이 즐길 수 있는 저녁식사 대용품으로 고전적인 '마카로니앤드치즈(Macaroni & Cheese)'도 판매한다. 냉동식품인 스토우퍼스(Stouffer's)는 1인분 개념을 저녁식사에 대한 코드와 맞춘 흥미로운 식품이다. 스토우퍼스는 최근에 런취진

(Lean Cuisine)이라는 저지방 식품에 관한 광고를 통해 한 여자가 전날 밤에 먹은 값비싼 저칼로리 음식을 친구들에게 자랑하는 모습을 보여준다. 린퀴진을 선전함으로써 자신의 '동류 집단' 속으로 친구들을 초대하고 있는 것이다. 함께 저녁식사를 하지 않더라도 이 친구들은 동일한 냉동식품으로 저녁을 먹음으로써 공동체의식을 갖는다.

:: 가정은 마음속에 있다

사람에게는 은신처가 필요하고, 또한 먹어야만 살 수 있다. 미국인은 이러한 기본적인 욕구를 한 차원 높여서 가정을 만들었고, 또한 저녁식사를 중요한 가족 행사로 만들었다. 가정을 생각할 때 맨 처음 떠오르는 이미지는 대부분 풍성한 가족 식사다. 부모를 만나러 집으로 가는 행위는 가족들과 함께 식사하는 모습을 연상시킨다. 저녁식사를 하나의 '의식(儀式)'으로 만든 것이 가정에 대한 코드와 잘 맞는 것처럼, 좀더 가정적인 분위기를 만들어내는 것도 저녁식사에 대한 코드와 잘 맞는다. 비록 요즘엔 워낙 분주하게 살다 보니 저녁 식탁이 대부분 인스턴트 식품으로 차려지고 있긴 하지만 말이다.

Chapter 06

직업과 돈에 대한 코드

먹고 살기 위해 일한다

누군가 "무엇을 하십니까?"라는 질문을 던지면 여러분은 여러 가지 답변을 할 수 있을 것이다. 부모로서의 역할을 말하거나 가족을 부양하기 위해 하는 다양한 일들을 이야기할 수도 있다. 또한 취미를 길게 나열할 수도 있다. 그러나 미국에서 이 질문은 "직업이 무엇입니까?"라는 뜻이고, 상대가 기대하는 답변도 오직 직업에 관한 것이다.

미국 문화에서 "무엇을 하십니까?" 하고 묻는 방식에는 깨달음을 주는 매우 강한 무언가가 있다. "당신의 목표가 무엇입니까?" 하고 묻는 또 하나의 방식이기 때문이다. 마치 낯선 기계를 보고 "무슨 물건이죠?" 하고 묻는 것과 마찬가지다. 대부분의 사람들은 누군가를 만나면 이렇게 묻곤 한다. "어디 출신이시죠?"가 첫번째 질문이고, "무엇을 하십니까?"가 두번째 질문이다. 이때 질문자는 상대의 답변을 통해 그를 판단할 수 있을 뿐만 아니라, 저녁시간을 함께 보내며 가벼운 대화를 이어갈지를 결정하기도 한다.

다른 여러 문화에서 직업은 열정과 몰두와는 별로 상관이 없다. 스탕달(Stendhal)의 고전소설 《적과 흑 Le Rouge et le Noir》을 보면 프랑스 문화에서 인생은 조국이나(군대―적색―의 일원으로서) 신에게(성직자―흑색―의 일원으로서) 봉사할 때만 가치가 있다. 다른 직업은 모두 비천하며 농부가 되는 것이 그중 낫다. 이런 태도는 아직도 프랑스 문화에 널리 퍼져 있으며, 실직자가 여러 가지 일을 하는 근로자보다 더 많은 돈을 받는 체제를 만들어내고 있다. 프랑스의 베스트셀러 중 하나가 바로 《게으름아, 안녕? *Bonjour Paresse*》이라는 점이 시사하는 바가 무엇이겠는가.

내 유럽 친구들은 여생을 편안하게 지낼 만큼 충분한 돈을 번 뒤에도 계속 열심히 일하는 나를 보고 대부분 당혹스러워한다. 그들은 내가 일을 좋아하기 때문에 계속 일한다는 것을 전혀 이해하지 못한다. 유럽인들은 보통 해마다 6주간의 휴가를 보낸다. 미국에서는 2주가 일반적이며, 많은 사람들이 휴가 때 일을 가져가기도 하고, 경력을 쌓는 동안에는 휴가 없이 몇 년을 지내기도 한다.

이는 미국의 문화가 형성되기 시작한 초기 때부터 있어온 노동에 대한 미국인의 접근 방식이다. 미국의 조상들이 이 대륙으로 건너와 처음 광대한 미개척지를 발견했을 때, 가장 먼저 떠오른 생각은 "차나 한잔 해야지."가 아니라 "일을 시작해야지."였다. 그들은 '신세계'를 창조해내야 했고, 신세계는 저절로 만들어지지 않았다. 마을을 건설하고 서부를 개척해야 했으며 대담한 정치적 실험의 기초를 다져야 했다. 그때는 실제로 한가할 겨를이 없었지만, 요즘 사람들은 그렇지 않은 경우에조차 늘 자신이 바쁘다고 생각하는 경향이 있다. 미국인들은 다른 문화에 속한 사람들보다 훨씬 오랜 시간 일한다.

미국인은 일을 찬양하고 성공한 사업가들을 유명인사로 떠받든다.

도널드 트럼프(Donald Trump)와 빌 게이츠(Bill Gates)는 대중적인 스타다. 스티븐 코비(Stephen Covey), 잭 웰치(Jack Welch), 리 아이어코카(Lee Iacocca)는 초대형 베스트셀러 작가다. 미국의 베스트셀러는 《게으름아, 안녕?》이 아니라, 《성공하는 사람들의 7가지 습관 The Seven Habits of Highly Effective People》과 《좋은 기업을 넘어 위대한 기업으로 Good to Great》이다. 억만장자인 조지 스타인브레너(George Steinbrenner)와 마크 큐반(Mark Cuban) 같은 스포츠팀 소유주들은 자신이 고용한 스타플레이어들만큼이나 자주 뉴스에 오르내린다.

:: 더 바쁘게 더 오래 일하는 이유

왜 우리에게 일은 그토록 중요할까? 왜 우리는 자신의 직업을 사랑해야 할까? 왜 강한 근면성을 갖는 일이 그토록 중요할까? 직업에 대한 미국인의 코드를 발견하는 작업을 시작할 때 나는 매우 그럴듯하게 '다른 행성에서 온 외계인' 역할을 수행할 수 있었다. 나 스스로는 내가 하는 일에 대단한 열정을 품고 적극적으로 직업에 임했지만, 한편으론 프랑스적인 태도를 받아들인 사람들 틈에서 성장했기 때문이었다. 나는 미국인들이 직업에 대해 (다른 나라 사람들의 생각과는) 전혀 다르게 접근하고 있다는 사실을 이미 알고 있었지만, 그들이 직업을 어떻게 각인했는지, 무의식적인 차원에서 직업은 그들에게 어떤 의미가 있는지를 구체적으로 알고 싶었다.

각인 발견 작업 첫번째 시간에 나눈 대화 내용은 매우 다양했다.

자신의 직업에 대해 신이 나서 낙관적으로 이야기하는 사람들도 있었고, 긴 근무시간과 적은 급료와 까다로운 기업주에 대해 불평하는 사람들도 있었다. 그리고 모두가 일은 마지못해 하는 것이라는 데는 의견이 일치했지만, 의무에 관한 태도는 제각기 달랐다. 그러나 세번째 시간에 이르러 참가자들에게 직업에 관한 최초의 각인을 돌이켜 보도록 요청하자 명확한 유형이 하나 나타났다.

- 나는 10대 때 신문을 배달한 적이 있습니다. 눈이 내릴 때는 겁이 나기도 했지만, 대체로 그 일이 재미있었어요. 나는 수금하는 날을 좋아했는데 단지 팁이 생겨서만은 아니었습니다. 고객들과 대화를 나누고 그들과 친해지는 것이 좋았어요. — 45세의 남성

- 2주 전의 일이 가장 뚜렷하게 기억나는군요. 나는 캠프 지도자인데 우연히 비디오 가게에서 내가 지도하는 여자아이를 만났어요. 아이는 나를 보자마자 달려와 내 품에 안겼고 나를 자기 아빠에게 데리고 가서 소개했습니다. 아이가 "아빠, 우리를 가르쳐주시는 선생님이셔요."라고 말할 때는 마치 여왕이라도 소개하는 듯한 어조였어요. — 18세의 여성

- 나는 가족을 부양하기 위해 세 가지 일을 합니다. 쉴 새 없이 일만 하는 것이 내 의무인 것 같습니다. — 47세의 남성

- 성인이 되어 처음 취직했던 때가 생각나네요. 고등학교와 대학교 때 여름이면 아르바이트를 하기도 했지만 이번에는 전혀 달랐어요.

이것은 직업이었습니다. 동료들과 지내며 맡겨진 일을 하고 나의 미래를 설계하는 일이 좋았어요. 6개월 만에 승진을 하자 중요한 인물이 된 듯한 기분이 들었지요. — 32세의 여성

■ 나는 23년 동안 같은 회사에서 근무했습니다. 어느 날 큰 회사가 우리 회사를 인수하는 바람에 갑자기 실직자가 되었지요. 6개월 동안 새 직장을 구하려고 애를 썼지만 헛수고였습니다. 직장을 구하지 못하자 내가 할 일이라고는 아무것도 없는 것 같았습니다. 아내와 아이들에게는 그들만의 생활이 있었지만 나에겐 아무것도 없었어요. 나는 결국 전보다 급료가 적은 직장에 취직을 했습니다. 직장 분위기뿐만 아니라 내 기분도 전과 같지 않습니다. — 47세의 남성

■ 돈벌이로 처음 재즈 연주를 한 것이 내 인생을 바꿔놓았습니다. 그게 전부였어요. 나는 이미 성공해 있었습니다. 나는 직업 음악인이 되어 있었어요! — 29세의 남성

■ 직업에 관한 첫번째 기억은, 어머니가 노점을 차리려고 무거운 과일상자들을 힘들게 들고 가다 허리를 다친 것을 지켜본 일이었어요. 내가 보기에 어머니는 늘 고생했지만 한번도 불평한 적이 없었어요. 어머니도 오랜 시간 중노동을 해야 한다는 게 즐겁지는 않았겠지요. 하지만 손님들과 대화 나누기를 즐겼다는 걸 나는 알아요. 어머니를 모르는 사람이 없었지요. 어머니는 과일 노점상의 여왕이었어요. — 69세의 여성

이야기의 어조는 매우 다양했다. 자신의 직업에 만족하는 사람도 있었고 싫어하는 사람도 있었다. 또 활력에 넘치거나, 좌절감을 느끼거나, 진력이 난 사람도 있었다. 그러나 이야기의 흐름은 한 가지 방향을 향했다. 직업이 있으면 사람들과 친해지거나, 아이들에게 자극을 주거나, 가족을 부양하거나, 미래를 설계할 수 있는 기회를 얻게 된다. 직업이 있으면 여왕이 된 기분을 느낄 수도 있고, 중요한 인물이 되거나, 이미 성공한 듯한 기분을 느낄 수도 있다. 그리고 그 직업만이 전부인 것처럼 느낄 수도 있고, 실직을 하면 아무것도 할 일이 없는 듯한 기분이 들 수도 있다.

각인 발견 작업의 참가자들은 첫번째 시간에 이야기한 내용을 세 번째 시간에 전부 뒤집어버렸다. 미국인들에게 직업이란 단지 생계를 꾸리기 위해 의무적으로 해내야 하는 일이 아니다. 자신의 직업이 마음에 들지 않더라도 그 일에는 훨씬 강력한 차원, 즉 삶을 규정하는 차원이 있었다. 직업에 대한 미국인의 코드는 '정체성(WHO YOU ARE)'이다.

코드라는 새 안경을 쓰면 "직업이 무엇입니까?"라는 질문은 더 깊은 의미를 지니게 된다. 본질적으로 누군가에게 직업이 무엇이냐는 질문을 던질 때, 우리는 그가 어떤 사람인가를 묻는 것이다. 미국인들은 사람이 직업을 통해 하는 일이 곧 그 사람임을 굳게 믿고 있다. 실직한 사람들은 왜 자주 우울증에 빠질까? 청구서를 지불할 방법이 없어서일까? 그것도 하나의 분명한 이유일 것이다. 그러나 더 깊은 차원에서 보면 '할일'이 아무것도 없으면 자신의 존재 역시 아무것도 아니라고 생각하기 때문이란 걸 알 수 있다.

:: 자신의 직업에서 정체성을 찾다

직업이 의미하는 바가 '정체성'이라면, 미국인이 직업에서 그토록 많은 의미를 찾는 것은 당연한 일이다. 자신의 직업을 무의미하게 느낀다면 '정체성'도 무의미해진다. 그러나 자신의 직업에 고무되어 있다면, 그리고 자신의 직업이 진정한 가치가 있는 일이며 그 직업을 통해 스스로 무엇인가 가치 있는 일을 하고 있다고 믿는다면, 그런 믿음은 자신의 정체성을 좀더 분명하게 느끼도록 해준다. 그리고 이것은 경영자들이 직원들에게 지속적으로 만족감을 주고 동기를 부여해야 하는 가장 중요한 이유가 되기도 한다. 자신의 정체성에 대해 부정적인 사람들로 운영되는 회사는 제대로 발전할 수 없기 때문이다.

리츠칼튼은 직원들로 하여금 자신에 대한 긍정적인 정체성을 갖도록 하는 데에 탁월하다. 이 회사는 직원들을 가리켜 '신사숙녀를 섬기는 신사숙녀'라고 칭한다. 리츠칼튼의 목표는 고객들에게 일생 최고의 호텔 서비스를 경험하게 하는 것이고, 직원들의 사명은 그런 경험을 제공하는 것이다. 리츠칼튼의 경영자들은 고객들에게 세련된 문화를 제공하려면 직원들에게도 동일한 문화를 제공해야 한다는 점을 잘 알고 있다. 그들은 직원들을 제대로 대우하고 강한 권한의식을 갖게 한다. 청소가 제대로 되어 있지 않다는 이유로 불평을 표출하는 고객이 있다면, 그 객실의 청소를 담당한 직원이 스스로의 판단에 따라 그 고객에게 무료식사권이나 무료숙박권을 제공함으로써 문제를 해결할 수 있다. 이렇게 일선의 직원들에게 큰 권한을 부여하는 정책은 자신의 일에 대한 적극적인 동기를 부여하는 것은 물론이고 자신이 회사의 일부분이라는 믿음을 갖게 해준다.

리츠칼튼 경영진의 또 다른 접근 방법 중 하나는 "고객은 항상 옳다."라는 표어로 직원들에게 부담을 주지 않는 것이다. 이러한 지침을 따르는 것이 얼마나 굴욕적일 수 있는지를 잘 아는 리츠칼튼의 회장은 직원들에게 만약 다루기 어려운 고객이 있을 경우, 자신이나 다른 경영자에게 알리면 처리해주겠다고 말한다. 이러한 접근 방법도 직원들의 정체성을 긍정적으로 강화시킨다. 자신이 신사숙녀로 대우받을 때 고객을 '신사숙녀'처럼 대하기가 훨씬 수월해진다. 리츠칼튼의 직원들은 회사에 대한 충성심뿐만 아니라 자신의 일에 대한 자부심 또한 대단히 강하다.

노사관계는 직업에 관한 그 나라 사람들의 태도를 반영한다. 프랑스에서는 직업에 대한 욕구가 쾌락 추구에 대한 욕구보다 우선순위가 낮다. 프랑스인들은 직업이 즐거움을 주지 않을 경우 차라리 실직을 선택한다. 제라드 블리츠(Gerard Blitz)는 클럽메드(Club Med)를 설립할 때 직원 관리에 프랑스적인 접근 방법을 채택했다. 그가 시행한 첫번째 시도는 직책의 이름을 바꾸는 것이었다. 예컨대 클럽메드의 지배인은 '촌장(chief of village)'이 되었다. 그리고 그는 직원들이 손님들에게 직접 여흥을 제공하는 야간 쇼를 개설해 용기가 있는 직원은 누구나 무대에 오를 수 있게 했다. 클럽메드가 문호를 개방하자 그곳은 과감하고 모험을 좋아하는 독신자들이 자유롭게 드나드는 장소가 되었다. 이처럼 성적인 열기로 충만한 분위기에서 직원들은 마음껏 즐거움을 나눌 기회를 얻었다. 휴양지의 야영장 같은 분위기 덕분에 직원들은 즐겁게 일할 수 있었고, 덕분에 클럽메드는 다른 경쟁 회사보다 적은 급료를 주고도 별 탈이 없었다.

:: 자수성가한 억만장자를 찬양하다

미국인들은 직장에서 은퇴를 고분고분 받아들이는 법이 없다. 그들은 자신의 능력이 전과 다름없다고 굳게 믿는다. 억만장자는 자신의 정체성을 계속 확인하기 위해 여전히 일주일에 60시간씩 일을 하며, 최근에 승진한 중간관리자도 다음 승진이 눈에 보이기에 더욱 열심히 일한다. 미국인이 이토록 열심히 일하는 까닭은 무엇일까? 그것은 무의식적으로 직업과 정체성을 동일시할 뿐만 아니라 열심히 일해서 지위가 높아지면 더 나은 사람이 된다고 믿기 때문이다. 건강에 대한 미국인의 코드가 '활동'이고, 이것이 직업적인 건강에까지 연장된다는 사실을 명심하라. 그들은 30년 동안 똑같은 일을 하더라도 그 일이 지속적으로 새로운 도전의 기회를 준다면 만족한다. 계속 일하지 않으면 자신을 '판에 박힌 생활을 하거나', '아무런 목표도 없는' 사람으로 여기게 된다. 조립 라인에서 똑같은 일을 반복하거나 누군가 시키는 보잘것없는 일들만 해야 하는 상황에서조차 일을 하고 있다는 사실에 감격해하는 사람은 얼마든지 있다.

어떤 것이든 일단 일을 하고 있는 사람은 미래에서 기회를 찾을 수 있다. 맨해튼의 택시기사와 이야기를 나누어보라. 그들은 자신이 평생 택시기사를 할 거라고 생각하지 않는다. 더 좋은 직업을 얻기 위해 조만간 새로운 학교에 다닐 계획을 갖고 있다. 사우스캘리포니아의 웨이트리스는 어떨까. 그녀는 아마도 다음주에 영화배우 오디션을 보러 간다는 말을 들려줄지도 모른다. 택시기사는 택시에서 결코 벗어나지 못하고, 웨이트리스는 20년이 지나도 그날의 특별 메뉴를 외우고 있을지 모르지만, 그들은 무엇인가 더욱 매력적인 것을 향해 움직이고 있다. 이는 미국인의 직업에 대한 코드와 꼭 맞는다. 한편 활동하지 못하는 사람이나 자신의 퇴직을 별다른 불평 없이 받아들이는 사람은 자신의 삶을 비참하게 여길 것이다. 직업을 구할 가능성이 없는 상황이 그들의 정체성에 치명적인 타격을 준 것이다.

코드라는 새로운 안경을 쓰면 미국인이 크게 성공한 기업인들을 찬양하는 이유를 이해하게 된다. 사람들은 빌 게이츠가 차고에서 열심히 연구하고, 위대한 아이디어를 생각해내고, 결국 세계 최대의 부자가 되었다는 이야기를 좋아한다. 왜 그럴까? 그것은 자신도 빌 게이츠처럼 정체성을 발전시켜갈 수 있으리란 생각을 강화시켜주기 때문이다. 자수성가한 억만장자가 사람들에게 영감을 주는 이유는 그들의 이야기가 우리 모두 적성에 맞는 일을 찾아 열심히 일하기만 한다면 비범한 인물이 될 수 있음을 입증해주기 때문이다. 마찬가지로 《붉은 10월 *The Hunter for Red October*》의 작가인 톰 클랜시(Tom Clancy)와 그랜드마 모제스(Grandma Moses)도 우리에게 항상 위대한 인물이 될 수 있는 기회가 있음을 보여준다. 톰 클랜시는 중년의 보험외판원에서 최고의 인기 소설가가 되었으며, 그랜드마 모제스는 70대에 그림을 시작해서 전설적인 민속 화가가 되었다.

미국인은 틀에 박힌 일만 반복해서는 안 된다고 생각한다. 자신을 끊임없이 갱신해야 한다는 생각은 분명히 직업에 대한 코드에 부합한다. 자신의 직업이 더 이상 바람직한 정체성을 제공하지 않는다면, 새로운 일을 찾는 것이 타당할 뿐만 아니라 바람직하기도 하다. 미국인들이 기업가를 옹호하는 까닭은 그들이야말로 가장 적극적으로 정체성을 추구하는 사람들이기 때문이다. 그들은 누군가가 바람직한 인물상을 제시해주기를 기다리지 않고, 오히려 자신이 바람직하다고 믿는 인물이 되기 위해 과감하게 모험을 한다.

기업가들이 사람들에게 감화를 주는 것은 정체성 발전을 향한 길을 그들 스스로 정하기 때문이다. 사람들은 모두 직업을 통해서 어딘가를 지향하고 있고, 평생 같은 자리에 머물지는 않으리라 믿는다. 또한 대부분 이상적인 직업을 마음에 품고 있는데, 그것은 보통 현재의 처지에서 어느 정도 변화된 상태를 포함한다(좀더 큰 사무실, 좀더 많은 직원, 경영자가 되는 일, 부업이 필요 없는 상황 등).

어떤 누구도 자신의 인생은 다 '끝났고' 정체성 역시 나머지 생애 동안 계속 멈춰진 상태에 머물러 있으리라고 생각하지 않는다. 은퇴한 사람은 몇 주 지나 새로운 직업을 구하기도 하는데 돈을 버는 것만이 목적은 아니다. 앞에서 살펴본 바와 같이, 은퇴자가 새 직장을 찾는 이유 중 하나는 활동하지 않는 것이 두렵기 때문이다. 활동하지 않는다는 것은 미국인에게 죽음과도 같은 일이다. 그러나 그들이 선택하는 활동이 직업이라는 사실은 의미심장하다. 그들이 일하는 것은 수입이 필요하기 때문만이 아니다. 미국인은 정체성과 직업을 너무 밀접하게 연관시키고 있기 때문에 자신이 아직 살아 있음을 느끼기 위해서라도 계속 일을 해야 한다고 생각한다.

:: **직업에 대한 코드가 기업에 주는 교훈**

기업주의 관점에서 보면 직업에 대한 코드는 리츠칼튼의 경우처럼 노사관계를 최대한 활용할 수 있는 방법을 제시해준다. 직원들이 직업을 자신의 정체성과 연관시킨다는 사실을 이해하면, 경영자는 직원들의 사기를 계속 북돋아주는 일이 중요하다는 사실을 확실히 알게 된다. 회사를 개선하는 방법을 놓고 의견을 구하기 위해 정기적인 직원회의를 소집하는 것은 직업에 대한 코드와 잘 맞는다. 회사의 방향을 정하는 일에 직원들을 참여시키면 그들에게 강한 정체성을 부여하는 동시에 자신이 회사의 성공에 꼭 필요한 존재라는 느낌을 갖게 한다.

직원들에게 승진의 길을 알려주는 것도 이러한 코드와 잘 맞는다. 말단에서 시작해 차츰 책임이 더 무거운 자리로 올라가 관리직, 중간 관리직, 그리고 궁극적으로 최고경영자의 위치에 이르게 되는 길을 알 수 있다면, 직원들은 자신이 어디를 향하고 있는지 제대로 알 수 있게 됨으로써 정체성도 강화할 수 있다.

직원들의 승진 문제에 직업에 대한 코드를 적용시키는 경영자는, 승진을 통해 직원들이 얻는 금전적 보상보다 더 큰 보상을 얻을 수 있다. 승진에는 새로운 책임이 따라야 하고 특히 업무를 더욱 효율적으로 처리할 수 있는 새로운 도구들이 주어져야 한다(더 좋은 컴퓨터, 교재비 사용에 관한 권한, 고성능 기계의 운영 등). 이러한 변화는 업무를 효율적으로 처리할 수 있는 방법을 제공하는 것 외에, 자신의 정체성이 확장되고 있음을 직감하게 한다.

기업의 경영자들이 일반적으로 범하는 실수 중 하나는 직원들의 팀(예컨대 판매부나 마케팅부)을 실적이 함께 오르락내리락하는 동질적인 집단으로 보는 것이다. 팀 전체에 보상(단체 상여금이나 휴가여행)을 주는 것은 개인의 능력을 인정하지 못하는 것이기에 직업에 대한 코드와 맞지 않는다. 재즈 밴드를 한번 생각해보자. 재즈 밴드는 솔로 연주자들이 저마다 기량을 뽐낼 수 있도록 음악의 기본 구성을 정한다. 색소폰 연주자가 감동적인 솔로 연주를 할 때, 그는 밴드의 다른 연주자들(나중에 솔로 연주를 할 때 인정받을 기회가 온다)보다 개인적으로 인정(연주 뒤의 박수갈채)을 받는다. 한 직원의 훌륭한 실적에 대한 보상으로 팀 전체를 바하마로 여행을 보내면 최선을 다하려는 그 직원의 노력을 약화시킬 수 있다. 어쩌면 그는 앞으로 팀의 목표를 달성하는 데 도움이 될 만큼만 능력을 발휘하려 할지도 모른다. 그러나 개별적인 보상을 얻을 수 있다는 것을 알면 기대 이상으로 능력을 발휘하려고 애쓸 것이다. 승진과 보상 문제에 직업에 대한 코드를 적용시키는 경영자는 직원들의 열정과 능력이라는 커다란 선물을 받게 된다.

:: 돈 자체가 목적은 아니다

사람들에게 일하는 이유를 물어보면 대부분 "돈을 벌기 위해서"라고 대답할 것이다. 코드를 보면 이 말이 사실이 아님이 드러나지만 미국 문화에서 직업과 돈은 매우 밀접한 관계가 있다.

　돈에 대한 코드를 알면 미국을 이해할 수 있는 매우 강력한 도구를 얻게 된다. 일반적으로 사람들은 미국인이 오직 돈에만 관심이 있다고 생각한다. 이런 엄청난 오해가 바로 많은 사람들이 미국인의 진정한 동기를 이해하지 못하는 이유 중 하나다. 그러나 미국인들 스스로도 돈에 집착하고 있다고 느끼며, 이는 탐욕스러운 마음을 품고 있거나 정신의 향상보다 물질을 소중히 여기고 있음을 나타낸다고 생각한다. 하지만 이 또한 잘못된 생각이며 이러한 생각 때문에 마땅히 받아야 할 신뢰를 제대로 받지 못하고 있다.

미국에는 '조상으로부터 물려받은 재산'이 별로 없다. 미국의 부 가운데 대부분은 원래 그 부를 이룬 사람의 소유로 되어 있다. 미국 문화는 '자수성가한' 사람들로 가득하며, 부와 관련해서는 모든 사람이 동일한 출발선상에 놓여 있다고 말해도 과언이 아니다. 즉 모두가 가난뱅이로 출발한 셈이다.

미국인의 조상들은 무일푼으로 미국에 와서 자녀들을 위해 좀더 나은 생활을 일구겠다는 목표를 세웠다. 어떤 사람은 비상한 방법으로 금방 성공했지만, 어떤 사람은 다음 세대를 위해 상황을 조금 개선하는 정도로 그치기도 했다. 그럼에도 미국에서는 "무(無)에서 일구어냈다."라는 생각이 널리 퍼져 있다. 어떤 의미에서 보면 미국인은 세계에서 가장 가난한 국민이다. 막대한 돈을 축적한 사람들도 사고방식은 가난뱅이와 같기 때문이다. 그들은 계속 열심히 일하면서, 현금의 유출입에 신경을 곤두세우며, 지출을 줄이는 데에 몰두하고, 더 많은 돈을 벌기 위해 계속 애쓴다.

그 이유는 JP모건(J.P. Morgan)과 시티뱅크(Citibank)의 의뢰로 진행된 각인 발견 작업에서 드러났다. 세번째 시간에 나온 다음과 같은 이야기들에 귀를 기울여보자.

■ 세탁소를 개업했을 때 처음 받은 달러를 나는 아직 간직하고 있습니다. 그 돈을 액자에 넣어 세탁소 뒤편에 있는 내 사무실에 걸어두었지

요. 나는 아침마다 그 돈을 보면서 세탁소가 훌륭한 사업체임을 스스로에게 일깨웁니다. —62세의 남성

▪ 내가 10대였던 어느 봄에 아버지가 몸을 다치셨습니다. 아버지는 내게 대신 채소밭을 갈고 새로운 채소를 심으라고 했습니다. 밭을 가는 일은 내가 전에 했던 어떤 일보다 훨씬 힘이 들었고, 그래서 몇 번이나 집을 나갈 생각까지 했습니다. 그러나 아버지를 위해 그 일을 해야 한다는 걸 알았기에 일을 멈추지 않았습니다. 일이 끝나자 아버지가 20달러를 주셨는데, 그때만 해도 꽤 많은 액수였습니다. 나는 마침내 그렇게 갖고 싶었던 라디오를 샀습니다. 내가 힘들게 일해서 번 돈으로 산 물건이라 그 라디오를 오랫동안 간직했지요. —50대 남성

▪ 돈에 관한 첫번째 기억과 가장 뚜렷한 기억, 그리고 가장 최근의 기억은 내가 빈털터리라는 겁니다. 내가 버는 돈은 깡그리 빚을 갚는 데 들어갑니다. 몇 년 사이에 이런 상태가 되리라고는 전혀 상상도 못했어요. 어떻게 이 곤경에서 벗어나야 할지 캄캄합니다. —43세의 남성

▪ 집이 가난한 탓에 나는 대학에 들어가기 위해 많은 대출을 받아야 했습니다. 대학을 졸업하자 대출금이 너무 부담스러웠어요. 다행히 곧 좋은 직장에 취직이 되었고 몇 차례 고속으로 승진한 뒤에는 돈도 꽤 벌었지요. 돈을 벌어서 내가 맨 처음 한 일 중 하나는 대학교 때 빌린 대출금을 갚는 것이었어요. 나는 대출금을 갚고도 많은 돈이 남았다는 사실이 너무 흐뭇했습니다. —32세의 여성

■ 돈에 관한 가장 뚜렷한 기억은 처음으로 사장에게 가서 내 급료를 올려달라고 요구한 일이었습니다. 당시 월급으로도 나는 잘 지내고 있었고, 그렇게 많은 돈이 필요하지도 않았어요. 그러나 나는 사장을 위해 많은 돈을 벌어주고 있었으므로 더 많은 급료를 받을 자격이 있다고 생각했습니다. 사장은 처음에는 야단을 치다가 결국 내 요구를 들어주더군요. 사장이 급료를 올려줄 만큼 나를 인정한다는 사실을 알게 되니 기분이 좋았습니다. — 35세의 남성

■ 나는 오남매 중 막내였습니다. 언니와 오빠들은 모두 나보다 나이가 상당히 많았어요. 그래서 우리가 함께 외출하면 언니와 오빠들 중 하나가 내가 내야 할 비용을 대신 내주었습니다. 내가 돈이 별로 없어서 그랬지만 난 늘 기분이 조금 언짢았어요. 어느 날 저녁 가장 뚜렷하게 기억나는 일인데, 우리는 모두 이탈리아 식당에서 저녁을 먹으러 외출을 했습니다. 계산서가 나왔을 때 나는 식탁 너머로 손을 뻗어 계산서를 가로챘지요. 그러자 언니와 오빠들이 나를 말리더군요. 나는 직장에서 상여금을 조금 받았기 때문에 모두에게 한턱내고 싶다고 말했지요. 그러자 그들은 나를 몹시 자랑스러워했고 그 뒤로 가족들 속에서 내 위치가 조금 달라진 것 같았어요. — 30대 여성

■ 이 각인 발견 작업 전체가 내게는 힘이 들었습니다. 돈에 대해서는 별로 생각하고 싶지 않아요. 나는 청구서들 때문에 골머리를 앓고 있고 어떻게 다 갚아야 할지 눈앞이 캄캄합니다. 친구들 대부분이 나보다 돈이 많은데도 그들을 만나면 나는 허세를 부리며 그들 못지않게

많은 돈을 씁니다. 그들을 따라잡을 수 없다는 걸 나도 압니다. 이런 짓을 그만두지 않으면 난 끝장이 날 겁니다. — 24세의 남성

미국인에게 돈은 '물건을 구입하는 수단' 이상의 더 많은 것을 의미한다. 돈은 자신의 현재 상태를 보여주고, 가난한 조상에 비해 얼마나 큰 부자가 되어 있는지도 알려준다. 돈은 현재 하고 있는 사업이 '훌륭한 사업'이며 무엇인가를 얻기 위해 열심히 노력해왔다는 것, 자신의 짐을 스스로 질 수 있으며 사람들에게 인정받고 있다는 것, 그리고 자신이 다음 단계를 향해 올라가고 있다는 것을 일깨워준다. 그래서 돈이 없으면 궁지에 빠지거나 끝장이 날 듯한 기분에 사로잡힐지도 모른다.

미국 문화에는 큰 업적을 이룬 사람이 누구인지 알 수 있는 귀족 칭호가 없다. 그런 칭호가 없다면 비슷한 기능을 수행하는 무엇인가가 필요하다. 각인 발견 작업의 참가자들은 세번째 시간의 이야기들을 통해 그것이 바로 돈이라는 사실을 알려줬다. 돈에 대한 미국인의 코드는 '증거(PROOF)'다.

다른 문화에 속한 사람들, 그리고 심지어 미국인들조차 돈에 관한 미국인의 태도에 대해 이러쿵저러쿵 말하지만, 막상 돈에 대한 코드를 알게 되면 미국인에게 돈 자체가 목적이 아님을 알게 된다. 미국인은 자신이 훌륭한 사람이며 참된 가치를 갖고 있다는 사실을 과시하기 위해 돈에 의지한다. 그들은 아무리 큰 업적을 쌓아도 마거릿 대처(Margaret Thatcher)가 받았던 공로훈장이나 남작 작위를 받을 수 없다. 미국인에게 영예는 상대적이고 순간적이다. 그래서 되도록 많

은 돈을 벌어야만 자신의 업적을 입증할 수 있다.

돈은 성공의 척도다. 사람들은 급료를 적게 받는 것은 곧 성공하지 못했다는 것으로 받아들인다. 돈은 채점표다. 누군가가 여러분과 비슷한 일을 하면서 더 많은 돈을 벌고 있다면, 여러분은 무의식적으로 그가 더 나은 직업을 가지고 있다고 생각한다. 어떤 일을 해서 돈을 벌게 되면 그 일도 그 일을 한 사람도 인정을 받게 된다. 나는 최근에 어떤 사람과 대화를 나누었는데, 그는 오래전에 회사를 나와 직업작가가 되려고 애썼던 이야기를 들려주었다. 그는 2년 동안 수준 높은 작품을 썼지만 돈은 전혀 벌지 못했다. 그는 이렇게 말했다. "하루 열 시간씩 일을 했지만 난 실직자가 된 기분이었어요." 그러다가 출판사와 계약이 이루어지자 자신이 이룬 성과에 대한 그의 태도는 즉각 달라졌다. 갑자기 지난 2년의 세월에 대한 정당성을 인정받은 것이다. 출판사가 그에게 지불한 돈이 그 증거였다.

:: 공돈은 나를 증명해주지 못한다

미국인은 돈을 증거라고 믿기 때문에 돈과 직업이 매우 밀접한 관련이 있음을 안다. 열심히 일해서 번 돈은 칭찬할 만하고 훌륭한 사람이라는 증거다. 그러나 스스로 벌지 않고 돈을 물려받은 사람은 별로 존경하지 않는다. 미국인들은 모델이자 힐튼호텔의 상속녀인 패리스 힐튼(Paris Hilton)과 같은 인물에게 매력을 느낄지 모르지만, 그녀가 무엇인가를 입증했다고 여기지는 않는다. 그녀는 부자로 태어났고 유명해진 것도 전적으로 그녀의 재산 덕분이기 때문이다. 또한 윌리

미국인에게 돈은 성공의 척도다. 그들은 돈을 자신을 증명해주는 일종의 '증거'로 받아들인다. 결국 미국인들이 늘 바쁘게 끊임없이 일하는 것은 돈을 벌기 위해서가 아니라 자신의 재능과 노력을 인정받기 위해서이다.

엄 랜돌프 허스트(William Randolp Hearst)의 상속녀인 패티 허스트(Patty Hearst)가 어릴 때 곤경을 겪은 것은 재벌 상속녀로 성장했기 때문이라고 생각하며, 석유 재벌인 폴 게티(Paul Getty)의 자녀들이 계속 문제를 일으키는 것도 조상으로부터 많은 재산을 물려받은 결과라고 생각한다. 빌 게이츠가 영국 여왕보다 돈이 많다는 사실에 사람들이 즐거워하는 까닭은 그가 그 재산을 혼자 힘으로 이루어냈기 때문이다.

미국인은 가족의 재산만으로 살아가는 이들을 별로 존경하지 않지만, 물려받은 재산 위에 다시 스스로 상당한 업적을 이뤄낸 사람들에 대한 감정은 전혀 다르다. 로버트 우드 존슨(Robert Wood Johnson)은 열심히 노력해서 존슨앤드존슨(Johnson & Johnson)을 수익성 높은 새로운 차원의 기업으로 성장시켰다. 또 윌리엄 클레이 포드 2세(William Clay Ford Jr.) 역시 포드자동차(Ford Motor Company)를 크게 발전시켰다. 이들은 비록 다른 사람들에 비해 유리한 위치에서 출발했지만, 스스로 돈을 벌고 가족의 재산을 크게 늘림으로써 자신의 능력도 당당하게 입증해 보였다. 미국의 부유한 기업가들은 자신의 자녀들이 자수성가하기를 바란다고 말할 것이다. 그들은 물론 방법과 인맥은 제공하겠지만(그리고 그들은 이런 기회가 가져다주는 차이를 가볍게 여기겠지만), 자녀들에게 '무임 승차'를 시키지는 않을 것이다. 자손들에게 스스로 능력을 입증하게 하는 것은 확실히 직업에 대한 미국인의 코드와 맞는다.

미국인은 일을 열심히 할 뿐만 아니라 실제로 양화(良貨)와 악화(惡貨)라는 이분법적 사고방식에 지배되기도 한다. 내가 JP모건과 시티뱅크의 의뢰를 받아 진행한 각인 발견 작업에서 드러난 한 가지 사실은 미국인들이 이자소득과 자산소득을 '악화'로 여긴다는 점이다. 이자소득과 자산소득은 스스로 번 것이 아니기 때문이다. 자신이 직접 적극적으로 투자를 한 사람은 투자소득을 '벌었다'고 생각하지만, 단지 주식중개인의 조언에 따라 수동적인 투자를 한 사람들은 그렇게 여기지 않는다. 고객들에게 "우리에게 돈을 맡기십시오. 여러분을 대신해서 관리해드릴 것입니다."라고 선전하는 은행과 투자회사들은 돈에 대한 미국의 코드에 부합하지 못한다. 코드에 잘 부합하는 금융회사들은 자신들이 고객에게 재산 증식을 위한 수단을 제공하는 협력자임을 자처한다.

유럽의 여러 문화는 돈과 그 기능에 관한 견해가 다르다. 유럽 문화에서 막대한 재산을 모은 사람은 일정한 때가 되면 비즈니스를 접고 개인적인 생활로 돌아간다. 반면에 미국인들은 자신의 능력이 언제까지나 변함없다고 믿으며, 수십억 달러를 번 뒤에도 자신이 얼마나 유능한지를 입증하기 위해 수십억을 더 벌려고 한다.

미국에서는 아무리 가난하게 태어난 사람이라 하더라도 얼마든지 큰 부자가 되는 꿈을 꿀 수 있다. 하지만 유럽에서는 가난한 사람이 자신의 신분에서 벗어나기가 쉽지 않다. 몇 년 전 프랑스에서 출간된 《상속자 The Heirs》라는 책을 보더라도 프랑스에서는 의사의 자녀는 의사가 되고, 은행가의 자녀는 은행가가 되는 식으로 어떤 계급으로 편입되거나 벗어나는 일이 매우 어렵다는 것을 알 수 있다. 프랑스에서는 돈을 자신을 보여주는 증거의 한 형태가 아니라 그다지 유쾌하지 않은 무엇으로 여긴다.

:: 금전적 성공과 훌륭함은 같다

프랑스의 우아한 만찬회에서 오고가는 대화 주제는 대개 섹스다. 프랑스인들은 손님을 접대하면서 성교의 체위와 상대가 여럿인 성생활, 여성의 다양한 속옷을 주제로 대화하는 것을 당연하게 여긴다. 그러나 돈을 주제로 삼는 것은 천박하게 여기며, 누가 돈을 얼마나 많이 벌었는지 또는 어떤 물건을 얼마에 샀는지 따위를 묻는 것은 대단히 무례한 것으로 받아들인다. 물론 미국에서는 저녁식사 시간에 섹스를 대화의 주제로 삼는 것은 질겁하지만, 돈 이야기라면 밤새도록 해도 괜찮다. 이렇듯 코드가 다르면 행동도 달라지는 것이다.

미국인들은 돈을 종교로 여긴다는 말이 있다. 이 말은 흔히 비판적인 의미를 내포하고 있지만 부정적인 차원과는 상관없는 진실한 요소가 담겨 있기도 하다. 돈이란 훌륭함을 나타내는 증거다. 이는 직업적인 능력뿐만 아니라 인격도 훌륭하다는 뜻이다. 미국인은 훌륭함과 금전적인 성공은 연관성이 있으며, 속임수로 정상에 오른 사람은 결국 정신적인 면과 재정적인 면에서 모두 응분의 대가를 받는다고 굳게 믿고 있다. 이런 사고방식과 일치하는 것이 바로 자선과 기부에 관한 미국인들의 태도다. 세상을 떠날 때는 빈손으로 갈 수밖에 없다. 하늘나라에는 재산이나 돈을 지니고 갈 수 없으므로 미국인들은(곧 세상을 떠날 사람이 아니라도) 가난한 사람들에게 막대한 돈을 기부하곤 한다. 여러 가지 조사 결과를 보면 미국인들이 세계에서 가장 기부를 많이 하는 사람들임을 알 수 있다. 예컨대 근근이 살아가는 사람들도 남과 돈을 나누는 데는 너그럽다. 부자들은 마치 누가 가장 많은 기부를 하는지 경쟁이라도 하는 것처럼 보인다. 부자들의 너그러움은 가슴에서 우러나오는 것이겠지만, 미국 문화에서는 부자들이 갖게 되는 강한 의무감도 있다. 미국인은 누구든지 부를 많이 축적했다면 그것을 이웃들과 더 많이 나눠야 한다고 생각하며, 이를 위해 기부에 관한 법률제도가 완벽하게 갖춰져 있다.

코드라는 새 안경을 쓰고 보면 미국에서 돈을 다루는 태도에 대해 강력하면서도 깊이 있는 통찰력을 얻게 된다. 예를 들어 자신의 직원들에게 수익성을 역설하는 것은 미국의 코드와 맞지 않는다. 돈은 훌륭함의 증거이지 그 자체가 목적은 아니기 때문이다. 기업의 경영진은 직원들이 훌륭한 인물이 되어 회사를 튼튼하게 만들 수 있도록 격려해야 한다. 그러한 격려가 직업과 돈에 대한 코드와 부합하며 효과적으로 이루어질 경우 수익성과도 연결된다.

직업과 돈에 대한 두 가지 코드는 모두 또 하나의 놀라운 결론에 이른다. 즉 미국의 직원들에게 돈만 주는 것은 최악의 보상이 된다. 돈은 오래 지속되지 않고 결코 충분하지도 않다. 그렇다. 돈은 증거이며, 따라서 모든 보상 체계에 꼭 필요한 요소다. 그러나 코드와 가장 맞는 접근 방법은 돈을 포괄적인 지위 체계로 활용해 직원들에게 자신이 어떤 위치에 있는지 알려주는 것이다. 이를테면 승진이 이루어질 때마다 수입 곡선에 그 직원의 위치가 표시된 시각적인 도표를 제시해줘야 한다. 자신의 급료가 올라가는 각도는 성장의 강력한 상징이다. 그것은 시각적인 증거다. 승진과 동시에 어떤 구체적인 기념품이 주어지면 그 직원은 자신의 정체성이 강화되는 것을 실감하게 된다. 기념품이란 더 커진 새로운 사무실과 그 사무실의 장식품들이 될 것이다. 이런 유형의 상징물들은 돈보다 훨씬 오래간다. 하지만 금전적인 보상이 함께 따르지 않으면 별 의미가 없다.

:: 직업과 돈의 결합

직업과 돈에 대한 코드를 보면 미국인들은 직업과 돈을 밀접하게 연관시킨다는 사실을 알 수 있다. 직업에서 비롯되는 '정체성'은 돈이라는 '증거'와 뒤얽혀 있다. 미국인들은 노력 없이 생긴 돈은 의심스러워하고 거부하기도 한다. 예를 들면 복권 당첨으로 벼락부자가 된 사람을 별로 좋아하지 않는다. 미국인들이 벼락부자들의 돈을 '진짜' 돈으로 여기지 않는 까닭은 노력해서 번 것이 아니기 때문이다. 복권 당첨자는 운이 매우 좋았다는 사실밖에 아무것도 입증한 것이 없다. 복권 당첨자들 스스로도 이런 감정을 똑같이 느끼는 것처럼 보인다. 갑자기 생긴 재산으로 인해 그들은 별종의 인간이 된다. 그들은 진정한 부자들의 방법으로 재산가가 된 것이 아니기 때문에 부자들 틈에 끼지 못한다. 또한 더 이상 동료들과도 어울리지 못하게 된다. 이는 돈 때문에 처지가 달라졌기 때문이다. 사람들은 복권 당첨자의 이름을 하루만 지나면 잊어버리고 그들에 관한 소식을 다시는 듣지 못하게 된다.

그런데 흥미로운 사실은 사람들이 게임쇼 우승자는 달리 본다는 것이다. 물론 이것은 직업과 돈에 대한 코드와 잘 맞는다. 켄 제닝스(Ken Jennings)가 퀴즈쇼인 〈제퍼디!Jeopardy!〉에서 74회 연속 우승을 차지했을 때(그 과정에서 250만 달러를 벌었다), 그는 즉각 유명인사가 되었다. 그러나 복권 당첨자와는 달리 제닝스라는 별은 쉽게 지지 않았다. 그는 후원 계약과 연설 요청을 받았고 텔레비전 역사의 한 페이지를 장식했다. 켄 제닝스는 몇 달 동안 경쟁자들을 싸워 물리침으로써 돈을 벌었고 거듭 자신의 능력을 입증했기 때문이다.

켄 제닝스는 기회가 왔을 때 이를 최대한 활용해서 성공을 거두었다. 미국인들이 진정으로 원하는 바는 바로 이런 것이다. 우리는 복권에 당첨되어 생존 경쟁에서 벗어나는 꿈을 꿀 수도 있다. 그러나 이는 직업과 돈에 대한 코드를 통해 볼 때 우리가 진정으로 원하는 바가 아니다. 우리가 진실로 원하는 것은 직업을 통해 정체성을 확인하는 것이며, 또한 스스로의 능력을 입증함으로써 성공에 대한 구체적인 증거를 얻는 것이다.

―― Chapter 07 ――

품질과 완벽함에 대한 코드

단 지 작 동 하 면 된 다

앞에서 이미 설명했듯이 문화는 우리가 태어날 때 물려받는 생존 도구다. 미국의 문화가 현재의 상태에 이르게 된 것은(그리고 매우 천천히 변해가는 까닭은) 그것이 미국인들의 살아가는 조건에 가장 적합하기 때문이다. 따라서 무엇을 하든 컬처 코드와 근본적으로 대립하는 변화를 시도하는 것은 실패하기 마련이다. 1980년대 말에서 1990년대 초에 일본 기업의 품질관리법을 벤치마킹하려 했던 미국 기업들의 시도가 좋은 사례다. 이 실패는 오늘날 우리의 비즈니스 방식에 관한 중요한 교훈을 던져주고 있다.

당시 미국 경제는 침체기를 겪고 있었던 반면 일본 경제는 탄탄한 성장가도를 달리고 있었다. 많은 미국 기업들은 비틀거리고 있는 자신들과 달리 지속적으로 성장하고 있는 일본 기업들의 노하우가 궁금했다. 그리고 그 해답이 품질에 있다고 믿었다. 일본 기업들이 무결점운동과 지속적인 품질 개선에 전념한 덕분에 자동차와 컴퓨터, 가정용 전자제품, 전기제품, 그 밖에 여러 주요 소비재 시장에서 최고가 되었다는 것이다. 일본 제품은 값도 싸고 품질도 좋아서 거의 대적할 수가 없었다. 미국 소비자들이 전례 없이 높은 비율로 일본 제품을 구입하는 바람에 일본 경제는 성장하고 미국 경제는 더욱 침체되었다. 이에 많은 미국 기업들이 미국 시장에서 일본 기업과 경쟁하려면(세계 무대에서 경쟁하는 것은 말할 것도 없고), 일본 기업의 품질관리법을 배워야만 한다는 결론을 내렸다.

하지만 이러한 시도는 실패했다. 현재 미국의 품질 수준은 1980년대보다 크게 나아지지 않았다. 많은 기업들이 품질관리법을 개선하기 위해 수십억 달러를 지출했는데도 불구하고 말이다. 왜 그랬을까? 그 답은 바로 코드에 있다.

:: 멈추지 않고 계속 움직이는 것

1980년대 말 AT&T(American Telephone & Telegraph Co.)가 품질에 대한 미국인의 코드를 발견하는 작업을 의뢰해왔다. 미국의 많은 거대 기업처럼 AT&T도 일본 기업이 품질관리에 관한 한 최고라고 생각하고, 미국 기업이 따라잡지 못하는 것에 조바심을 냈다. 이 회사는 품질에 대한 코드를 이용해 5,000명의 관리자를 훈련하고, 그 성과를 미국품질재단과 공유했으며, 마릴린 주커먼(Marilyn Zuckerman)과 루이스 하탈라(Lewis Hatala)의 집필로 《위대한 미국인Incredibly American》이라는 책까지 펴냈다.

항상 그렇듯이 품질에 대한 코드도 각인 발견 작업에 참가한 사람들의 이야기를 통해 밝혀졌다. 몇 가지 사례를 보면 다음과 같다.

- 품질에 관한 첫번째 기억은 내가 어릴 때 우리 집에서 처음 구입한

리모컨 텔레비전이었습니다. 리모컨을 작동시키려면 일정한 장소에 앉아 있어야 했지만, 채널을 바꾸기 위해 일어날 필요가 없다는 게 너무 신기했지요. —40대 남성

■ 내 기억으로 품질에 대해 처음 알게 된 것은 내가 즐겨 사용하던 게임기의 부저가 망가졌을 때였습니다. 나는 어머니에게 계속 떼를 쓰며 울었고, 어머니는 어떤 물건이든 일정한 시간이 지나면 망가지게 마련이므로 게임기도 더 오래가기를 기대해서는 안 된다고 하면서 나를 달래려 애를 쓰셨지요. 그때 어머니의 말은 별로 위안이 되지 않았지만, 요즘은 그 말이 무슨 의미인지 압니다. —39세의 남성

■ 내가 어릴 때 멋진 시계 라디오가 있었습니다. 라디오의 수신 상태는 들쭉날쭉했지만, 자명종은 항상 제대로 작동했지요. 그 덕분에 나는 늦잠을 자다가 학교 수업을 빼먹은 적이 한번도 없었습니다. 지금 생각해보면 별로 좋아할 일이 아니었던 것 같아요. 지금이라면 아마 어머니에게 성능이 나쁜 시계 라디오를 사달라고 했을 거예요. —36세의 여성

■ 나는 품질에 관한 뚜렷한 기억이 하나도 없어요. 품질이 엉망이었던 기억만 남아 있지요. 예를 들면 부모님이 내 열여덟번째 생일 선물로 사주신 노트북 컴퓨터가 그랬죠. 그 고물단지가 갑자기 먹통이 되어 내가 작성한 리포트를 날려버린 경험이 몇 번인지 몰라요. 그렇다고 부모님에게 불평하고 싶지 않았어요. 그 노트북 컴퓨터를 살 때 많

은 돈이 들었다는 걸 아니까요. 하지만 그 노트북 컴퓨터는 제구실을 못했어요. —19세의 여성

■ 내가 몰던 1964년형 포드 임팔라(Ford Impala)는 품질이 좋은 차였습니다. 임팔라는 불후의 명차였지요! 그다지 호화로운 자동차는 아니었고, 연비에 대해서도 생각하고 싶지 않습니다(그 당시 연비는 별로 중요하지 않았습니다). 하지만 분명히 누군가가 아직도 내가 아끼던 그 차를 몰고 다닐 겁니다. —52세의 남성

■ 품질에 관한 이야기가 아니라, 아내의 요구로 새로 구입한 1,000달러짜리 접시 닦는 기계에 관한 이야기를 하겠습니다. 이 기계는 매일같이 고장이 납니다. 이미 수리공을 세 번이나 불렀어요. 보증기간이 지났다면 벌써 쓰레기장에 내다버렸을 겁니다. —54세의 남성

■ 우리 어머니는 훌륭한 분이었어요. 이런 대답이 질문의 의도와는 거리가 멀다는 걸 나도 알아요. 하지만 내 기억 속에 가장 뚜렷하게 남아 있는 것은 바로 우리 어머니예요. 어머니는 아무리 기분이 언짢아도, 아무리 몸이 아파도 우리를 위해 항상 그 자리에 계셨어요. 나는 일생 동안 품질과 관련해 어머니보다 더 훌륭한 사례를 한번도 보지 못했습니다. —61세의 여성

미국인은 일본인과 전혀 다른 방식으로 품질이라는 개념을 각인한다는 사실이 밝혀졌다. 실제로 미국인의 경우 품질에 관한 최초의 각

인은 대체로 부정적이다. 무엇인가가 제 기능을 발휘하지 못할 때 각인이 이루어지는 것이다. 게임기가 망가지고, 컴퓨터가 먹통이 되고, 접시 닦는 기계가 자주 고장나는 바람에 수리공이 뻔질나게 들락거릴 때다. 품질에 관한 미국인의 긍정적인 각인은 화려한 디자인이나 탁월한 성능보다 기본적인 기능에 한정되어 있다. 리모컨은 장소의 제약은 있지만 적어도 채널을 바꿀 수 있다. 시계 라디오는 라디오의 기능은 썩 훌륭하지 않지만 시간은 정확하게 알려준다. 그리고 자동차는 사치스러운 장식은 없지만 계속 굴러간다.

품질에 관한 각인 발견 작업 과정에서 나온 이러한 이야기들과 그 밖의 다양한 이야기들을 보면 미국인이 생각하는 품질의 의미는 일본인과 다르며 차원이 더 낮다는 사실을 알 수 있다. 품질에 대한 미국인의 코드는 '작동한다(IT WORKS)'이다.

이런 기준은 '무결점'과는 조금 거리가 있다. 따라서 자연히 이런 질문을 하게 된다. "품질이 단지 기능을 뜻한다면, 완벽함이란 무엇을 의미할까?" 완벽함에 관한 각인 발견 작업에서 나온 이야기들에 담긴 메시지도 다음과 같이 단정적이었다.

- 완벽함에 관해서는 기억나는 게 없어요. 누구나 마찬가지가 아닐까요? 내가 보기에 완벽함은 이 세상에 속한 것이 아닙니다. —57세의 여성

- 내 일생에 완벽한 것은 여섯 살 난 내 딸뿐입니다. 완벽한 것이 또 있다는 생각은 도저히 할 수가 없어요. 완벽함은 실재하지 않아요.
—37세의 여성

■ 내가 완벽하다고 생각한 것은 모두 결국 나를 실망시켰습니다. 제품이든 사람이든 다 마찬가지였습니다. 아마 다른 세계에서는 완벽한 것이 이 세계에서는 그렇지 않은가봅니다. — 48세의 남성

■ 나는 평생 완벽한 것을 만나본 적이 한번도 없어요. 완벽한 것을 만나고 싶은 생각도 없습니다. 무엇인가 완벽한 것이 있다면 그 이상 발전할 수 없을 테니까요. 나는 완벽함이라는 생각 자체를 좋아하지 않아요. — 26세의 여성

■ 친한 친구 한 명이 어느 날 저녁 볼링을 치다가 퍼펙트 게임(perfect game)을 한 적이 있었습니다. 우리는 그 친구에게 맥주를 사고 큰 축하파티를 열어주었지요. 정말 신나는 일이었습니다. 그 다음에 다시 우리가 볼링을 치러 갔을 때 그 친구는 143점인가를 쳤어요. 황당했지요. 그렇게 쉽게 무너지는 것이 퍼펙트 게임이라면 도대체 완벽함이란 무엇일까 궁금했습니다. — 55세의 남성

"이 세상에 속하지 않은"이라든가, "실재하지 않는"이라든가, "이 세계에서는 그렇지 않은"과 같은 구절들을 보면 참가자들은 완벽함을 무엇인가 추상적이고 불완전한 것, 막연하고 바람직하지 못한 것으로 규정하고 있었다. 실제로 완벽함의 추구는 사람들이 대부분 피하고 싶어하는 것처럼 보였다. 사람들은 완벽함은 한 과정의 끝이며 그 뒤에는 더 이상의 발전이 있을 수 없다고 생각하는 듯했다. 완벽함에 대한 미국인의 코드는 '죽음(DEATH)'이다.

:: **실패에서 배우고 더 강해진다**

품질과 완벽함에 대한 코드를 알면 일본의 품질관리법을 벤치마킹하려 했던 미국의 시도가 왜 실패로 돌아갔는지를 이해할 수 있을 것이다. 미국인들은 대뇌피질 수준에서는 "처음부터 잘해낸다."는 생각을 이해하지만 속으로는 그럴 마음이 없으며, 오히려 그러기를 두려워한다. 여기에는 문화적인 이유가 이중으로 겹쳐 있는 것처럼 보인다. 하나는 미국의 문화가 청년기적 문화이기 때문이다. 미국인은 남에게 지시를 받거나 그들의 기준을 강요받는 것을 싫어한다. 자신의 방법으로 사물을 발견하고 일하는 법을 배우려 한다. 그러나 더 깊은 이유는 미국인들을 처음 이 나라에 오게 한 개척자 정신에 있다. 신세계에 도착했을 때 미국인들에게는 상황에 대처하는 법을 가르쳐주는 안내서가 없었다. 모든 것을 스스로 배워야 했고, 그들이 할 수 있는 유일한 방법, 즉 시행착오를 통해 배워나갔다. 시행착오를 통해 얻은 지식으로 그들은 살아남을 수 있었을 뿐만 아니라 크게 성공해 강대국으로 성장할 수 있었다. 그리고 바닥에서 일어나 두 번, 세 번 더 나은 성공을 거둘 수 있는 능력에 대해 보상을 받았다.

도전하고, 실패하고, 실수를 통해 배우고, 그리고 더욱 강해져서 돌아오는 것이 미국인의 본질이다. 미국은 초강대국의 시기(제2차 세계대전과 그 후의 시기처럼)와 잠자는 거인의 시기(인터넷 혁명 이전인 1980년대 말에서 1990년대 초의 시기처럼) 사이를 오락가락한다. 유럽의 전문가들은 지금까지 미국의 몰락을 얼마나 자주 예언해왔는가? 미국이 '잠들' 때마다 그들은 미국이 이제 한물갔다고 떠들어댄다. 이는 미국 문화에 관한 근본적인 오해를 보여준다. 실패와 휴식기는 미국의 일부이며, 실패를 통해 미국은 더욱 강대해진다. 미국이 가는 길에는 높은 산과 낮은 골짜기들이 끝없이 이어져 있지만 산은 항상 더 높아진다.

최근에 억만장자 투자가인 커크 커코리언(Kirk Kerkorian)이 막대한 양의 제너럴 모터스 주식을 사들였다. 이 회사의 저조한 실적을 감안하면 그것은 정신나간 짓이 분명하다. 커코리언은 제너럴 모터스는 실제로 잠자는 거인이므로 앞으로 자체의 문제점들을 해결할 뿐만 아니라 원래의 위치로 다시 돌아와 시장을 주도하게 될 것이라고 장담한다. 그는 기업의 순환에 돈을 걸고 있는 것이며, 그의 투자 전력을 감안하면 자신의 행동을 잘 알고 있음이 분명하다. 최근의 뉴스와 세계 여론으로 보면 미국 문화가 총체적으로 침체 상태에 있다고 말할 수도 있다. 경기는 침체되고, 외교 정책은 우왕좌왕하며, 많은 정부기관들이 기본적인 서비스를 제공하지 못하고 있다. 하지만 이러한 침체 상태가 영원한 몰락을 의미한다고 믿는 사람은 더 큰 그림을 주목하지 못하고 있는 것이다.

미국은 영토가 너무 광대하고 인구도 적었다. 그래서 미국인은 토지를 마음대로 처분하는 데 익숙해져 있다. 농사짓는 땅이 충분한 소출을 내지 않으면 새 땅을 개척했으며, 환경이 척박하면 다른 곳으로 이사했다. 집을 수리할 필요도 없었다. 새로 더 좋은 집을 짓는 것이 훨씬 쉬웠기 때문이다.

이는 다른 많은 문화들이 터득한 생존 방식과는 근본적으로 다르다. 일본을 예로 들어보자. 미국의 영토가 605만 평방킬로미터인 데 비해 일본은 23만 5,000평방킬로미터에 지나지 않는다. 일본에는 광대한 미개척지가 없다. 일본인은 싫증이 나도 집이나 소유지를 '처분할' 수 없다. 그들은 토지를 가장 효율적으로 이용하고 되도록 높은 생산성을 유지해야 한다. 게다가 좁은 공간에서 너무 많은 사람이 살고 있기 때문에(일본의 인구는 약 1억 2,500만 명으로, 미국 영토의 4퍼센트에 지나지 않는 공간에 미국의 43퍼센트에 이르는 인구가 산다) 효율성이 가장 중요하다. 일본에서는 제품이나 과정을 낭비할 여유가 없다. 실수를 하면 훨씬 비싼 대가를 치러야 한다. 품질은 필수이고 완벽함은 덤이다.

한편 미국인은 완벽함에 싫증을 낸다. 무엇인가 완벽한 것이 있으면 평생 그것에 붙잡히게 되는데, 이는 미국인에게는 대부분 어울리지 않는다. 미국인은 3년마다 새 자동차를 원하고, 5년마다 새 텔레비전을 구입하려 한다. 아이들이 생기면 새 집을 원하고, 아이들이 성장하면 또 새 집을 구입하려 한다. 미국에서 태어나서 성장한 열네 살짜리 우리 아들이 이런 미국인의 습성을 잘 보여주고 있다. 최근에 골동품을 사러 갈 때 아들을 데려간 적이 있다. 우리는 멋진 17세기 소파를 발견했고, 나는 아들에게 그 소파가 마음에 쏙 든다고 말했다. 그러자 아이가 비웃듯이 말했다. "저게 마음에 든다고요? 지금까지 얼마나 많은 엉덩이가 저 소파에 앉았겠어요? 새 소파를 사는 게 어때요?"

미국인들에게는 '완벽한' 자동차가 쓸모없을 것이다. 새 차로 바꿀 구실이 없어지기 때문이다. 대뇌피질 차원에서는 계획적 구식화(planned obsolescence : 많은 제조업체들이 사용하는 상투적인 수법으로, 비교적 짧은 기간 안에 교체할 필요가 생기도록 제품의 수명을 짧게 만드는 것―옮긴이 주)를 경멸하지만 이런 수법은 미국 문화의 코드와 잘 맞는다. 사람들은 물건이 빨리 구식이 되기를 바란다. 구식이 되면 새 것을 구입할 구실이 생기기 때문이다.

그러나 동시에 제품의 품질에 대한 미국인의 요구는 단순하고 명확하다. 즉 제품은 제대로 작동해야 한다는 것이다. 자동차 점화장치에 열쇠를 꽂아 돌릴 때 차가 시동이 걸려서 원하는 곳으로 데려다주기를 기대한다. 휴대전화기의 폴더를 열어 숫자 버튼을 눌렀을 때 통화가 되기를 기대하고, 연결이 갑자기 끊어지면 실망한다. 미국인에게는 제품의 화려한 기능은 필요 없지만(자동차는 기관학의 최고 걸작품이 될 필요가 없고 휴대전화기도 완벽한 음을 제공할 필요가 없다) 절대적인 것들은 제대로 작동해야 한다. 다른 문화에는 성능이나 디자인에 관한 더 높은 기준이 있는지 모르겠지만, 미국인들은 단순히 제품이 제대로 기능을 발휘하는지에 대해서만 확인한다. 이를 단적으로 드러내는 예로 버라이즌(Verizon)의 휴대전화기 광고 문구가 있다. 그것은 다름 아닌 "지금 내 말 들립니까?"이다.

이는 미국 문화의 또 다른 근본적인 요소와 직결된다. 건강에 대한 미국인의 코드가 '활동'임을 기억해보자. 미국은 활동가의 나라다. 삶은 본질적으로 활동이다. 제품이 제대로 작동해서 우리를 계속 활동할 수 있게 해주거나 활동을 방해하지 않으면 그것은 품질에 대한 코드와 잘 맞는다. 반대로 제품이 제대로 작동하지 않아서 우리의 활동에 방해가 되면 그것은 품질에 대한 코드와 맞지 않는다. 우리를 원하는 행선지로 데려다주는 자동차와 원하는 사람과 통화할 수 있게 해주는 휴대전화기는 코드에 부합하지만, 툭하면 정비소에 가서 시간을 끄는 자동차나 연결이 잘 되지 않는 휴대전화기는 코드에 부합하지 않는다.

예컨대 자동차의 컵홀더는 이러한 코드와 꼭 맞는다. 커피를 가지고 나갈 수 있게 해주는 간단한 장치이지만 얼마나 멋진 아이디어인가! 집에서 커피 마시는 시간을 10분 줄인다는 것은 밖에 나가 필요한 일을 하는 시간이 10분 늘어난다는 뜻이다. 폭스바겐은 최근에 제타(Jetta)라는 차에 냉장장치가 장착된 상자를 설치했는데, 이 또한 활동이라는 코드와 딱 들어맞는다. 이제 이 냉장 상자에 점심식사를 넣어두고 계속 활동할 수 있게 된 것이다.

:: 완벽함보다는 편리함을 요구한다

그렇다면 미국에서 상품과 서비스를 판매하는 회사의 입장에서는 품질에 대한 코드를 어떻게 받아들이고 활용해야 할까? 가장 중요한 메시지는 미국인은 기능성을 중시한다는 점이다. 그렇다고 해서 특수 기능을 좋아하는 것은 아니다. 미국인은 사진을 찍고, 음악을 들려주며, 텔레비전 동영상을 내려 받을 수 있게 해주는 휴대전화기보다 통화중에 제대로 작동하는 휴대전화기를 훨씬 더 좋아한다. 그리고 직장이나 슈퍼마켓, 축구 연습장에 안전하게 데려다주는 자동차를, 모퉁이를 부드럽게 돌거나 비를 감지하는 유리닦이가 장착된 자동차보다 훨씬 더 가치 있게 본다.

블랙베리(BlackBerry)의 PDA(휴대용개인정보단말기)는 이러한 코드에 부합하는 기능을 갖춘 좋은 예다. 이 회사의 주요 고객은 늘 분주

미국인이 어떤 제품에 기대하는 것은 완벽한 품질이 아니라 활동에 필요한 서비스를 제대로 제공받는 것이다. 바쁜 사람들을 위해 전자우편 도착알림 서비스를 제공하는 블랙베리의 PDA는 이러한 기대를 잘 반영하고 있는 제품이다.

한 생활을 하는 기업체 간부들인데 이들은 도로와 공항, 다른 사람의 사무실에서 많은 시간을 보낸다. 그들에게 전자우편 이용은 필수적이지만, 서버에 접속하고 무선 연결을 기다리는 데 많은 시간이 소모된다면 전자우편 이용이 귀찮아질 수 있다. 블랙베리는 이용자들에게 전자우편의 도착을 알려주는 방법으로 이 문제를 해결했다(이 회사 광고 문구 중 하나는 "여러분은 전자우편을 점검할 필요가 없습니다. 전자우편이 여러분을 점검합니다."이다). 즉 이용자는 전자우편이 도착했다는 연락이 오면 그때 접속하면 된다.

미국인은 완벽함과 죽음을 동일시하기 때문에 아무에게도 완벽한 제품을 기대하지 않는다. 그러면서도 제품에 문제가 생기면 즉시 해결되어 번거로움이 최소화되기를 기대한다. 그것은 품질에 대한 코드가 '작동하다'이기 때문이다. 미국인들은 완벽함(아무리 해도 그들이 믿지 않는)보다 훌륭한 서비스에 훨씬 더 민감하게 반응한다. 위기는 충성심을 만들어낼 훌륭한 기회다. 고객이 제품이나 서비스와 관련된 문제를 가지고 왔을 때 즉각 그 문제를 해결하고 고객의 불편을 최소화한다면 여러분은 그 고객의 마음을 사로잡게 될 것이다. 그러니까 고객에게 자신의 능력을 입증하는 셈이다.

역설적으로 말해 제품이 고장나지 않으면 고객과 이런 관계를 발전시킬 기회가 전혀 없게 된다. 고객이 새 제품을 구입하려 할 때(반드시 구입하겠지만) 여러분과 관계가 형성되어 있지 않으면 다른 곳에서 구입할 가능성이 높다. 결국 미국인에게는 최고의 품질보다는 최고의 서비스가 훨씬 중요한 것이다.

동료 중 하나가 최근에 컴팩(Compaq) 컴퓨터를 구입했다. 그 전에 사용하던 다른 회사 컴퓨터도 괜찮았지만 컴팩 제품은 가격에 비해 성능이 더 우수했다. 그런데 몇 주 만에 컴퓨터 성능에 심각한 문제가 발생했다. 당황한 동료는 컴팩의 기술지원센터에 전화를 걸었다. 그는 기술자의 도움을 받으려면 몇 시간 기다려야 된다고 생각했다. 그런데 5분 만에 기술자의 안내로 일련의 진단이 이루어지고 문제의 핵심이 발견되었다. 동료는 그러한 빠른 서비스에 감동했고 컴퓨터가 다시 작동되자 만족했다. 놀란 것은 몇 시간 뒤 기술자의 확인 전화를 받고서였다. 그 기술자는 컴퓨터가 다시 잘 작동이 되는지, 또 다른 질문 사항은 없는지 물었다. 전화를 끊은 뒤 동료는 컴팩의 열렬한 대변자가 되었다.

한국의 자동차회사인 현대자동차는 최고의 서비스로 저가제품의 가치를 극적으로 높일 수 있다는 사실을 잘 알고 있는 듯하다. 현대자동차가 직면한 문제는 경쟁이 치열한 저가자동차시장에 새 브랜드—미국 시장에서 성공한 실적이 없는 나라의—를 소개하는 일이었다. 긴급출동 서비스와 대체차량(loaner car : 수리하는 동안 빌려주는 자동차—옮긴이 주) 제공을 포함해 차 전체에 대한 10년간 무상수리보증제도를 도입할 때까지 현대자동차의 판매량은 바닥에서 벗어나지 못했다. 현대자동차의 메시지는 이런 내용처럼 보였다. "그렇습니다. 우리 자동차가 특별한 점이 없다는 것을 잘 알고 있습니다. 그러나 우리는 여러분의 자동차를 계속 달리게 할 것입니다." 이러한 메시지는 품질에 대한 미국인의 코드에 잘 부합했고, 대중의 마음속에 파고들었다. 이후에 현대자동차의 판매량이 극적으로 상승한 것은 당연한 일이다.

:: 아이디어는 문화에 맞아야 한다

미국의 대기업들은 1980년대 말에서 1990년대 초에 일본 기업의 품질 수준을 따라가려고 막대한 자금을 소비했다. 대뇌피질 수준에서는 이런 시도가 전적으로 타당하다. 품질이 높아지면 사업성도 더 개선되어야 한다. 그러나 결국 이 운동은 실패했다. 여러분은 앞으로도 미국 기업이 무결점이나 지속적인 개선을 강조하는 말을 듣지 못할 것이다. 그 운동은 미국 문화에 적합하지 않기 때문이다. 컬처 코드와 맞지 않은 것은 어떤 것이든 성공하지 못한다. 미국인은 품질을 중시하지 않는다. 제대로 작동하는 제품을 원한다. 완벽함을 믿지 않기 때문에 무결점이라는 생각은 환상이라고 본다. 일본인에게는 생존 도구의 필수적인 요소라 할 수 있는 사고방식이 미국의 코드와는 전혀 맞지 않는 것이다. 따라서 미국인이 그런 사고방식들을 거부하는 것은 자연스러운 일이다.

　미국인은 앞으로도 여전히 미국 문화와 양립할 수 없는 사고방식들에 동일하게 반응할 것이다. 네슬레가 일본인에게 전통차를 포기하고 커피를 마실 것을 어떤 방식으로 설득했고, 어떻게 실패했는가를 기억하자. 어떤 문화에 새로운 제품을 도입하려면 아이디어가 그 문화에 맞아야 한다. 이 점을 유의하지 않으면 성공하지 못한다.

Chapter 08

음식과 술에 대한 코드

많 을 수 록 좋 다

내가 처음 미국에 왔을 때 의아하게 생각한 것 중 하나는 양껏 먹을 수 있는 뷔페식 레스토랑이었다. 프랑스에서는 그런 뷔페를 경험해보지 못했고 유럽 어느 곳에서도 본 적이 없다. 그러나 미국에서는 어느 도시를 가도 많은 음식점들이 '양껏 먹고 9달러 99센트'라고 쓰인 표지판을 달고 있었다(그 가격이 1970년대에는 더 낮았지만 내 말 뜻은 이해가 될 것이다). 나는 이런 모습을 보고 어리둥절했다. 내 경험으로 볼 때 미국의 음식점들은 내가 먹을 수 있는 양보다 항상 더 많이 주었다. 그렇다면 왜 양껏 먹을 수 있게 해준다는 점을 그토록 강조하고 있는 것일까? 더욱 혼란스러웠던 점은 어느 뷔페에서 경험했던 일이다. 사람들이 접시에 갖가지 음식을 산더미처럼 담아서 순식간에 먹어치우고는 또 가지러 가는 게 아닌가.

사람들은 양껏 먹을 수 있는 9달러 99센트짜리 뷔페에 가면 왜 음식을 미친 듯이 퍼먹는 걸까? 패스트푸드는 왜 미국에서 사라지지 않는 것일까? '밖에 나가 술을 마시는 것'이 왜 미국에서는 일반적인 사교 행위가 되고 유럽에서는 비정상적인 행위가 될까? 항상 그랬듯이 해답은 역시 코드에 있다.

:: 배를 채우기 위해 먹는다

미국에서 저녁식사를 하는 것은 프랑스에서와는 전혀 다른 경험이다. 미국에서는 고급 식당에서도 사람들이 되도록 음식을 빨리 먹기를 원한다. 한편 프랑스인은 슬로푸드(slow-food)라는 개념을 창안했다. 그들은 요리를 빨리 만들 수 있어도 그렇게 하지 않는다. 우선 손님을 위해 분위기를 조성하고 앞으로 나올 음식에 대해 기대감을 갖게 하는 것이 중요하다고 믿기 때문이다. 미국에서는 여러 가지 다양한 음식—고기와 생선, 채소, 죽, 때로는 과일과 치즈까지—을 한 접시에 담는다. 그렇게 하는 것이 음식을 차리는 가장 효율적인 방법이기 때문이다. 프랑스에서는 음식 종류마다 각기 다른 접시들을 써서 음식 맛이 뒤섞이지 않게 하고, 손님이 준비된 요리들을 따로따로 즐길 수 있게 한다. 미국인들은 어떤 음식이든 풍부한 양을 좋아하며, 차려진 음식을 남김없이 먹는 것을 목표로 삼는다. 프랑스 음식은 1인분의 양이 매우 적은데도 저녁식사가 끝났을 때 접시나 포도주 잔이 비어 있으면 천박하게 여긴다. 미국인들은 식사가 끝나면 "배가 부르다."고 말하고 프랑스인들은 "맛있었다."고 말한다.

어떤 사람들은 미국인이 지닌 특징들 중 많은 부분을 비천한 태생에서 기인한 것으로 보기도 한다. 앞에서 말한 것처럼 미국인은 세계에서 가장 부유한 나라이지만 파충류 뇌의 수준에서는 자신들을 가난뱅이로 여긴다. 미국인들은 무일푼으로 출발해 부를 이루고 성공했으나 그날 벌어 그날 먹는 태도를 버리지 못한다. 음식에 대한 가난한 사람들의 반응은 전세계 어디를 가나 한결같다. 언제 또 먹을지 모르기 때문에 기회가 있을 때 양껏 먹어두는 것이다. 이런 태도는 포식동물과 흡사하다. 포식동물은 먹이를 잡았을 때 되도록 많은 양을 먹어둔다. 다음날 먹이를 또 잡게 될지 확실하지 않기 때문이다. 이러한 습관 때문에 미국인들은 음식을 양껏 먹으며, 그래야만 만족스러워한다. 누군가 엄청난 분량의 음식을 먹고 있을 때, 사람들은 가끔 "그는 진짜 저 음식을 모두 배에 집어넣을 수 있다."라고 말한다. 이는 비록 무의식적인 것이긴 하지만 그의 행동을 정확하게 꿰뚫어보고 하는 말이다. 그는 굶어죽지 않으려고 되도록 많은 음식을 저장하고 있는 것이다(굶어 죽을 가망성은 매우 희박하지만).

이러한 모습은 비천한 태생과 풍요의 추구가 뒤얽혀 있는 미국의 상황을 잘 보여주고 있다. 파충류 뇌의 차원에서는 다음날이 불확실하기 때문에 음식이 다 사라지기 전에 마구 먹게 된다. 대뇌피질은 우리에게 뷔페에서는 밤새도록 음식을 먹을 수 있다고 알려주지만, 파충류 뇌는 다음날을 운에 맡기는 법이 없다. 그리고 항상 그래 왔던 것처럼 양쪽 뇌 사이의 싸움에서는 파충류 뇌가 승리하게 마련이다.

다른 문화에도 굶주림과 기아가 있어왔지만, 많은 경우 '다 먹어 치우려는' 욕망을 완화시키는 다른 힘이 존재한다. 예컨대 이탈리아 문화는 귀족사회를 모범으로 삼기 때문에 그 영향을 강하게 받는다. 귀족이라면 결코 뷔페에서 음식을 게걸스럽게 먹지 않을 것이다. 귀족은 음식을 허겁지겁 먹는 일이 없으며 항상 조금씩 먹고 그 맛을 음미한다. 음식에 관한 이런 귀족적인 태도는 이탈리아 사회의 모든 계층에게로 조금씩 전파되어왔다. 지위에 상관없이 이탈리아인들은 음식에 관한 한 매우 세련된 감각을 갖추고 있으며, 과식하면 맛을 음미하는 능력이 파괴된다고 생각한다.

:: 음식은 안전한 섹스다

대뇌변연계의 차원에서 미국인은 음식을 사랑과 밀접하게 연관시킨다. 이는 어릴 때 어머니에게 안겨 젖을 먹던 기억에서 비롯된 것이 분명하다. 젖을 먹는 것은 어머니에게 안기고, 귀여움을 받고, 편안함을 느끼는 것과 연관된다. 우리가 자라면 어머니는 더 이상 같은 방법으로 젖을 먹이지 않지만(어머니는 자식들을 보면 항상 무엇을 좀 먹겠느냐고 묻지만), 음식에 따르는 포만감은 여전히 남아 있다. 미국에서 음식은 '안전한 섹스'다. 무의식적으로는 섹스를 부정적으로 생각하지만, 쾌락을 위해 몸에 음식을 집어넣는 것은 일반적으로 받아들일 수 있는 행위로 여긴다. 아마 이것이 수많은 사람들이 자주 폭식하는 이유일 것이다.

그러나 음식을 먹음으로써 얻는 쾌락은 활동에 대한 욕구, 즉 우리의 시간을 활동으로 채우려는 욕망에는 미치지 못한다. 미국은 분주한 나라이며 사람들은 음식을 먹느라 꾸물거릴 시간이 없다. 최근에 나온 한 보고서를 보면, 미국인이 일반적으로 저녁식사에 소비하는 시간은 '6분'이다. 빈둥거리는 것은 프랑스인과 같은 느림보들에게나 해당되는 행동이다. 허겁지겁 음식을 먹는 것은 미국 전 국민의 취미이며, 실제로 많은 사람들이 다음 약속 장소로 가는 길에 차 안에서(물론 컵홀더에 음료수를 준비해놓고) 음식을(패스트푸드 식당에서 산) 게걸스럽게 먹어치운다. 이러한 생활은 '안전한 섹스'와는 아무 상관이 없다.

지금까지 관찰한 결과로 보면 미국인은 유럽인과는 다른 방식으로 음식을 보며, 여전히 가난뱅이처럼 먹고, 음식을 안전한 섹스로 생각하고, 음식을 효율적으로 먹어야 한다고 생각한다. 이러한 결과들을 고려하면서 각인 발견 작업 세번째 시간에 나온 다음과 같은 이야기들을 살펴보자.

- 나는 일주일에 적어도 두 번은 가족을 위해 멋진 저녁식사를 마련하려 하지만, 우리는 그렇게 자주 자리를 함께하지는 못합니다. 가족들은 대개 연습이나 교습, 클럽활동 또는 야근을 하러 가는 길에 허겁지겁 음식을 먹지요. 나는 집에서 아이들에게 좋은 영양분을 제공하면서도 아이들이 빨리 배를 채울 수 있는 음식을 항상 준비해두려 합니다. —41세의 여성

- 음식에 관한 가장 최근의 기억은 한 거래처 부근에서 발견한 샌드위치 가게입니다. 그 가게에서는 내가 다음 약속 장소로 가는 동안 먹을 수 있도록 큼지막한 샌드위치를 만들어줍니다. 샌드위치가 너무 맛있어서 그 가게를 계속 찾게 됩니다. —50세의 남성

- 나는 건강에 관심이 많아서 내가 먹는 음식에 대해 몹시 까다롭지요. 지방과 탄수화물의 섭취를 제한하고 지방이 없는 살코기와 유기농 채소만 먹는답니다. 건강 유지에 도움이 되지 않는 음식은 먹을 필요가 없다고 봐요. 난 오래 살 작정이거든요. —27세의 여성

- 난 파스타를 좋아하지만 그걸 먹으면 항상 졸음이 옵니다. 점심에 단백질을 먹지 않으면 오후에 기운이 없다는 걸 얼마 전에 알았습니

다. 황제 다이어트가 유행할 때, 나는 세계에서 가장 훌륭한 방법이라고 생각했습니다. 매일 점심으로 베이컨 치즈버거를 먹었고, 그래서인지 정말 기운이 넘쳤지요. —34세의 남성

■ 음식에 관한 최초의 기억은 아버지가 처음으로 나를 데리고 맥도널드에 갔을 때였습니다. 난 정말 감자튀김에 반하고 말았지요. 이제 독립해서 살기 때문에 기회가 날 때마다 혼자서 감자튀김을 먹으러 맥도널드에 자주 갑니다. 감자튀김이 몸에 좋지 않다고 말하는 사람들이 있다는 걸 알지만, 감자튀김을 먹으면 기분이 그렇게 좋을 수가 없어요. 맥도널드 음식을 끊임없이 먹어대는 이야기를 영화로 만드는 친구가 있다더군요. 나도 맥도널드 음식을 끊임없이 먹을 수 있을 겁니다. —22세의 남성

■ 나는 멋진 요리들에 관한 기억이 있습니다. 하지만 솔직하게 말하면 대부분 내가 먹은 음식보다 함께 있던 사람들과 더 깊은 관련이 있지요. 내가 갔던 최고급 레스토랑에서 어떤 요리를 먹었는지는 말할 수 없지만, 어떤 대화를 나누었는지는 이야기할 수 있어요. 나한테 음식을 먹는 일은 전혀 중요하지 않습니다. 그래서 사람들은 가끔 내게 음식을 먹으라고 일깨워주기도 한답니다. 그러나 내가 음식을 먹는 것은 오로지 대화를 나누기 위해서지요. —33세의 여성

물론 모든 사람들이 이런 식으로 이야기하는 것은 아니다. 미국에는 요리광들, 즉 요리를 찬양하고 능숙한 요리 솜씨를 통해 쾌락을

느끼는 식도락가들의 문화도 있다. 미국에는 하루 24시간 방송하는 요리 전문 유선 텔레비전 방송도 있고, 매달 발행되는 요리 잡지가 수십 가지에 이르며, 전국 곳곳에는 고급 레스토랑들(일부는 세계 최고 수준이다)이 있다. 그러나 각인 발견 작업에서 나온 대다수 참가자들의 답변을 보면, 활기에 넘치는 식도락가들의 문화가 음식에 관한 일반적인 관점을 대표하고 있지는 않았다.

:: 패스트푸드 제국을 위한 변명

답변자들의 절대 다수가 이야기한 것은 미각의 쾌락이 아니라 음식의 '기능'이었다. 이를테면 "아이들이 빨리 배를 채울 수 있는 좋은 영양식"이라든가, "매일 점심으로 베이컨 치즈버거를 먹었고, 그래서인지 정말 기운이 넘쳤지요."라든가, "건강 유지에 도움이 되지 않는 음식은 먹을 필요가 없다고 봐요."라든가, "내가 음식을 먹는 것은 오로지 대화를 나누기 위해서지요."와 같은 구절들이었다.

음식의 맛과 감촉, 풍미에 대해 이야기한 사람이 한 명이라면, 쾌락보다는 단지 필요하기 때문에 음식을 먹고 배를 채우는 행위를 이야기한 사람은 스무 명이나 되었다. 이러한 답변들을 통해 뚜렷하게 드러난 메시지는 몸은 기계이며 음식의 기능은 그 기계를 계속 돌아가게 하는 데 있다는 것이었다. 음식에 대한 미국인의 코드는 '연료(FUEL)'다.

미국인들이 음식을 다 먹고 나서 "배가 찼다."고 말하는 까닭은 무의식적으로 음식 먹는 것을 연료 공급으로 생각하기 때문이다. 그들의 사명은 자신의 연료통을 가득 채우는 일이므로, 그 일이 완료되면 임무를 완수했다고 알리는 것이다. 흥미로운 점은 미국 어디에서나 고속도로에서 주유소와 음식점을 겸한 휴게실을 찾아볼 수 있다는 것이다. 만약 여러분이 주유기 앞에 차를 멈추고 종업원에게 연료통을 가득 채워달라고 하면 종업원이 "어느 연료통 말인가요?" 하고 물을지도 모른다.

미국인들은 자신의 몸을 기계로 본다. 기계에는 여러 기능이 있으며 그 기능들을 계속 가동시켜야 한다. 어떤 사람은 자신의 기계를 다른 기계(예를 들면 헬스클럽의 운동기구)에 부착시켜서 최상의 상태로 유지하려 한다. 그러나 사람들은 모두 기계를 가동시키려면 연료가 필요하다는 것을 안다.

흥미로운 사실은 미국인은 연료의 품질에는 별로 관심이 없어 보인다는 점이다. 건강에 관한 많은 경고가 있지만 미국인은 패스트푸드를 즐긴다. 에릭 슐로서(Eric Schlosser)는 자신의 저서인 《패스트푸드의 제국 *Fast Food Nation*》에서 이렇게 지적한다. "미국인들은 지금 고등교육이나 개인 컴퓨터, 소프트웨어 또는 새 자동차보다 패스트푸드에 더 많은 돈을 쓴다. 그리고 영화와 책, 잡지, 신문, 비디오, 음반 등을 전부 합친 것보다 패스트푸드에 쓰는 돈이 더 많다. 1970년대에 미국인들이 패스트푸드에 소비한 돈은 약 6억 달러였고, 작년에는 100억 달러가 넘었다."

맛이나 영양가에 관해 어떻게 느끼든 패스트푸드는 확실히 음식에 대한 미국인의 코드와 맞는다. 패스트푸드점은 사람들의 배를 빨리 채워준다. 음식을 기다릴 필요도 없고 연료가 채워지면 계속 다른 일

패스트푸드는 자신의 몸을 기계로 인식하고, 음식은 이 기계를 작동시키기 위한 연료로 인식하는 미국인에게 딱 맞는 음식이다. 미국인들은 맛이나 영양가와는 상관없이 빨리 배를 채우기만 하면 된다고 생각한다.

을 하러 갈 수 있다. 이런 점이 당장 모든 것을 가지려는 미국인의 청년기적 욕망뿐만 아니라 활동 욕구도 채워준다. 패스트푸드는 인간의 몸이라는 연료통에 넣기에 별로 좋은 연료가 아니라고 주장하는 사람들도 있다. 하지만 제조업체들이 고급 휘발유 사용을 권해도 자신의 차에 보통 휘발유를 넣는 사람들이 얼마나 많은가?

다른 여러 문화에서는 음식은 도구가 아니라 세련됨을 경험하는 수단이다. 프랑스에서는 음식을 먹는 목적이 쾌락이며, 가정에서 만든 음식도 손님들이 오랜 시간 감상하는 훌륭한 요리가 된다. 프랑스 레스토랑의 요리는 많은 연주자들(요리사와 웨이터, 포도주 담당자, 지배인)이 동시에 연주하는 예술성 높은 교향악이다. 실제로 프랑스인들은 훌륭한 요리사와 교향악단의 지휘자에게 모두 셰프(chef)라는 단어를 사용한다.

일본에서 요리를 마련하고 즐기는 것은 완벽함에 접근하는 수단이다. 스시 요리사들은 생선을 완벽한 솜씨로 저며야 뛰어난 맛과 씹히는 느낌을 준다는 사실을 알고 있기 때문에 칼 다루는 법을 혹독하게 연마한다. 일본인들은 최고의 스시 요리사를 장인─최고 수준의 예술가─으로 여긴다.

이미 설명했지만 코드와 맞지 않는 시도는 무익한 짓이다. 따라서 미국인들 대부분이 음식을 연료가 아닌 쾌락이나 완벽함으로 인식하리라고 믿는 것은 비현실적이다. 그렇다면 식품산업의 종사자들은 이를 어떤 의미로 받아들여야 할까?

미국에서는 품질보다 양으로 판매하는 것이 합리적이다. 양껏 먹을 수 있는 뷔페로 공략하는 것이 전적으로 올바른 전략이다. 뷔페는 즉시 먹을 수 있는 음식을 풍부하게 제공하기 때문이다. 많은 양을 강조하는 음식점은 손님이 끊이지 않고 계속 몰려들 것이다. 미국인들은 최고급 레스토랑에서도 푸짐한 양(외국인들이 놀랄 정도의 양)을 기대한다. 미국 레스토랑들이 소량의 음식을 정교하게 장식해서 내놓았던 누벨퀴진(nouvelle cuisine : 칼로리가 낮은 프랑스의 새로운 요리-옮긴이 주)의 초기 시절을 기억하는 사람이 있을지도 모르겠다. 당시 미국 시장은 그런 유행을 받아들이지 못했는데 그 이유는 코드와 맞지 않았기 때문이다. 요즘은 최고급 음식점에서도 엄청난 양의 음식을 내놓는데, 별 네 개짜리 레스토랑에서 손님들이 남은 음식을 싸들고 가는 진풍경이 벌어지기도 한다.

물론 속도를 파는 것도 대단히 적절한 전략이다. 슈퍼마켓 선반에는 바쁜 주부들이 5분 안에 전자오븐에 데워 식탁에 올릴 수 있는 포장식품들로 가득 차 있다. 음식을 준비하는 속도를 강조하는 것이 미국의 코드와 꼭 맞는 이유는, 서둘러 먹고 연료통을 가득 채워서 다시 일을 해야 하는 미국인의 요구와 일치하기 때문이다.

국제적인 패스트푸드 체인업체인 타코벨(Taco Bell)이 최근에 시작한 99센트짜리 음식에 관한 광고를 보면, 다양한 고객들이 나와서 만족한 표정으로 "아, 배부르다!" 하고 외친다. 이는 미국의 코드와 딱 맞는 광고다. 이 광고는 매우 적은 돈으로 연료통을 가득 채울 수 있다는(그리고 다 채운 뒤 큰 만족감을 얻을 수 있다는) 점을 확실하게 보여주었기 때문이다.

오스트리아의 강장음료회사인 레드불(Red Bull)은 제품 광고에 코드와 잘 부합하는 색다른 접근 방법을 취하고 있다. 레드불은 자신들이 만든 음료를 마시면 '날아갈 수 있다'고 선전한다. 광고는 만화 주인공들이 레드불 음료를 마시고 에너지를 충전하는 모습을 보여준다. 이 광고는 레드불 음료는 바쁜 생활을 활기차게 해주는 옥탄가가 높은 연료라는 메시지를 전하고 있다.

어떤 식품 브랜드는 코드와 훨씬 직접적으로 일치하는 방식으로 포지셔닝 전략을 구사한다. 동네 슈퍼마켓에 가면 단백질이 듬뿍 들어 있는 파워바(Power Bar)를 살 수 있으며, 천연 다이어트제인 얼티메이트 다이어트 퓨얼(Ultimate Diet Fuel)이나 요힘베 퓨얼(Yohimbe Fuel)이라는 건강식품도 살 수 있다. 그 밖에도 다양한 영양 보조 식품들이 진열되어 있다. '연료'라는 코드와 이보다 더 잘 맞아떨어지기도 어렵다.

이러한 코드는 식품산업에 종사하는 모든 기업에 절호의 기회를 제공해준다. 코드를 알면 음식을 몸이라는 기계를 가동시키는 연료로 보는 미국인의 인식을 효과적으로 이용하여 상품의 기획, 제작, 광고 전략을 구사할 수 있기 때문이다. 몸이라는 기계를 시간에 따라 여러 가지 목적으로 사용한다는 점과 여러 가지 영양소와 비타민이 특정한 기능을 수행하는 데 도움이 된다는 사실을 감안하면(정력에는 비타민 B, 두뇌 기능에는 건강한 지방, 긴장 완화에는 마그네슘 등), 어떤 식품을 특정한 활동을 위한 연료로 포장해서 시장에 내놓는 것은 코드에 확실히 부합한다고 할 수 있다. 예를 들면 하루를 시작할 수 있게 해주는 한 가지 처방이 담긴 시리얼, 스포츠 훈련에 앞서 먹을 수 있는 음식, 숙제를 하기 전에 간식으로 먹을 수 있는 식품 등으로 포장해서 광고할 수 있을 것이다.

:: 술은 취하기 위해 마신다

언제 어떻게 원형을 각인하느냐에 따라 그 원형의 힘과 의미는 달라진다. 미국과 프랑스 문화에서 술을 각인하는 시기는 각인의 작용을 파악하는 흥미로운 방식을 제공해준다.

이 책의 앞부분에서 다룬 것처럼, 프랑스인은 자녀에게 술을 많이 마시는 것을 허용하지 않지만 샴페인 잔에 과자를 담가 먹게 함으로써 어릴 때부터 술을 경험시킨다. 그들은 포도주가 음식의 맛을 돋운다는 사실과 알코올이 포도주 맛을 억제하므로 알코올 도수가 낮은 오래 숙성된 포도주가 가장 좋다는 사실을 자녀들에게 가르친다.

미국은 서구에서 모든 시민들에게 술 소비를 불법화한 바 있는 몇 안 되는 나라 중 하나다. 이처럼 강력한 금주의 역사를 경험한 미국인들은 대부분 자녀들이 10대에 이를 때까지 술을 철저하게 금한다. 그리고 자녀들에게 술은 무책임한 행동을 유발시킬 수 있는 마취제라고 가르친다.

어릴 때 술 마시는 것이 금지되고 "술은 몸에 나쁘다."는 사실밖에는 배운 것이 별로 없는 미국인들은 결국 반항기에 술을 각인하게 된다. 그들은 술을 마실 기회가 생기면(보통 미성년일 때가 많은데, 자신이 어떤 금기를 깨고 있다는 기분에 들뜨게 된다), 술이 주는 쾌감이나 신비로움, 음식 맛을 돋우는 역할 따위는 전혀 모른 채 취하는 성질이 있다는 사실만 발견하게 된다. 그들에게 술의 맛은 중요하지 않다. 중요한 것은 취하게 하는 기능을 가지고 있다는 점뿐이다. 게다가 부모가 술 마시는 것을 원하지 않기 때문에, 그들이 술에 취하는 것은 곧 반항을 의미하기도 한다.

술에 취하는 것은 미국인들에게는 전혀 유별난 일이 아니다. 그러나 "술에 취하기 위해 밖에 나간다."는 말은 본질적으로 미국적이다. 확실한 점은 어떤 문화에서든 사람들은 다양한 형태로 술에 취하려 하지만, 유난히 근면하고 활동을 좋아하는 미국에서만 그토록 많은 사람들이 취하기 위해 술을 마신다는 말을 노골적으로 한다는 사실이다. 술에 취하는 일은 미국의 많은 10대들과 대학생들의 으뜸가는 취미처럼 보인다. 그들은 파티나 나이트클럽에 가기 위해서가 아니라, 친구들과 저녁시간을 함께 보내기 위해서가 아니라 술을 마시고 취하기 위해 밖으로 나간다. 미국인들의 독창력은 가장 효율적으로 술에 취할 수 있는 방법을 고안해내기도 했다. 맥주 두 통을 한꺼번에 마시기 위해 모자 속에 모두 쏟아서 빨대로 빨아 마시는 방법이 바로 그것이다.

:: 술과 권총, 무엇이 더 위험할까

그렇다면 술에 대한 코드도 술에 취하는 일처럼 효율적일까? 술에 대한 코드는 술에 취하는 일처럼 노골적이지 않다. 시그램(Seagram), 잭 다니엘스(Jack Daniel's), 갈로(Gallo)가 각인 발견 작업을 의뢰해 왔을 때 나는 참가자들의 이야기들을 듣고, 최초의 각인이 다음과 같이 매우 다양하다는 사실을 알게 되었다.

- 술에 관한 첫번째 기억은 내가 일고여덟 살 때였습니다. 부모님은 손님을 접대하고 있었는데, 내가 아버지에게 스카치위스키를 한번 맛

금주에 대한 각인을 갖고 있는 미국 문화에서 술은 반항을 의미한다. 위험한 장난을 하면서 스릴을 느끼는 미국의 10대들은 술에 취해 비틀거리면서 비슷한 기분을 느낀다. 그들에게 술은 권총만큼이나 강력하고 즉각적이며 극단적인 무엇이다.

보게 해달라고 졸랐지요. 아버지는 마지못해 이렇게 말씀하셨습니다. "좋아, 그러면 한꺼번에 다 마셔야 돼." 나는 아버지가 시키는 대로 다 마셨고 숨이 막혀 죽는 줄 알았지요. 그리고 그날 하루 종일 참혹한 기분이었습니다. 정말 이대로 죽는구나 했지요. – 42세의 남성

■ 내가 열세 살 때, 친구랑 친구 부모님의 술 저장실에 몰래 들어갔어요. 그러고는 우리가 무슨 짓을 하는지도 모르고 보드카 한 병을 꺼냈지요. 친구의 말이 부모님이 오렌지 주스를 타서 마시는 것을 보았다고 해서 우리는 주스를 조금 섞었습니다. 처음 맛을 보니 꼭 오렌지 주스 맛이었어요. 그래서 조금 더 마셨고, 그러다가 4분의 1 정도를 마셨습니다. 그 다음부터는 술맛이 약처럼 썼지만 곧 몸에 변화가 온 것을 느꼈지요. – 28세의 여성

■ 가장 뚜렷하게 기억에 남는 일은 새 직장에 취직한 직후의 일이었습니다. 상사의 생일이어서 우리 일행은 함께 축하파티를 하러 갔습니다. 알고 보니 큰 연례행사였는데, 모두 술 마시는 일과 관련이 있었습니다. 모두가 미친 듯이 술을 퍼마시기 시작했지요. 신참이었던 나는 잘 어울리려다 보니 평소 주량보다 훨씬 더 과음을 하게 되었습니다. 간신히 욕실에 들어갈 때까지는 잘 버티고 있다고 생각했지요. 그러나 욕실에 들어가자마자 그 자리에서 주저앉을 뻔했어요. 그 뒤 며칠 동안 몹시 앓았습니다. – 37세의 남성

■ 나는 대학 시절에 술을 많이 마셨어요. 많이요. 아주 많이요. 그 시

절 가장 기억에 남는 일은 내 방에서 항상 혼자 술을 한두 잔씩 마시고 기분을 전환하러 외출했던 일이었어요. 술을 마시면 괴로움이 다 사라졌고, 그래서 그 무렵에는 술을 많이 마셨던 것 같아요. —35세의 여성

■ 술에는 매우 강력한 힘이 있습니다. 술을 마시면 강해지는 기분이 들지요. 술은 모든 것을 다 잊게 해주고 자신감을 더해줍니다. 술 없이도 지낼 수 있지만 스트레스가 쌓일 때 마시는 술 한두 잔은 용기를 되찾게 해주는 멋진 약입니다. —54세의 남성

이러한 이야기들을 분석한 결과 술은 삶을 변모시키고 상황을 변화시키는 능력과 함께 매우 강력한 영향을 미친다는 사실이 밝혀졌다. 그들에게 술은 참혹한 기분이 들게 하고, 죽을 것 같게 만들고, 곧 몸에 변화가 오게 하고, 그 자리에서 주저앉게 하고, 근심을 잊게 하고, 용기를 되찾게 해주는 멋진 약이 될 수 있는 어떤 것이다. 술은 연료 이상이며, 매우 강력하고 즉각적이며 극단적인 무엇이다. 술에 대한 미국인의 코드는 '권총(GUN)'이다.

이는 매우 강렬하면서도 충격적인 발견이다. 술에 대한 미국인의 코드는 유럽인의 그것과 크게 다르다. 그러나 미국 문화에서 술과 권총 사이에 밀접한 관련이 있어왔다는 사실을 감안하면 별로 놀라운 일도 아니다. 옛 서부지역의 술집과 술에 취해 총질을 해대는 사람들의 모습 또는 독한 위스키 한 잔을 마신 뒤 결투에서 악당을 제압하는 보안관의 모습을 상상해보라. 금주법을 시행하던 시기에 나타난 갱 문화를 생각해보라. 독한 술 한 잔을 미국인은 '발사(shot)'라고

표현한다. 물론 다른 문화에서는 이런 표현을 사용하지 않는다. 미국에서는 '콜트45(Colt.45.)'라는 권총의 이름을 딴 몰트 위스키(malt whiskey)가 판매될 정도다.

힙합 음악은 강렬한 폭력 이미지로 권총과 살인에 대해 자주 언급하는 것으로 유명하다. 1999년에 미국보건복지부의 약물남용예방센터에서 1996년과 1997년에 나온 1,000개의 팝송을 분석한 결과 이 그룹에 속한 랩의 47퍼센트가 술과 관련된 단어를 포함하고 있었다.

술에 대한 미국인의 코드를 알면, 유럽인들에게는 너무 당혹스러운 일이겠지만, 미국 문화에는 술을 둘러싼 위험한 분위기가 있음을 알 수 있다. 미국인은 과음을 하면 마치 장전한 권총으로 게임을 하는 듯한 위태로운 모습을 보인다. 음주운전을 질색하거나 술 취한 모습을 못마땅하게 생각한다면, 이는 권총이 발사되면 어떤 일이 벌어질까 두렵기 때문이다.

술에 대한 미국인의 코드를 알면 10대들이 술에 매력을 느끼는 이유를 이해하는 데 도움이 된다. 10대에 특히 위험한 장난에 매력을 느끼는 이유는 무적의 존재가 된 기분이 들기 때문이다. 권총을 가지고 노는 것보다 무적의 힘을 더욱 멋지게 입증할 수 있는 방법이 무엇이겠는가?

미국에서 주류판매업은 아슬아슬한 사업이다. 여러 가지 선택 사이에서 줄타기를 해야 하기 때문이다. 미국의 주류회사들은 술에 관한 미국인의 코드에 맞춰 애주가를 만들어내거나, 건설적으로 코드를 살짝 피해가거나, 아니면 코드를 완전히 무시하거나 하는 세 가지 방법을 놓고 줄타기를 해야 한다.

권총의 이미지를 이용하면 확실히 젊은이들의 관심을 끌게 된다. 그래서 캡틴 모건(Captain Morgan) 럼주도 제품의 방향을 그렇게 설정한 것처럼 보인다. 럼주 병에 있는 해적은 권총 대신 칼을 휘두르고 있지만 메시지는 거의 동일하다. 콜트45 몰트 위스키는 권총 이름을 딴 제품을 폭력적인 가사들에 익숙한 힙합 문화와 연관시킴으로써 큰 성공을 거뒀다.

세인트 아이즈(St. Ides) 몰트 위스키는 한 술 더 떴다. 세인트 아이즈는 대변인들인 힙합 음악인들을 이용한 광고 시리즈를 제작했는데, 그 중 여러 명이 노골적으로 술을 권총과 연관시켰다. 힙합 아티스트로 유명한 랩 듀오 에릭비앤라킴(Eric B.&Rakim)은 세인트 아이즈를 가리켜 "스미스앤드웨슨(Smith&Wesson)처럼 대담하다."라고 말했는데, 스미스앤드웨슨은 바로 총기 제작회사다.

맥주 버드와이저(Budweiser) 제조회사인 안호이저 부시(Anheuser-Busch)는 상점 안에 설치된 전광판을 통해 야외생활을 즐기는 사람들에게 맥주를 선전했는데, 전광판에는 날씬한 사냥개 래브라도레트리버와 맥주 깡통 위로 오리들이 날아가는 장면으로 꾸며진 광고가 보인다. 그들은 또한 맥주 받침대와 공중에 떠 있는 권총집을 제품의 로고로 완벽하게 위장한 '공식적인 부시 사냥 도구' 목록을 나눠주기도 했다.

앞에서 우리는 광고업자들이 성적인 환상을 어떤 방식으로 이용해 제품 판매에 성공하는지를 살펴본 바 있다. 그들이 성공하는 이유는 미국이 폭력적인 환상에 매력을 느끼기 때문이다. 섹스를 파는 주류 광고의 확산은 제품과 섹스, 폭력으로 이루어진 삼각형을 완성시켰다. 성적인 이미지는 무의식적인 폭력의 메시지를 전달하고, 술에 대한 코드에 부합하는 제품 광고는 사람들의 무의식 속에 폭력적인 메시지를 심기도 한다.

한편 코로나 맥주(Corona Beer)는 이와 같은 코드를 피하려는 노력을 기울이는 것처럼 보인다. 코로나 광고는 편안한 이미지들(바닷가와 야자수 등)로 가득하며, "일상으로부터 멀리 떠나자."라는 말로 끝을 맺는다. 이 광고의 메시지는 변화에 초점을 맞춘 것으로서 폭력적인 것과는 상관이 없다.

안타깝게도 술과 관련된 마케팅에 있어서는 '장인정신으로 만들어진 품질'이라는 것이 전혀 도움이 되지 않는다. 코드에 전혀 부합하지 않기 때문이다. 요리 잡지가 미식가에게만 호소력이 있는 것처럼, 품질을 파는 방식이 소수의 문화에는 호소력을 발휘하기도 하겠지만, 일반 대중들의 시장은 결코 잡지 못한다.

:: 일하기 위해 먹고 마신다

음식과 술에 대한 코드는 미국 문화에 자주 나타나는 주제 가운데 하나를 다시 돌이켜보게 한다. 즉 미국인은 자신의 사명을 완수하는 데 도움이 되는 것은 좋아하지만, 방해가 되는 것은 두려워한다는 것이다. 누구나 살아남으려면 음식을 먹어야 한다. 끊임없이 일하는 미국인들은 이런 사실을 문자 그대로 받아들여서 음식을 끊임없이 돌아가는 엔진을 작동시키는 연료로 본다. 반면에 술은 기껏해야 긴장을 풀어주고 최악의 경우에는 취하게 한다. 어떤 경우에도 일에는 도움이 되지 않는다. 따라서 미국인이 술을 위험하거나 치명적인 것으로 인식하는 것은 놀라운 일이 아니다.

 쾌락은 두 가지 코드 중 그 어느 쪽에도 전혀 나타나지 않는다. 할 일이 있으면 쾌락을 추구할 겨를이 없기 때문이다.

Chapter 09

쇼핑과 사치품에 대한 코드

골 드 카 드 의 애 호 가 들

우리는 여러 코드를 통해 파충류 뇌가 작용하는 힘을 보았다. 그러나 우리는 파충류 뇌를 따를 때에도 대뇌피질을 달래려 애쓴다. 그리고 대뇌피질을 달래려고 이런저런 명분을 찾는다. 명분은 하는 일에 '합리적' 이유를 제공한다. 앞에서 다뤘던 코드들 중 몇 가지를 생각해보자. 배우자가 아닌 타인과의 성 행위를 꺼리는 이유는 평판이 나빠지거나 성병이 두렵기 때문이라고 구실을 대지만, 무의식은 우리가 폭력을 두려워하기 때문임을 알려준다. 비만에 관해서는 먹는 것을 좋아하거나 너무 바빠 규칙적으로 식사를 할 수 없기 때문이라는 구실을 대지만, 무의식은 우리가 도피하고 있음을 안다.

  명분은 논리적이고 사회적으로 용납될 수 있으므로 자신이 하는 일에 안도감을 갖게 해준다. 고객 기업에 코드를 제시할 때 나는 각인 발견 작업에서 얻은 명분도 한두 가지 함께 제시하는데, 이러한 명분은 고객 기업에게 아주 중요하다. 효과적으로 제품을 홍보하려면 코드를 응용하는 동시에 그에 따른 명분도 고려해야 하기 때문이다. 예를 들어 어떤 식품을 홍보하면서 훌륭한 맛은 알리지 않고 연료로서의 효율성에만 집중하는 것은 중요한 판매 포인트를 놓치게 만든다. 명분은 어떤 대상에 대한 일반적 통념, 즉 포커스 그룹에서 나올 만한 견해를 가리킨다. 사람들의 말을 그대로 믿어서도 안 되지만 그냥 흘려버리거나 메시지에 포함시키지 않는 것도 잘못이다.

　개인적인 차원에서 보면, 명분은 행동의 진짜 이유는 아니지만 신빙성이 있을 때가 많다. 실제로 바쁜 스케줄 때문에 음식을 정상적으로 먹기 어려울 수도 있다. 그것이 비만이 된 이유는 아니지만 일단 비만이 된 이유가 불규칙한 일정에 있다고 구실을 대면, 일정에 맞는 식사시간표를 작성해야 한다. 기업이 코드와 명분을 모두 고려해야 하는 것처럼 개인도 마찬가지다. 오래 유지된 명분은 어느 정도의 정당성이 있는 법이다. 이런 점에서 쇼핑과 사치품에 관련된 명분은 대단히 교훈적이다.

:: 세상과의 재결합을 위해 떠나다

P&G의 의뢰로 쇼핑에 관한 각인 발견 작업을 진행하는 과정에서 여러 가지 명분들이 나타났다. 각인 발견 작업이 진행되는 동안 여성들은 가족을 위한 물건을 사기 위해 쇼핑을 하며, 쇼핑하러 가기를 좋아하는 이유는 가장 좋은 제품을 발견하기 위해서라고 거듭 강조했다. 이는 매우 논리적일 뿐만 아니라 누구나 예상할 수 있는 명분이며 실용적인 명분이다. 가족들은 식품과 의복, 세제와 화장지가 필요하다. 이런 물건들을 사러 쇼핑센터에 가는 것은 제품들을 서로 비교해 되도록 가장 좋은 물건을 가정에 공급하는 효과적인 방법이다.

　그러나 이는 명분일 뿐이다. 각인 발견 작업의 세번째 시간이 되어 참가자들이 긴장이 풀리고 쇼핑에 관한 최초의 각인과 가장 중요한 기억, 그리고 가장 최근의 기억을 떠올리게 되자, 명분 뒤에 있는 메시지가 나타나기 시작했다. 다음 내용은 그들에게서 나온 이야기다.

■ 쇼핑에 관한 최초의 기억은 예닐곱 살 때였습니다. 어머니와 상점가에 가서 제일 친한 친구인 리사를 만난 일이었죠. 두 어머니가 쇼핑을 하는 동안, 나는 리사와 뒤에 처져서 여기저기 두리번거리며 사고 싶은 물건들도 실컷 구경하고, 어른들의 옷을 입어보는 시늉도 했지요. 그러고 나서 우리는 두 어머니에게 함께 먹을 것을 사달라고 졸랐지요. 집으로 돌아가야 할 시간이 되었을 때 나는 그만 울음을 터뜨리고 말았어요. —30세의 여성

■ 가장 뚜렷하게 기억에 남는 일은 어머니가 아닌 친구들과 처음 상점가에 갔던 때입니다. 나는 그때 열두 살이었는데, 어머니에게 학교 친구 두 명과 함께 시내로 가는 버스를 태워달라고 졸랐지요. 우리는 상점가에서 다른 학교 친구들을 우연히 만나 물건들을—우리가 살 수 없는 비싼 물건들을 포함해—실컷 구경하며 하루를 보냈지요. 상점가에는 많은 사람이 앉을 수 있는 자리가 마련돼 있어서 우리는 한참 동안 거기서 서성거리며 남자애들과 다른 아는 사람들에 관한 이야기를 나누었어요. —27세의 여성

■ 첫 아이를 낳은 뒤 출산후유증으로 한동안 침대에 누워 있어야 했습니다. 그동안 여동생이 우리 집에 와서 쇼핑과 음식 만들기, 청소 등

을 도맡아주었지요. 나는 정말 고마웠지만 갑갑한 기분이 들기도 했어요. 동생이 집으로 돌아가고 나서 이틀 뒤에 처음으로 상점엘 갔습니다. 아기와 함께 사람들이 모이는 곳에 나가본 적이 없어서 조금 긴장이 되었지요. 저녁거리를 고르는 동안 아기가 막무가내로 울어대면 어쩌나 걱정이 되기도 했고요. 그렇지만 상점에 들어갔을 때 아기는 마치 천사처럼 조용했습니다. 사람들이 계속 다가와서 아기를 들여다보는 바람에 나는 정말 가슴이 뿌듯했어요. 결국 복도를 계속 오락가락하다가 일주일 동안 충분히 먹을 만큼 많은 식품을 구입했지요. 병이 회복되어 다시 돌아다닐 수 있어서 너무 기분이 좋았답니다. — 38세의 여성

▪ 2주 전 친한 친구와 함께 1시간 반 동안 차를 몰아 최근에 개장한 쇼핑몰을 찾아갔었어요. 난생 처음 보는 굉장한 곳이었습니다. 수백 개나 되는 상점과 규모가 큰 옥외 간이식당가, 상영관이 20개나 되는 복합 영화관, 게다가 회전식 관람차(Ferris wheel)까지 갖춰져 있더군요. 난 죽어서 천국에 온 기분이었죠. 우리는 무엇을 먼저 해야 할지 몰라 어리둥절했습니다. 내가 원하는 모든 것이, 그리고 내가 원하는지도 미처 몰랐던 많은 것들이 바로 그곳에 있었어요. — 48세의 여성

▪ 몇 년 전 남편이 근무하는 회사가 노스캐롤라이나 주의 '외딴 오지'로 이전하게 되었습니다. 우리는 좋은 이웃들이 있는 마을의 아름다운 집에서 살았어요. 하지만 괜찮은 구두 가게를 찾아가려 해도 160킬로미터나 차를 몰고 가야 했어요. 그것도 정기적으로요. 6개월 전 남

편이 다시 필라델피아로 전근되었습니다. 지금 사는 집은 노스캐롤라이나의 집만큼 좋지는 않지만, 쇼핑하기에는 더할 나위 없이 좋아요. 다시 현실 세계로 돌아온 기분이랍니다. —55세의 여성

이러한 이야기들에는 세부적인 내용은 서로 다르지만(친구들과 돌아다닌 일, 처음으로 아기를 데리고 외출한 일, 괜찮은 상점을 찾아서 수백 킬로미터를 차를 몰고 가야 했던 일), 일관된 주제가 담겨 있다. 이를테면 "집으로 돌아가야 할 시간이 되었을 때 나는 그만 울음을 터뜨리고 말았어요."라든가, "우리는 물건들을—우리가 살 수 없는 비싼 물건들을 포함해—실컷 구경하며 하루를 보냈지요."라든가, "병이 회복되어 다시 돌아다닐 수 있어서 너무 기분이 좋았답니다."라든가, "난 죽어서 천국에 온 기분이었죠."라든가, "다시 현실 세계로 돌아온 기분이랍니다."와 같은 구절들을 보자. 이러한 내용들에는 쇼핑은 즐겁고 신나는 모험이며, 물건을 사고파는 일을 훨씬 넘어서 여러 가지 점에서 교훈적이라는 의식이 담겨 있다. 쇼핑은 정서적이고 보람 있는, 꼭 필요한 경험이었던 것이다. 쇼핑에 대한 미국인의 코드는 '세상과의 재결합(RECONNECTING WITH LIFE)'이다.

이것이 "물건을 사기 위해서"라는 명분 뒤에 있는 진정한 메시지다. 그렇다. 사람들은 물건이 필요해서 쇼핑을 하지만, 쇼핑은 물질적인 필요를 충족시키는 수단으로 그치지 않는다. 이는 사회적 경험이다. 가정에서 나와 세상 속으로 들어가는 방법이다. 쇼핑은 친구 혹은 사랑하는 사람과 함께할 수 있는 의미 있는 일이다. 다양한 사람들을 만나 텔레비전에서 보지 못한 새로운 세상사—새로운 제품

과 새로운 스타일, 새로운 유행 등—를 배우는 방법이다. 쇼핑하러 가면 온 세상이 거기에 있는 것처럼 보인다.

이러한 코드는 미국 문화의 청년기적 요소와 관련된다. 사람들은 누구나 '밖에 나가 놀고' 싶어한다. 집에 홀로 앉아 있으면 아무것도 배우지 못한다. 세상으로 나가야만 비로소 인생에 관해 무엇인가 새로운 것을 발견한다.

쇼핑에 대한 코드는 신화적인 국력을 이룩한 미국 문화 초기 시절의 이미지에도 나타난다. 서부개척 시절에 여성들은 농가에서 집안살림을 하며 대부분의 시간을 보냈다. 그녀들은 식품 등을 사러 읍으로 나가야만 다른 사람들과 접촉할 수 있었다. 쇼핑은 세상과 재결합할 수 있는 유일한 기회였던 것이다.

:: 물건을 사는 것과 쇼핑은 다르다

흥미로운 사실은 미국인의 인식 속에서는 물건을 사는 것과 쇼핑을 하는 것이 전혀 다른 종류의 일로 저장되어 있다는 점이다. 물건 구입은 식품을 사거나 텔레비전에서 본 책을 고르거나 아이에게 운동화를 사주는 일처럼 구체적인 사명과 관련이 있다. 그것은 하나의 임무에 속한다. 그러나 쇼핑은 발견과 깨달음, 놀라움으로 가득한 불가사의한 경험이다.

인터넷 혁명이 시작되었을 때, 전문가들은 온라인 쇼핑 때문에 오프라인 거래가 소멸될 것이라고 주장했다. 인터넷 상거래는 이제 막 싹트기 시작한 시장의 한 영역임이 분명하지만(최근에 나온 한 보고서를 보면, 온라인으로 지출된 돈이 2004년 6월에서 2005년 5월까지 31퍼센트가 증가했다), 고객이 인터넷으로 이동하는 바람에 사업이 망한 소매상은 거의 없다. 실제로 가장 유력한 온라인 소매상 중의 많은 수가 오프라인 세계에서도 상당한 비중을 차지하고 있다. 모든 온라인 판매의 40퍼센트가량이 재래식 소매상의 웹사이트에서 이루어지는데, 다른 종류의 소매상보다 훨씬 많다. 고객들은 온라인 구매와 오프라인 쇼핑의 상승 효과를 즐긴다. 미국의 한 거대기업에서 의뢰한 각인 발견 작업에서 참가자들은 첫번째와 두번째 시간에서 모두 이런 사실을 입증했다.

이는 지극히 당연한 현상이다. 인터넷은 온라인 구매를 가능하게 해줄 뿐만 아니라, 상점 비교를 할 수 있게 해주고, 제품에 대한 정보를 많이 알게 해줌으로써 구매 임무를 수행하려는 욕구를 충족시켜준다. 한 가지 예로 사람들이 온라인으로 자동차 도매가격을 비롯해 많은 정보를 알아내는 것을 들 수 있다. 그런데 그들은 인터넷에서 구매를 끝내지 않고 대부분 대리점을 찾아간다. 조사 결과를 가지고 판매상과 옥신각신하거나 '꼼짝 못하게 만드는 것'은 구매 행위에 꼭 필요한 부분이다. 인터넷은 편리함과 융통성을 주지만, 미국인이 원하는 쇼핑의 경험은 제공하지 못한다. 인터넷으로는 세상으로 나가 사람들과 재결합할 수 없다.

쇼핑은 삶을 확인하는 신기한 경험이지만, 구매는 매우 다른 무의식적인 메시지를 전한다. 특히 여성들에게 그렇다. 구매는 쇼핑의 끝, 즉 세상과의 관계를 끝내고 다시 집으로 돌아가는 순간을 의미한다. 쇼핑하는 동안은 무수한 선택이 가능하지만 구매할 때는 선택이 하나로 좁혀진다. 나는 아내가 세 시간씩 쇼핑을 하고, 물건을 수십 가지나 고르고, 그러다가 결국 아무것도 사지 않는 모습을 보고 놀랍고 실망스러웠다. 그러나 코드라는 새 안경을 쓰고 보면 이런 모습을 충분히 이해하게 된다. 아내는 상품이 아니라 세상과의 재결합을 추구한 것이며, 물건을 구매하지 않기로 결정한 것은 나중에 다시 쇼핑을 가기 위한 명분―그 제품이 여전히 필요하다는―을 그대로 남기기 위한 행위였다.

소매상은 쇼핑과 구매의 이러한 긴장을 고려해야 한다. 여성이 계산대에 줄서기를 두려워하는 이유가 쇼핑 경험의 종말을 의미하기 때문이라면 소매상들은 구매 경험을 혁신시켜야 한다. 그들은 고객이 쇼핑의 이러한 상징적인 종말을 피할 수 있도록 방법을 강구해야 한다. 예컨대 고객이 상점에 들어올 때 신용카드 정보를 등록하는 것이 하나의 방법이 될 수 있다. 그렇게 되면 고객은 원하는 제품을 그냥 가지고 나갈 수 있고, 감지장치가 구매를 기록하게 된다. 또한 소매상이 자유로운 반품 정책을 쓰면 고객은 쇼핑이 끊임없이 계속될 것처럼 느끼게 될 것이다. 고객은 세상과 단절된다는 우울한 느낌 없이 마음에 드는 물건을 집으로 가져와서 며칠 동안 '소유하고' 있다가 필요하지 않으면 반환하면 된다. 이러한 전략은 고객이 다시 쇼핑하러 갈 수 있는 구실을 만들어주기도 한다. 노드스트롬(Nordstrom)이 유명해진 이유 중 하나는 무조건 반품을 받아준 데 있다. 노드스트롬은 쇼핑을 아무런 제한 없는 자유로운 경험으로 변화시켰다.

많은 코드가 그런 것처럼 쇼핑에 대한 코드도 문화마다 다르다. P&G가 프랑스에 관한 각인 발견 작업을 의뢰해왔을 때, 나는 쇼핑에 대한 프랑스인의 코드는 '자신의 문화 배우기(LEARNING YOUR CULTURE)'라는 사실을 알아냈다. 프랑스인은 쇼핑을 자손들에게 지식을 전달하는 교육적인 경험으로 본다. 어머니는 딸을 데리고 쇼핑하러 가서 물건 사는 법을 가르치고, 이러한 과정을 통해 문화가 어떻게 작용하는가를 가르친다. 어머니는 빵과 포도주, 치즈를 동시에 구입하는 것이 왜 중요한지(그 이유는 함께 먹는 음식이기 때문이다), 또는 어떤 빛깔과 무늬는 잘 어울리는데 어떤 것들은 왜 그렇지 않은지 설명해준다. 프랑스인의 쇼핑 경험에서 중요한 대목은 "그래서는 안 된다."이다. 프랑스 여자들은 어머니나 할머니와 함께 쇼핑을 함으로써 생활규범을 배우고, 그러는 동안 변화에 적응하게 된다. 쇼핑이 '문화를 가르치는 학교'의 역할을 하는 셈이다.

:: 쇼핑의 경험을 팔아라

비즈니스 관점에서 보면 삶을 긍정하는 즐거운 경험으로 쇼핑을 강조하는 상점은 쇼핑에 대한 코드에 부합하고 있다고 볼 수 있다. 물건을 사는 사람들에게 구매 결정을 내려야 한다는 압박감 없이 물건을 고를 수 있게 하는 것은 매우 좋은 일이다. 시간을 지체할 수 있는 여유를 주기 때문이다(많은 서점들이 이를 위해 카페를 겸업한다). 상점을 사람들이 모여 재결합할 수 있는 장소로 설정하는 것은 분명히 이러한 코드와 맞는다. 아이들(또는 '남편'과 아이들)이 놀 수 있는 환경을 만들어줄 수 있다면 더욱 좋다. 아이들은 '당장 눈에 보이는 것'에 관심을 집중하기 때문에 어머니로 하여금 즐거운 쇼핑을 하지 못하게 만든다. 안전한 환경에서 아이들의 관심을 다른 곳으로 돌릴 수 있다면 어머니의 쇼핑은 더욱 즐거워질 것이다.

편의점은 예외이지만, 고객에게 구매하기 편리하다는 점을 강조하는 것은 쇼핑에 대한 코드와 맞지 않는다. 상점을 쉽게 출입할 수 있다고 선전하는 것은 대뇌피질 수준에서는 타당한 것처럼 보이지만, 코드와는 정면으로 배치된다. 고객들에게 신속한 쇼핑이 가능하다고 선전하는 것은 32초짜리 마사지나 반쪽짜리 초콜릿을 판매하려는 시도와 흡사하다.

고객의 입장에서 코드를 알면 해방감을 느낄 수 있다. 여러분은 어떤 물건을 고르는 데 너무 오랜 시간이 걸리면 죄책감을 느낄지도 모른다. 배우자에게 우유부단하다고 핀잔을 들을지도 모른다. 그러나 사실은 여러분의 행동이 이러한 코드와 맞고 배우자는 그렇지 않은 것이다. 쇼핑의 경험을 즐겨라. 삶을 다시 회복하라. 마음에 드는 물건이 없으면 아무것도 사지 않아도 괜찮다. 여러분은 항상 다시 쇼핑을 나갈 수 있는 명분을 댈 수 있을 것이다.

:: 사치스러울수록 계급도 올라간다

우리는 흔히 사치품을 구입할 때는 그럴듯한 명분이 있어야 한다고 생각한다. 겨울 도로는 주행하기 어렵기 때문에 고급 스포츠레저용 차량이 필요하다. 처음 만나는 고객에게 좋은 인상을 줘야 하므로 수제 양복이 필요하다. 그리고 약혼자에게는 자신이 얼마나 사랑하는지 알려야 하므로 큼직한 다이아몬드를 선물한다.

실제로 많은 사람들이 좋아하는 사치품들은 대부분 매우 기능적인 것들이다. 미국인들은 큰 저택과 최고급 자동차, 고품질의 주방 시설, 디자이너 의상 등 사용이 가능한 사치품을 찾는다. 미국과 같은 활동지향적인 문화에서는 휴가를 계획하는 것도 원기를 회복해 다시 직장으로 돌아가기 위해서다.

다른 문화에서는 기능적이지 않은 사치품을 찾는다. 위대한 예술 후원자들에 대한 존경심으로 깊이 각인된 이탈리아 문화에서는 예술적 가치로 사치품을 규정한다. 매우 세련되고 우아하며 디자인이 훌륭한 물건일수록 값비싼 사치품이다. 예술가의 제품이 사치품이 된다. 이탈리아 부자들의 집은 주인이나 그 조상들이 사들인 멋진 예술품으로 가득하다. 사치품은 목걸이가 될 수도 있고, 멋진 디자인의 핸드백이 될 수도 있다. 그러나 냉장고는 사치품이 될 수 없다.

이미 설명한 바 있지만, 프랑스 문화는 쾌락을 중시한다. 프랑스에서 사치품은 아무 일을 하지 않고 쓸모없는 물건—아름답고 조화롭지만 실용적 기능은 없는 것—을 소유할 수 있는 자유를 상징한다. 프랑스인들이 자주 사용하는 말로 "쓸모없는 것이란 그것 없이는 내가 살아갈 수 없는 것이다."라는 뜻으로 번역할 수 있는 표현이 있다. 예를 들어 한 프랑스 여성이 매우 값비싼 스카프를 사서 어깨에 걸치고 다닌다고 하자. 이 여인의 처지에는 그러한 스카프가 쓸모없는(또는 적어도 분수에 맞지 않는) 사치품이다. 프랑스인들에게 사치란 최고의 쾌락을 제공하는 어떤 것—최고급 요리와 가장 우아한 의상, 가장 세련된 향수—이다. 프랑스 문화에서는 남들(농부와 노동계급, 미국인)이 누릴 수 없는 것을 누릴 수 있으면 사치스런 생활을 한다고 생각한다.

영국인은 초연한 감정을 강조하기 위해 사치를 이용한다. 그들은 자신들이 지위에 얼마나 무관심한가를 서로 보여주기 위해 고급 클럽에 가입한다. 그들은 폴로 경기를 하다가 지면 자신은 패배에 전혀 구애되지 않는다고 말한다. 승리가 목적이 아니기 때문이다. 영국 귀족들은 무뚝뚝하고 꾸밈이 없으며, 성(城)에 난방도 하지 않고 의자에 방석도 놓지 않는 것으로 유명하다.

스위스의 명품제조회사인 리치몬트(Richemont)와 항공기운항회사인 보잉(Boeing)에서 사치에 관한 코드 분석을 의뢰해왔을 때, 나는 미국인들에게 사치를 누리는 다음과 같이 다양한 방식이 있음을 알게 되었다.

- 처음 회사에 취직한 뒤 먼저 해야 했던 일은 자동차 구입이었습니다. 도시로 새로 이사 왔기 때문에 돌아다닐 방법이 없었거든요. 당시 빠듯한 생활비로 살고 있었기 때문에 고급 제품을 살 여유가 없었지만, 어쨌든 고급 자동차 두 대를 시험 운전해보았습니다. 그러고 나서 혼다(Honda)로 결정했지요. 그러다 1년 전 승진해서 최고경영자가 되었습니다. 최고경영자가 된 뒤 맨 처음 한 일은 늘 사고 싶었던 재규어(Jaguar)를 구입한 것이었습니다. 그 차는 승차감이 정말 기막힙니다. 나는 그런 차를 소유할 만한 자격이 있다고 생각해요. ─ 41세의 남성

- 가장 뚜렷하게 기억에 남는 사치는 5년 전 남편과 터스커니를 여행한 일이랍니다. 우리 둘은 모두 너무 오랫동안 직장 일에만 몰두하고,

몇 년간은 휴가도 한번 변변히 가지 못한 탓에 불만이 쌓여 있었어요. 이번에는 일정을 제대로 잡은 다음, 은행 잔고를 확인해보고 여행을 할 수 있겠다는 결론을 내렸지요. 우리는 멋진 장소에 머물며—3일 밤은 성에서도 지내며—무엇이든 최고급으로 즐겼습니다. 몇 년 만에 처음으로 열심히 일한 보상을 받은 기분이었어요. —37세의 여성

■ 우리 집에서는 대개 아내가 음식을 만들지만, 여름이 되면 구이 전문 요리사인 내가 요리를 담당합니다. 2년 전에 오래된 그릴이 못쓰게 됐을 때 완벽하게 설비를 갖추기로 했지요. 돈이 있는데도 하고 싶은 일을 못한다면 돈 벌어서 뭐하겠어요? 나는 대형 스테인리스 그릴을 구입한 다음, 거기에 어울리도록 완벽한 정원을 꾸몄습니다. 많은 비용이 들었지만, 내가 스테이크를 굽고 있으면 이웃 사람들이 맛을 보려고 줄을 서지요. —54세의 남성

■ 최근에 아루바에 갔을 때 아름다운 금팔찌를 하나 샀습니다. 가격이 괜찮은 편이라 거금을 선뜻 쓰기로 했지요. 미혼이 아니라면 그런 팔찌는 남편이 사줬겠지요. 이젠 더 이상 기다리지 않고 스스로 구입할 때가 왔다고 생각했어요. —42세의 여성

■ 사치품 하면 맨 먼저 기억나는 것은 내가 게임기를 구입한 첫번째 아이가 된 것이었습니다. 부모님이 전 과목에서 수를 받았다고 사주신 것이었지요. 물론 1년 뒤에는 전세계에 게임기가 없는 아이가 없을 정도가 되었지만, 그때만 해도 내가 대단한 존재인 듯한 기분이 들었

지요. 친구들은 게임이 하고 싶을 때마다 우리 집으로 왔어요. 나는 내 노력으로 그 게임기를 얻었기에 더 우쭐했지요. — 22세의 남성

세번째 시간에 나온 이야기들의 주제는 매우 산만했다. 참가자들 중에는 자동차가 사치품을 대표한다고 생각하는 사람도 있었고, 아름다운 귀금속이 그렇다고 하는 사람도 있었고, 새로 나온 전자제품을 사치품으로 생각하는 사람도 있었다. 그러나 핵심 구절들은 매우 일관성이 있어서 다음과 같은 하나의 양식이 이루어졌다. "승차감이 정말 기막힙니다. 나는 그런 차를 소유할 만한 자격이 있다고 생각해요."라든가, "열심히 일한 보상을 받은 기분이었어요."라든가, "돈이 있는데도 하고 싶은 일을 못한다면 돈 벌어서 뭐하겠어요?"라든가 하는 구절들 말이다. 어떤 제품을 구입하든 핵심은 그것을 소유할 만한 자격이 있다는 사실이었다.

미국에는 귀족계급이 없다. 사회적으로 지위를 나타내는 칭호도 없다. 귀족제도는 예나 지금이나 미국적인 방식이 아니다. 그러나 미국에는 대단히 강한 근면성과 성공하려는 치열한 열정이 있으며, 청년기적 문화의 특성으로 사람들에게 자신이 이룬 것을 알리고자 하는 강렬한 욕구가 있다. 미국에서는 아무리 이름을 날려도 기사 작위 같은 것은 주지 않으므로, 세상에 계급을 나타낼 다른 수단이 필요하다. 또한 미국인들은 성장에는 끝이 없다고 믿고 있으므로, 계급은 여러 단계로 이루어져서 업적이 클수록 높이 올라가야 한다. 미국 사회에서 계급을 나타내는 방법은 사치품을 소유하는 것이다. 사치품에 대한 미국인의 코드는 '군대 계급장(MILITARY STRIPES)'이다.

:: 성공과 진보의 상징이 되다

여러 가지 점에서 이 코드는 돈에 대한 코드의 연장이다. 군대 계급장은 모두에게 존경받을 수 있도록 어깨에 다는 일종의 증거물이다. 두 코드가 서로 매우 밀접하게 연관되어 있는 이유는 사치품을 사려면 돈이 필요하기 때문만이 아니라, 돈이라는 '증거'를 얻으면 이를 과시하기 위해 사치품을 이용하기 때문이다.

그러나 군대 계급장에는 수준의 개념도 포함돼 있다. 계급장이 많을수록 지위도 높다. 군대에 여러 수준이 있는 것처럼 사치품에도 여러 수준이 있다. 렉서스(Lexus)는 고급 차이지만, 마세라티(Maserati)와 벤틀리(Bentley)도 마찬가지다. 도나 카란(Donna Karan)도 고급 의상을 디자인하지만, 돌체앤드가바나(Dolce & Gabbana)와 에스카다(Escada)는 훨씬 더 고급품이다. 플로리다 해변에 소유지가 있다는 것은 일정한 지위에 도달했다는 표시다. 코네티컷 주 그리니치에 있는 저택, 맨해튼 5번가의 고급 주택도 마찬가지다. 이런 수준은 자신의 성취로 얻은 '계급장'을 나타낸다.

이러한 계급장이 보여주려는 것은 무엇일까? 대체로 그것은 인정을 받고 있다는 것을 나타낸다. 많은 돈을 갖고 있음을 인정받는 것이 아니라 그 사람의 훌륭함이 인정받는 것이다. 미국인들은 무의식적으로 훌륭한 사람이 성공하며, 그 성공은 하나님이 주는 선물이라고 생각한다. 성공은 하나님에게 사랑을 받았다는 증거다.

창조주로부터 이러한 인정을 받은 사람은 그에 합당한 대우도 받기를 원한다. 서비스는 사치품의 중요한 요소다. 이 또한 군대와 연관이 있다. 군대 장교는 하급 병사들이 지니지 못한 일정한 특권을 지니고 있다. 그는 장교식당을 출입할 수 있고 병사들의 경례를 받는다. 마찬가지로 민간인 세계에서도 높은 지위에 도달한 사람은 일반인이 이용할 수 없는 특권과 서비스를 기대한다. 사람들은 유명 백화점인 삭스(Saks)에 가면 물품 구매 상담원의 서비스를 원한다. 아메리칸 익스프레스(American Express) 중에서도 가장 연회비가 비싼 블랙 카드를 원하고, 최고급 레스토랑에 가면 가장 좋은 자리에서 턱시도를 입은 종업원으로부터 시중을 받고 싶어한다. 그리고 공항에 가면 긴 줄을 서지 않고 특별 대우를 받고 싶어한다. 미국에서 서비스는 사치이며, 사람들은 그런 서비스에 대해 엄청난 값을 기꺼이 치르려고 한다. 사람들이 파리의 유명 레스토랑인 알랭 뒤카스(Alain Ducasse)에 가서 400달러짜리 요리를 먹는 까닭은 호화로운 대접을 받기 때문이다. 뉴욕에서 로스앤젤레스로 갈 때 4,000달러짜리 일등석 항공권을 구입하는 까닭은 기내 서비스 수준이 높아서다.

군대처럼 사치품에도 다양한 계급이 있을 뿐만 아니라 다양한 '부문'이 있으며, 사람들이 어떤 부문을 선택하는가는 곧 남들이 자신을 어떻게 인식해주기를 바라는가를 말해준다. 볼보(Volvo) 자동차와 사파리 휴가, 전국교육협회에 대한 많은 기부가 의미하는 메시지는 서버번(Suburban) 자동차, 나스카(NASCAR, 미국개조자동차경주대회)의 판타지 캠프(fantasy camp : 유명한 스포츠 캠핑 장소에서 인기 있는 팀의 코치 또는 가장 좋아하는 스포츠 스타와 함께 훈련하고 게임을 즐기는 캠프 — 옮긴이 주)에서 일주일 휴가를 보내는 것, 그리고 미국총기협회에 기부한 고액 수표가 의미하는 메시지와 전혀 다르다.

미국에서 사치품 마케팅에 성공하려면 '계급장'을 판매해야 한다는 사실을 분명히 기억해둬야 한다. 브랜드 관리는 매우 중요하다. 사치품은 그것이 얼마나 사치스러운 물건인가를 남이 알아줄 때만 가치가 있다. 롤렉스(Rolex)는 미국에서 자사의 제품들을 고급 명품으로 인식시키는 데 크게 성공했다. 그들은 독특한 디자인과 끊임없는 마케팅 전략으로 롤렉스 시계가 얼마나 가치 있는 제품인가를 알렸다. 마찬가지로 랄프 로렌(Ralph Lauren)도 폴로(Polo)의 브랜드 관리에 대단한 능력을 발휘했다. 폴로 선수 로고는 중세(귀족은 말을 타고, 평민은 걸어 다니던 시대)의 계급 신분에서부터 미국의 카우보이 신화에 이르기까지 모든 것과 연관되므로, 고객들은 폴로를 과시용으로 입고 사람들에게 자신이 그런 사치품을 입을 만한 능력이 있음을 자랑할 수 있다.

미국에서 사치품 마케팅에 성공하기 위한 또 하나 중요한 요소는 진보의 개념이다. 미국인들은 건강과 활동을 동일시하기 때문에 활동하는 동안은 항상 더 큰 성취를 향해 나아갈 수 있다는, 따라서 성장과 발전에는 끝이 없다는 강한 믿음이 있다. 어느 정도 성공했을 때도 사람들은 "이제 성공했군, 다 이루었어." 하고 만족하는 경우가 거의 없다. 그들은 대부분 곧바로 더 큰 성공을 꿈꾼다. 사치품을 보는 방식도 마찬가지다. 렉서스를 구입할 수 있게 되면, 벤틀리를 소유할 수 있는 지위에 오르고 싶어한다. 다양한 수준의 사치품을 제공하는 기업만이 이런 고객들을 지속적으로 확보할 수 있다. 티파니(Tiffany)가 훌륭한 예다. 미국에서 티파니 보석이 들어 있는 '작은 푸른 상자(little blue box)'는 실제로 사치품과 동의어인데, 티파니는 사치품을 다양한 가격으로 제공한다. 200달러 정도로 디자인이 독특

롤렉스는 사치품을 사회적 인정과 동일시하는 미국인의 코드에 부합하는 마케팅을 펼침으로써 성공을 거두었다. 즉 롤렉스의 시계가 얼마나 가치 있는 제품인지를 알림으로써 이 시계를 가지면 마치 높은 군대 계급장을 가진 듯한 느낌이 들도록 한 것이다.

한 은 귀고리를 살 수 있고, 또 6,000달러 정도면 다이아몬드가 박힌 금팔찌를, 200만 달러로는 다이아몬드와 에메랄드로 장식한 반지를 살 수 있다. 이 밖에도 각자 원하는 다양한 가격대의 물건들을 고를 수 있다. 티파니는 고객들에게 적당한 수준의 티파니 명품을 경험할 수 있는 기회를 주는 동시에, 계속해서 더 비싼 고급 제품을 보여줌으로써 평생 지속되는 관계를 형성한다.

미국에서 사치품 판매에 가장 중요한 점은 고급 서비스로 제품을 보증하는 것이다. 고급 고객을 '장교 클럽' 회원처럼 대우하는 것은 사치품에 대한 미국의 코드와 꼭 맞다. 미국인은 일단 계급장을 얻으면 그에 적합한 대우를 원한다. 그들은 중요한 일에 적극 참여하는 사람으로 보이고 싶어하고, 자신의 시간과 참여가 소중하다는 사실을 남들이 알아주기를 바란다. 리츠칼튼 호텔체인은 '클럽 레벨' 고객들에게 전용 관리직원과 특별요리 서비스, 개인휴게실을 제공함으로써 이런 욕구를 가장 훌륭하게 채워준 최초의 기업 중 하나다.

또한 사람들은 명분이 필요함을 항상 잊지 않는다. 문화적인 무의식에 따라 '계급장'을 제공하는 사치품에 적극적으로 반응하는 한편, 대뇌피질도 충족시켜야 하는 것이다. 4,000달러짜리 쿡탑(cooktop : 버너가 4개 있는 캐비닛형 레인지)을 구입하려면, 그 제품이 있으면 부엌이 좀더 기능적으로 편리해진다는 사실을 확신할 수 있어야 한다. 또한 별 네 개짜리 호텔에서 온천 이용을 위해 하루에 200달러를 추가로 지출하려면, 온천을 이용하면 상쾌한 기분으로 일을 다시 시작할 수 있다는 사실을 확신할 수 있어야 한다.

어떤 기업들은 명분과 사치품을 교묘하게 연관시켜왔다. 기업의 전용 제트기는 대단히 사치스러운 여행 수단이지만, 리스회사들은 사람들에게 명분이 필요하다는 사실을 잘 알고 있다. 따라서 그들은 분주한 기업 간부들이 기업의 전용기를 이용하면 시간이 얼마나 절약되고, 어떻게 그 시간을 이용해서 좀더 많이 일할 수 있는지, 어떻게 일을 중단하지 않고 계속할 수 있는지를 강조해서 설명한다.

앞에서 우리는 다이아몬드회사가 낭만적인 사랑과 '투자 가치'를 동시에 판매하는 전략에 대해 알아보았다. 투자 가치는 바로 명분을 제공하는 역할을 한다. 이 회사는 시간이 지나도 제값을 받을 수 있다는 사실을 알면 고객들이 기꺼이 1만 달러짜리 약혼반지를 구입하리라는 것을 잘 알고 있었다.

:: 명분이 있으면 안전하다

명분은 쇼핑과 사치품에 대한 코드가 전하는 메시지를 이해하는 데 도움이 된다. 쇼핑하러 가기 전에 마음이 들뜨는 이유가 세상과 재결합할 수 있기 때문이라는 사실을 이해할 만큼 자신의 동기를 잘 아는 사람은 거의 없다. 사람들은 쇼핑하러 가는 것은 물건이 '필요하기' 때문이라고 자신에게 말한다. 사교모임을 위한 구두, 새 학기를 맞이한 자녀를 위한 옷, 낡은 제품이 고장나는 것을 대비한 새 레인지, 헌 차의 할부가 끝나서 새로 구입하려는 새 차 등 여러 가지 명분이 있다. 또한 사치품을 구입할 때 자신이 '계급장'을 구입하고 있음을 인정하는 사람도 거의 없다. 자동차는 고객 접대용이고, 붙박이 수영장은 자녀들과 그 친구들을 위한 것이다.

명분은 타당하게 보일 때만 효과가 있다. 어쨌든 명분은 사람들이 하고 싶은 일을 할 수 있도록 훌륭한 이유를 제공해준다. 세상 사람들과 재결합할 수 있게 해주고 계급장을 과시할 수도 있게 해준다. 그리고 무엇보다 대뇌피질도 전혀 괴롭히지 않는다.

Chapter 10

미국 문화에 대한 코드

벼락출세자를 바라보는 눈

문화가 다르면 여러 가지 원형을 보는 관점도 다른 것처럼, 미국을 보는 관점도 각 문화의 코드에 따라 다르다. 미국에 대한 다른 문화들의 코드를 이해하면 그곳에서 제품이나 개념 또는 외교 정책을 받아들이는 방식에 막대한 영향을 미친다. 듀폰(Dupont)과 보잉, P&G를 포함한 미국의 기업 집단이 마케팅을 목적으로 프랑스와 독일, 영국에서 미국에 대한 코드를 발견하는 작업을 실시했다.

미국을 헐뜯는 사람은 지금까지 늘 있어왔다. 그리고 21세기에 접어들어서는 미국을 비난하는 사람들의 숫자가 크게 늘어난 동시에 비난의 수위도 크게 높아진 듯하다. 2005년 6월 말에 발표된 퓨리서치센터(Pew Research Center)의 여론조사 결과를 보면, 미국에 관한 비우호적인 여론은 인도의 29퍼센트에서 요르단의 79퍼센트에 이르기까지 다양했다. 미국의 동맹국들에서도 조사대상자의 다수가 미국에 대해 비우호적인 견해를 가지고 있어서 프랑스가 57퍼센트, 독일이 59퍼센트, 스페인이 59퍼센트였다. 요르단의 경우처럼 이슬람교 의식이 강한 나라들의 조사 결과는 예상대로여서 터키와 파키스탄은 77퍼센트, 레바논은 58퍼센트가 비우호적이었다.

미국에 대한 지지도가 특히 낮은 것은 참가자들이 미국의 외교 정책과 조지 부시(George Bush)의 재선에 관한 질문을 받았을 때였다. "미국의 외교 정책이 다른 나라의 이익을 고려하고 있는가?"라는 질문을 받았을 때 독일에서는 38퍼센트, 영국은 32퍼센트가 그렇다고 대답했지만 폴란드(13퍼센트), 프랑스(18퍼센트), 스페인(19퍼센트), 러시아(21퍼센트)는 훨씬 부정적이었다. 한편 스페인은 60퍼센트, 영국은 62퍼센트, 프랑스는 74퍼센트, 독일은 77퍼센트가 조지 부시가 재선된 뒤에 미국에 대한 견해가 더 악화되었다고 대답했다.

:: 프랑스인의 미국 문화에 대한 코드

최근 몇 년 동안 미국과 프랑스 사이에서 발생한 문제점들은 상세히 보도되어왔다. 공교롭게도 프랑스의 강한 반미주의 감정은(그리고 조지 부시에 대한 증오는) 두 나라의 코드 대립과 직접적인 관련이 있다. 조지 부시는 전형적인 미국 지도자다. 그는 경솔하고, 청년기적인 성향이 강하며, 교양도 부족하다. 그는 총을 먼저 쏜 다음 질문을 던지는 행동파이며, 일을 처음부터 제대로 해야 한다는 데는 관심이 없다. 한편 프랑스인들은 사색가형이다. 그들은 지성과 이성으로만 중요한 문제를 해결할 수 있다고 믿는다. 달리 말해 조지 부시는 무의식적인 차원에서 프랑스인을 지배하는 모든 원리와 정반대되는 인물이다. 따라서 현재 프랑스와 미국의 관계가 역사적으로 가장 좋지 않은 상태라는 것은 전혀 이상한 일이 아니다. 다음은 각인 발견 작업에서 프랑스인들이 미국에 관해 이야기한 내용들이다.

■ 나는 미국이 조만간 망할 거라고 생각했어요. 세계 정세에 그토록 무지한 사람들이 어떻게 성공할 수 있겠어요? 하지만 어찌된 영문인지 그들은 결국 최고의 자리에 오르더군요. 정말 이보다 더 큰 수수께끼는 없을 겁니다. — 40세의 프랑스 남성

■ 미국을 생각할 때 맨 먼저 떠오르는 것은 달 착륙입니다. 정말 놀라운 장면이었지요. 그들이 지구의 범위를 넘어 다른 행성에 착륙했다고 생각하면 정말 믿을 수가 없습니다. 달 착륙을 생각하다가 그들이 지금 얼마나 어리석은 짓을 범하고 있는가를 생각하면 도저히 이해가 가질 않습니다. — 64세의 프랑스 남성

■ 대학 시절에 캘리포니아에서 여름휴가를 보냈어요. 디즈니랜드와 유니버설 할리우드를 구경하고, 영화 촬영소에도 가고 스타들의 집을 관광하기도 했지요. 그런 곳은 너무 비현실적이었지만, 정말 재미있었다는 사실만은 인정할 수밖에 없어요. 그것이 내가 본 미국입니다.
— 23세의 프랑스 여성

■ 미국을 생각하면 〈스타워즈Star Wars〉, 〈슈퍼맨Superman〉, 〈스타트랙Star Trek〉, 그 밖의 무수한 공상만화들이 떠오릅니다. 음식은 형편없지만, 미국인들이 위대한 상상력을 발휘한 공로는 인정해줘야 할 겁니다. — 27세의 프랑스 남성

각인 발견 작업에 참가한 프랑스인들은 프랑스가 그들의 이념으로

전세계를 계몽해야 하는데, 실제로는 미국이 그 일을 하고 있다는 생각에서 비롯되는 당혹감을 이야기했다. 그들은 어떻게 이런 일이 있을 수 있냐며 전혀 이해하지 못했다. 참가자들은 시종일관 미국인이 세계를 지도하기에 부적합하다는 자신들의 확신을 이야기했지만, 실수를 통해 교훈을 얻고 더욱 강해져서 되돌아오는 미국인의 능력은 마지못해 인정했다. 미국에 대한 최초의 각인을 이야기해달라는 요청에 많은 사람들이 달 착륙을 거론했고 할리우드와 판타지, 장난감, 상상력을 이야기한 사람들도 있었다. 그들이 본 미국인의 특징은 어린아이 같고 나약하지만 동시에 강인하다는 점이었다. 프랑스인이 미국인을 이야기할 때는 마치 외계인에 대해 말하는 것 같았다. 프랑스인의 미국에 대한 코드는 '외계인(SPACE TRAVELLERS)'이다.

   프랑스인들이 미국인을 외계인으로 본다는 사실을 알면, 그들이 미국과 우호적인 관계를 맺을 수 없다고 느끼는 이유와 미국의 동기가 그들과 다르다고 생각하는 이유를 이해할 수 있다. 또한 미국을 침략자로 여기는 이유도 알 수 있다. 프랑스인들은 미국이 자신들의 세계를 침략해서 미국 문화와 가치를 강요하고 있다고 생각하며, 미국이 하는 일들은 지구의 안녕을 위한 것이 아니라고 생각한다. 그들 눈에 미국인은 온전한 사람이 아닌 '외계인'이기 때문이다.

:: 독일인의 미국 문화에 대한 코드

한편 각인 발견 작업에 참가한 독일인들은 미국인에게 상당히 매료되어 있었다.

■ 미국인들은 너무 함부로 일을 처리합니다. 언제나 즉흥적이고 처음부터 일을 제대로 처리한다는 생각 따위는 안중에도 없는 것 같습니다. 그런데 도무지 알 수 없는 것은, 그럼에도 불구하고 모든 일이 잘되어간다는 겁니다. 그들은 여러 가지 일들을 해냅니다. 일을 처리하는 놀라운 능력이 있어요. —37세의 독일 남성

■ 내가 어릴 때 미군들을 많이 보았어요. 총을 든 사람들을 보면 난 겁이 났죠. 특히 우리나라 사람이 아니면 더 그랬어요. 그런데 미군들은 우리와 같은 아이들에게는 특히 친절하게 대하는 것 같았어요. 아이들과 장난을 치기도 하고 '훌륭한 군인'이 되는 법을 가르쳐주기도 했지요. 난 항상 그런 모습이 감동적이었답니다. —57세의 독일 여성

■ 미국인들은 카우보이입니다. 그들은 모두 카우보이예요. 양복을 입기는 하지만 여전히 카우보이처럼 행동하지요. 우리처럼 단정하고 절제되어 있지는 않지만, 시작한 일은 꼭 해내는 놀라운 능력이 있어요. —50세의 독일 남성

■ 인정하고 싶지는 않지만, 미국이 없었다면 독일이 어떻게 되었을지 알 수 없는 일이지요. 미국인들은 암흑 속에서 우리를 구해주었습니다. —42세의 독일 여성

독일인의 관심은 미국의 업적에 집중되어 있었다. 그리고 미국인이 강력한 지도자이고 세계 최고의 권위자라는 점은 인정하지만 여

독일인은 미국인을 인정 많은 카우보이라고 생각한다. 많은 서부극에서 총잡이로 열연하며 인기를 모았던 존 웨인은 독일인이 생각하는 미국인의 이미지, 즉 강인한 힘과 친절함을 동시에 지닌 따뜻한 터프가이 이미지를 그대로 갖고 있다.

전혀 불신감을 드러냈다. 독일인들은 자신들이 교육과 공학, 질서 창조에 탁월하다고 생각한다. 그들은 미국인을 미개한 사람들로 보지만, 독일인과 달리 세계적 차원에서 일을 처리할 수 있는 능력을 지니고 있다는 점을 알고 있으며, 이런 사실 때문에 당혹스러워한다. 각인 발견 작업에서 거듭 나타난 주제는 어린이들에 대한 미국인의 친절이었다. 세계 어린이들을 대하는 미국인의 태도는 독일인들을 감동시킨다. 독일인은 미국인에 대해 해방자이며 인정 많은 카우보이로 각인하고 있다. 독일인의 미국에 대한 코드는 '존 웨인(JOHN WAYNE)'이다.

이러한 코드를 알면 미국과 독일의 관계가 그토록 오랫동안 우호적이었던 이유와(2000년에는 독일인의 78퍼센트가 미국에 대해 우호적인 견해를 갖고 있었다), 현재 긴장 상태에 있는 이유를 이해할 수 있다. 존 웨인의 이미지는 마을을 곤경에서 구해주고 어떤 감사나 보상도 바라지 않고 말없이 떠나가는 강인하고 친절한 나그네의 모습이다. 존 웨인은 터프가이다. 그는 '법' 그 자체다. 그러나 총을 먼저 쏘는 법이 없다. 이러한 맥락에서 볼 때 미국이 이라크에서 저지른 행동은 독일인이 보기에 이해가 되지 않는다. 독일인들은 미국이 외교적인 해결책을 모두 동원해보지도 않고 이라크에 '먼저 총을 쏨으로써' 군사적 반발을 불러일으켰다고 생각한다.

:: **영국인의 미국 문화에 대한 코드**
각인 발견 작업에 참가한 영국인들이 미국인을 보는 시각은 다음과 같은 이야기들에서 확인할 수 있었다.

- 미국인 친구가 여러 명 있습니다. 그들은 끊임없이 즐거움을 주지요. 미국에 가면 음식을 너무 많이 먹고, 술도 너무 많이 마시고, 밤늦게까지 잠도 자지 않고, 평소보다 두 배나 큰소리로 떠들어댄다는 걸 압니다. 항상 그런 식으로 살 수는 없지만, 미국 생활은 너무 재미있어요. －32세의 영국 남성

- 미국은 모든 게 커요. 나라도 크고, 사람들도 크고, 야망도 크고, 모든 걸 먹어치우는 식욕도 대단하지요. 아직 미국에 가본 적은 없지만, 왠지 모두가 큰 저택에 살면서 거대한 차를 몰고 다닐 것 같아요. －18세의 영국 여성

- 미국인을 우리보다 수준이 조금 낮은 사람들로 생각하기 쉽습니다. 말투도 우스꽝스럽고(그리고 그들은 항상 큰소리로 떠들어대지요), 모두 이리저리 몰려다니는 어린아이들 같습니다. 그들은 '역사'를 지난 10여 년 동안 일어난 일 정도로 생각하고, 또 한결같이 비만하죠. 하지만 그들이 우리보다 못한 사람들이라면 어떻게 그처럼 많은 업적을 이뤄낼 수 있었겠어요? 그들은 우리가 알지 못하는 것을 알고 있는 것 같습니다. －55세의 영국 남성

- 나는 항상 미국인이 우리 가게에 들어오면 즉각 알아봅니다. 그들이 말하지 않아도 알 수 있어요. 그들의 눈을 보면 알 수 있지요. 미국

인들은 무엇이든 전부 탐을 내거든요. - 48세의 영국 여성

영국의 참가자들이 생각하는 미국인은 몸집이 크고, 소란스럽고, 강하고, 천박하고, 극단적이고, 무슨 수를 써서라도 이기려 드는 사람이었다. 영국인들은 미국인이 절제력이 없고, 전통도 없으며, 계급 제도가 없다고 이야기하지만, 동시에 미국인들의 자신감과 열정, 성공 기록, 무슨 일이든 할 수 있다는 태도를 찬양했다. 미국에 관한 최초의 각인을 돌이켜보라는 요청에 영국의 참가자들은 한결같이 거대함을 이야기했다. 즉 나라의 크기와 상징물(자유의 여신상과 러시모어 산, 엠파이어스테이트빌딩)의 크기, 세계에 미치는 영향력의 크기에 대해 이야기했다. 이 밖에 미국에 관한 이야기에는 한결같이 양의 개념이 나타났다. 영국인의 미국에 대한 코드는 '부끄럽지 않은 풍요함(UNASHAMEDLY ABUNDANT)'이다.

이러한 코드를 알면 여론조사에 응한 영국인의 다수(55퍼센트)가 미국에 대해 우호적인 견해를 보인 이유를 이해할 수 있다(그러나 이는 2000년의 83퍼센트에서 급격히 낮아진 수치다). 영국인은 미국인이 모든 것에서 풍요를 추구하기를 기대한다. 또한 극단적이고, 무슨 수를 써서라도 승리를 노리는 사람들이기를 기대한다. 따라서 그들의 입장에서 보면 현재 미국의 외교 정책은 자신들의 코드와 잘 맞는다.

:: **자국의 코드와 외국의 코드를 결합시키기**
이제 각인 발견 작업에 참여한 기업들은 미국에 관한 프랑스, 독일,

영국의 코드를 알아냈으므로 각 문화에서 마케팅 전략을 수립할 때 '미국인다움(American-ness)'을 버리지 않는 것이 가장 중요했다. 영국인들이 미국인에게서 풍요를 기대한다면 그 점을 부각시키는 것이 중요하다. 따라서 제품은 '최고급'이고 '초대형'이어야 한다. 독일인들이 미국인에게서 존 웨인을 기대한다면 어느 누구에게도 변화를 요구하지 않고 '문제를 해결하는' 데 도움이 되는 제품이야 한다('해방자'라는 자동차에 대한 코드를 이용한 지프 랭글러에 대한 성공적인 마케팅 전략을 기억하라). 프랑스인들이 미국인에게서 외계인이라는 이미지를 봤다면, 프랑스에 소개하는 제품은 그러한 특성을 갖추어서 새롭고 진기해야 한다.

그러나 미국에 대한 외국의 코드를 안다고 해서 그 시장에서 성공을 보장받는 것은 아니다. 외국에서는 어떤 전략을 펼치든 그곳의 문화가 스스로에 대해 생각하는 바 역시 알아야 한다.

프랑스에 대한 프랑스인의 코드는 '사상(IDEA)'이다. 프랑스의 위대한 철학자와 사상가들의 이야기를 들으며 성장한 프랑스 어린이들은 사상에 가장 높은 가치를 부여하고 인생의 궁극적인 목표를 정신적으로 높은 경지에 도달하는 것이라고 마음에 새긴다.

영국에 대한 영국인의 코드는 '계급(CLASS)'이다. 영국인들 사이에는 자신들이 다른 민족들보다 우월한 사회 계급에 속해 있다는 강한 의식이 있다. 이러한 의식은 세계를 이끌었던 영국의 오랜 역사와 ("대영제국에서는 태양이 지지 않는다.") 영국인이 된 것은 타고난 특권이라는 대대로 전해져온 메시지에서 기인한다.

독일에 대한 독일인의 코드는 다음과 같은 이야기를 통해 가장 훌룽하게 설명할 수 있다.

　덴마크의 장난감회사인 레고(Lego)는 독일 시장에서는 조립블록으로 즉각 성공을 거뒀지만 미국에서는 어려움을 겪고 있었다. 왜 그럴까? 레고의 경영진은 자신들이 성공한 것은 블록 상자마다 들어 있는 훌륭한 설명서 덕분이라고 믿었다. 설명서에 따라 어린이들은 블록 한 상자로 자동차나 우주선을 만들었다. 설명서는 간결하고 화려하며 명쾌해서 조립블록 분야에서는 획기적인 아이디어였다. 어린이들은 레고 블록으로 간단하면서도, 어떤 점에서는 마술과 같은 구조물을 만들어냈다. 설명서대로 만들면 작은 플라스틱 조각들이 웅장한 구조물로 변했다.

　그런데 미국 어린이들은 설명서 따위에는 전혀 관심이 없었다. 그들은 블록 상자를 뜯은 다음 설명서를 한 번 힐끗 보는 둥 마는 둥 하고, 즉시 자기 마음대로 블록을 조립하기 시작했다. 그들은 멋진 시간을 보내는 것처럼 보였지만, 아마 요새 따위를 만들었을 것이다. 그러나 설명서에는 자동차를 만들도록 되어 있었다. 일단 요새가 완성되면 그들은 그 요새를 부수고 처음부터 다시 시작하곤 했다. 레고 입장에서는 당혹스러울 수밖에 없었다. 미국 어린이들은 레고 한 상자로 여러 해를 놀 수 있었기 때문이다.

　그러나 독일에서는 레고의 전략이 적중했다. 독일 어린이들은 레고 상자를 열면, 설명서를 찾아서 자세하게 읽은 다음 블록들을 빛깔별로 분류했다. 그들은 설명서에 있는 명쾌하고 자세한 그림에 조립 과정을 비교해가며 작품을 만들기 시작했다. 조립이 완료되면 상자 포장지의 모형과 똑같은 복제품이 생겨났다. 어린이들은 그것을 어머니에게 자랑하고, 어머니는 박수를 치며 칭찬해준 다음 그 모형을 선반 위에 올려놓았다. 따라서 이제 독일 어린이들은 또 다른 조립블록이 필요했다.

레고는 미처 의식하지 못한 채 독일에 대한 독일인의 코드, 즉 '질서(ORDER)'라는 코드를 이용했던 것이다. 여러 세대에 걸쳐 독일인은 끊임없이 이어지는 혼란을 피하려고 관료제도를 완성했으며, 따라서 일찍이 '질서'라는 코드를 강력하게 각인해왔다. 이러한 각인 덕분에 어린이들은 설명서를 충실히 따르게 되고, 질서라는 코드 때문에 새로운 것을 조립하기 위해 멋진 모형을 즉시 부수지 못한다. 결국 레고의 멋진 천연색 설명서는 독일인의 코드를 이용해 지속적인 판매를 보장받게 되었다.

두 가지 코드—자국 문화에 관한 코드와 외국 문화에 관한 코드—를 모두 이해하고 있는 기업은 성공할 준비를 잘 갖추고 있는 셈이다. 여러 해 전 AT&T는 프랑스의 전국 전화설비 공사의 도급 계약을 따내려 한 적이 있었다. 그들의 가장 중요한 경쟁자는 스웨덴 회사인 에릭슨(Ericsson)이었다. AT&T의 제안 설명은 자기 회사가 얼마나 크고 강력한지, 그리고 프랑스의 노후한 전화설비를 어떻게 교체할 것인지에 집중되어 있었다. 그들은 미국에 대한 프랑스의 코드를 알지 못한 탓에 새롭고 진기한 조건을 제시하지 못했고, 프랑스에 대한 프랑스인의 코드도 알지 못했기 때문에 프랑스인의 사상에 대한 생각을 반영해 공사를 진행할 수 있다는 사실도 알지 못했다.

에릭슨은 제안 설명을 할 때 우선 프랑스의 코드에 호소했다. 그들은 프랑스인들에게 군주제도를 전해준 것에 감사의 인사를 했다(나폴레옹이 그다운 엉뚱한 발상으로 스웨덴을 자신의 휘하에 있던 젊은 장군인 장 바티스트 베르나도트(Jean Baptiste Bernadotte)에게 넘겨주었고, 그는 카를 14세(Karl XIV) 왕이 되어 스웨덴을 근대화했다). 이런 서두 인사를 통해 프랑스 문화를 잘 이해하고 있음을 알렸고, 프랑스 문화를 존중하며 그 안에서 공사를 잘 해낼 수 있음을 보여주었다. 에릭슨이 계약을 따낸 것은 물론이다.

크라이슬러는 제품의 연구개발이 전부 디트로이트에서 이루어지기 때문에 아직 미국 회사로 인식되고 있다. 이 회사는 프랑스에 피티 크루저를 소개할 때 코드를 훌륭하게 활용했다. 그들은 프랑스 도로에서 처음 보는 자동차를 소개함으로써 외계인으로서 미국인의 역할을 완수했다. 그리고 프랑스에 대한 코드와 꼭 맞는 방법으로 마케팅을 펼쳤다. 그들은 광고를 통해 피티 크루저를 만들어낸 새로운 아이디어 150가지를 소개했으며, 아울러 여러 가지 아이디어를 상세히 설명하는 광고도 다양하게 내보냈다. 물론 프랑스인들은 이런 마케팅에 반응했다. 자동차 값은 미국보다 프랑스에서 훨씬 비싼데도 피티 크루저는 크게 인기를 끌었다.

결론을 말하자면, 세계 시장에서 성공을 거두기 위해서는 하나의 제품을 위한 전략 안에서 여러 가지 코드를 한꺼번에 다룰 수 있어야 한다. 미국 기업이 독일 시장에서 성공을 거두기 위해서는 해당 제품에 대한 독일인의 코드와 더불어 질서와 존 웨인이라는 코드에 부합하는 전략을 세워야 한다. 프랑스 시장에서 좀더 많은 물건을 팔고 싶다면 역시 해당 제품에 대한 프랑스인의 코드와 더불어 사상과 외계인이라는 코드에 잘 맞는 전략을 마련해야만 한다. 어떤 나라의 기업이든 세계 시장을 공략하기 위한 전략에는 각국의 문화적 배경을 고려한 맞춤형 전략이 포함되어야 하는 것이다.

크라이슬러가 '해방자'라는 코드를 이용해 프랑스와 독일에서 지프 랭글러를 다시 내놓자 판매량이 크게 증가했다. 이런 제품 설명이 성공한 까닭은 미국에 관한 두 나라의 관점과 관련해 코드가 일치했기 때문이다. 프랑스의 광고에서는 지프 랭글러의 독특한 스타일을 활용해 사상을 좋아하는 국민성에 호소했다. 또한 비포장도로를 달릴 수 있는 지프 랭글러의 능력은 지구의 한계를 벗어난 우주여행을 교묘하게 암시했다. 독일에서는 마케팅 전략을 지프의 역사적 위치에 집중시킨 것이 코드와 일치했다. 그것은 제3제국에서 독일을 해방시킬 때 지프가 수행한 역할처럼 제2차 세계대전 후의 질서 회복과 존 웨인을 상기시켰기 때문이다.

영국에서는 전혀 다른 마케팅 전략이 필요했다. 영국인들은 미군들을 해방자로 경험한 적이 없었다. 게다가 영국 제품인 랜드로버(Land Rover)가 SUV시장에서 판매 우위를 차지하고 있었다. 영국의 코드를 알고 있던 크라이슬러는 영국에서는 지프 랭글러 판매를 추진하는 대신 매우 고급스러우면서 소비자 호응이 좋은 그랜드 체로키(Grand Cherokee)를 내놓았다. 광고는 부부가 고급 그랜드 체로키를 몰고 런던에 있는 집에서 시골 별장으로 가는 모습을 보여주었다. 체로키의 고급스러운 다양한 특징들은 '부끄럽지 않은 풍요함'을 의미했고, 런던의 아름다운 집과 시골의 엉성한 별장은 계급을 강조했다. 이 광고는 정확히 코드와 맞아떨어졌고, 덕분에 그랜드 체로키는 랜드로버를 앞질렀다.

:: 코드와 잘 맞는 삶을 살기

미국과 미국인은 전세계의 다양한 문화에 다양한 메시지를 보낸다. 다른 문화에 속한 사람들은 가끔 이러한 메시지에서 자신들이 간절히 원하는 것을 보기도 하고, 자신들에게 부족한 것을 발견하기도 한다. 다른 나라의 문화에서 자신의 세계관과 일치하는 것을 발견할 때, 그 문화에 감동하는 것은 지극히 당연한 일이다.

나는 프랑스에서 태어났지만, 전세계 모든 사람들과 마찬가지로 스스로 선택한 조국은 아니었다. 어릴 때부터 프랑스 문화가 여러모로 나와 잘 맞지 않는다는 사실을 알았다. 프랑스인들은 대단히 비판적이고 비관적일 뿐만 아니라, 타인이 소유한 것을 시기하며 개인의 성공을 별로 중시하지 않는다. 프랑스에서 사람들에게 새로운 아이디어를 바탕으로 큰 기업을 세우고 싶다고 말했을 때, 그들은 코웃음을 치며 나를 과대망상증 환자라고 했다.

미국 문화는 내가 인생에서 원하는 것, 특히 성공에 필요한 많은 것들을 제공해줄 수 있을 것으로 보였다. 내가 미국으로 이주를 결심했을 때, 프랑수아 미테랑(François Mitterrand) 대통령은 외국으로 떠나는 모든 시민의 재산을 동결했다. 때문에 미국에 도착했을 때 나는 무일푼이었다. 잠잘 곳도 없었고 영어 실력도 형편없었다. 나는 미국에 와서 전형적인 이주민 생활을 했고, 내가 하는 말을 알아듣는 사람도 거의 없었다.

뉴욕에 사는 프랑스 이주민들 몇 명을 알고 있어서 미국에 도착하자마자 그들을 찾아갔다. 그들은 나를 반갑게 맞아주었고 지낼 곳과 약간의 돈도 마련해주고 자동차도 이용할 수 있게 해주었다. 장래 계획을 이야기하자 그들은 나를 격려해주며 꼭 성공할 것이라고 말했다. 그 말을 듣고 매우 기뻤지만 머릿속으로 순간 떠올랐던 것은 "당신들 정말 프랑스인 맞아?" 하는 생각이었다. 몇 년 동안 미국에서 살아온 이들은 내가 알던 프랑스인들과는 전혀 달랐다. 이들은 낙관적이었으며, 도움을 주려 했고, 너그럽고, 새로운 기회에 열광적이었다. 다시 말하면 이들은 미국인이 되어 있었다. 그랬다. 이들은 미국 문화를 받아들인 사람들이었지만, 한편으로 나처럼 미국 문화에 맞는 성향들을 이미 갖추고 있었고, 생각이 같은 사람들 속에서 살게 되리라는 것을 알고 있었기 때문에 미국으로 왔다. 나태하고 상상력이 부족한 프랑스인들은 계속 유럽에서 살았다. 용기와 결단력이 있는 사람들은 미국으로 왔다. 이들은 어딜 가나 '조국'을 발견했다. 이들의 조국은 우연이었고, 그 조국을 떠나 미국으로 왔을 때 영원히 살 곳을 발견했다.

미국은 이주민을 받아들이고 동화시키는 일을 모범적으로 수행하지만, 미국인들도 다른 문화에서 '참된 조국'을 찾을 수 있다. 현재 영국에서 록 스타인 영국인 남편과 생활하는 여배우 기네스 팰트로(Gwyneth Paltrow)는 최근에 이런 말을 했다고 한다. "나는 항상 유럽에 매력을 느껴왔어요. 미국은 너무 젊은 나라여서 청년 같은 허세가 많아요." 아마도 팰트로는 미국 문화에 공감하지 못했던 것이 분명하다.

기업의 경우처럼 이주(미국이든 어디든)에 성공할 수 있는 열쇠는 그 지역의 컬처 코드와 결합하는 것이다. 어떤 문화에 속하든 지식인은 프랑스에 가면 자극을 받을 것이다. 통제에 집착하는 사람은 독일 문화에 깊이 공감할 것이다.

　외국 시장에 진출하는 기업이나 이상적인 거주 지역을 찾는 사람에게 가장 중요한 점은 그곳 문화의 코드를 발견하고 이에 부합하려는 노력을 하는 것이다.

Chapter 11

미국 대통령에 대한 코드

비전을 갖춘 반항자

17 89년 선거인단이 신생 미합중국의 지도자로 조지 워싱턴 (George Washington)을 선출했을 때, 선거인들이 그에게 어떤 호칭을 원하는가 물었다. 그들은 각하나 폐하, 전하 같은 전통적인 용어를 제시했다. 워싱턴은 '대통령 님(Mr. President)'으로 불러달라고 답변했고, 이로써 정부 지도자에 대해 미국적인 독특한 접근 방법을 사용하게 되었다. 새 대통령은 왕이 되는 데는 관심이 없었다. 그는 얼마 전 무서운 적들과 맞선 장엄한 전투에서 군사들을 지휘해 한 왕으로부터 미국을 해방시켰으며, 그를 비롯한 건국의 아버지들은 제도를 바꾸지 않고 단순히 우두머리만 교체한다는 사고방식은 신생국가의 신조에 어긋난다는 사실을 깨달았다. 그래서 조지 워싱턴은 '대통령 님'이 되었고, 그러는 과정에서 미국 문화에 매우 강력한 각인이 이루어졌다.

대통령제도의 도입으로 영국 지배에 대한 미국의 반란은 마무리되었다. 이전의 역사적 반란들과는 달리 미국인들은 변화를 이루기 위해 왕을 살해하지 않았다. 대신 왕과 군주제가 상징하는 것들을 대부분 거부하고 그로부터 해방되기 위해 싸웠다. 조지 워싱턴을 대통령으로 선출함으로써 선거인단은 반란군의 지도자를 뽑은 것이다. 그는 왕이 아니라 반란군 총사령관이었다. 이는 유아기에 있던 문화와 효과적으로 결합되었고(어린아이들은 한계를 시험하고 세상이 어떻게 돌아가는지 스스로 배우는 일에 몰두한다), 지금의 청년기적 문화와 특히 잘 연결되었다. 모든 청년들처럼 미국인들은 아버지와 같은 인물을 견디기 어려워한다. 그러나 반항자가 돌격신호를 보내면 그를 기꺼이 따른다. 20세기의 성공한 대통령들 중에는 반항적 기질이 강한 인물이 여럿 있었다. 빌 클린턴은 청년기적 경향이 짙은 워싱턴의 아웃사이더였으며, 로널드 레이건(Ronald Reagan)은 전통 회복을 위한 반란을 통해 미국의 위대함을 재창조하라고 요구했다. 프랭클린 루스벨트(Franklin Roosevelt)는 청년처럼 "우리는 두려움 그 자체밖에는 아무것도 두려워할 것이 없다."라고 외치며 대공황에 맞서 싸웠다.

:: 지도자는 반란을 이끄는 사람이다

이처럼 강인한 사고방식은 건국 이전의 역사에는 존재한 적이 없었다. 미국의 지도자는 반란을 이끄는 사람이다. 이러한 지도자는 건강과 활동을 동일시하는 문화에서는 필수적이다. 미국인들은 변화하고, 전진하고, 재창조하는 과정을 지도할 수 있는 대통령을 원한다. 대통령은 무엇이 망가졌는지 알아야 하고 그것을 고치는 방법도 알아야 한다. 그리고 문제에 맞서 '싸워야' 한다. 반란의 본질은 변화하는 것이다. 미국인들은 이 점을 가장 잘 이해하는 대통령을 선출하는 경향이 있다. 2000년과 2004년 선거에서 조지 부시는 보수 우파를 바라보며 반란을 이끌었다. 아마 다음 대통령은 중도 쪽으로 다시 향해 가자는 돌격신호를 보낼 것이다.

자신이 지향하는 바를 말이나 행동으로 명확히 밝히지 못하는 사람은 유능한 반란자가 못 된다. 미국인은 대통령이 미국이 나아가야 할 방향과 국민을 그곳으로 인도할 방법을 알고 있음을 보여주길 바란다. 아버지 부시는 '비전'을 우습게 여긴 지도자로 유명하며, 그 때문에 1992년 선거에서 비싼 대가를 치렀다. 조지 워싱턴은 '비전'을 잘 알고 있었다. 토머스 제퍼슨(Thomas Jefferson)과 에이브러햄 링컨(Abraham Lincoln)도 그러했고, 미국을 이끈 위대한 인물들로서 미국인들을 감동시킨 다른 모든 대통령들도 마찬가지였다.

그렇다고 미국인들이 항상 위대한 비전을 갖고 있는 대통령을 선출하는 것은 아니다. 어떤 대통령은 선거전에서 승리했다기보다 오히려 상대가 패배했다고 하는 편이 옳은 경우도 있다. 1976년 지미 카터(Jimmy Carter)—반란자가 되지는 못하고 퇴임 후에 더욱 비전을 추구하는 삶을 살아온 인물—가 제럴드 포드(Gerald Ford)를 물리친 것은 미국인들이 워터게이트 사건 이후 공화당에 대한 부정적인 감정이 강했기 때문이다. 조지 부시의 '비전'은 분명 그의 아버지보다 좀더 강력한 것이었다. 그러나 2000년에 그가 선거인단 투표에서 (일반 투표는 아니었지만) 승리를 거둔 것은 자신의 비전 때문이 아니라 상대인 앨 고어가 국민에게 용기를 불어넣지 못했기 때문이다.

아버지 부시의 선거 진영에서 미국에 대한 미국인의 코드를 발견하는 작업을 의뢰해왔을 때, 나는 우선 미국 대통령들과 그 상대들을 하나하나 분석해서 미국인들이 선거기간에 그들을 어떻게 인식했는가를 알아보았다. 다른 모든 일이 그런 것처럼 선거에서도 파충류 뇌가 항상 승리를 거둔다. 미국인들은 대통령이 너무 많은 생각을 가지고 있는 것을 바라지 않는다. 대신 어려움을 이길 수 있는 용기와 강한 생존 본능을 가진 지도자를 원한다. 또 미국인들이 생각하는 대통령 후보는 파충류 뇌의 힘이 특별히 강할 필요가 없으며, 상대보다 조금 더 강하면 된다. 2000년도 선거에서 부시는 파충류 뇌의 힘이 특별히 강하지 않았지만, 상대 후보가 대뇌피질의 힘이 매우 강했다. 2004년도 선거에서는 차이가 훨씬 더 두드러졌다. 존 케리(John Kerry)가 확실한 '대뇌피질형'이었던 것이다. 1996년 선거에서 빌 클린턴은 밥 돌(Bob Dole)보다 파충류 뇌와 대뇌피질이 모두 강했다. 1992년에 조지 부시를 물리칠 때와 마찬가지였다. 그러나 조지 부시는 대뇌피질형인 마이클 듀카키스(Michael Dukakis)보다 파충류 뇌가 강했고, 로널드 레이건은 지미 카터나 월터 몬데일(Walter Mondale)보다 훨씬 파충류 뇌가 강했다. 다른 대통령 선거전들을 계속 살펴보면 워터게이트 사건 이후처럼 특별한 상황에서만 이런 패턴이 깨진다는 사실을 주목하게 될 것이다.

대통령에 관한 각인 발견 작업에서는 당파 관계가 중요하지 않았다. 우리가 찾는 것은 미국인들이 대통령이라는 원형을 어떻게 각인하고 있느냐는 점이었다. 다음 이야기들을 살펴보자.

- 어렸을 적에 어머니와 함께 케네디 대통령의 연설을 본 기억이 납니다. 어머니는 그가 미국 대통령이라고 말했지만 그 말이 무슨 의미인지 몰랐어요. 당시 나는 전세계가 미국 안에 있는 줄 알았죠. 케네디

대통령을 주목하게 된 것은 그가 귀를 기울여달라고 말할 때였어요. 그때 나는 뉴스 따위보다는 만화영화를 더 보고 싶었지만 연설을 지켜봤습니다. 그날 무슨 말을 했는지 기억나지 않지만 연설을 지켜본 뒤 기분이 정말 좋았던 기억은 있습니다. - 30세의 남성

■ 5학년 때 선생님은 레이건 대통령의 대형 사진을 교실에 걸어두었어요. 학생들은 맹세할 때 국기 대신 레이건 대통령을 바라봐야 했지요. 그는 매우 침착하고 강인해 보였습니다. 나는 그가 우리나라를 보살피고 있다는 사실을 알았어요. - 18세의 여성

■ 대통령에 관한 최초의 기억은 라디오로 루스벨트 대통령의 목소리를 들은 일이었습니다. 그 당시 우리 집은 몹시 어려운 상황이었지만 (나라 전체가 그랬지만), 루스벨트 대통령의 연설을 듣고 나면 항상 기분이 좋아졌지요. 그의 연설에는 만사가 잘 풀릴 것 같은 낙관적인 기분을 만들어주는 무엇인가가 있었습니다. - 62세의 남성

■ 대통령에 관해 가장 뚜렷하게 기억에 남는 것은 뉴저지 주에서 레이건의 첫번째 선거 운동에 참여한 일이었어요. 어느 날 레이건 대통령 후보가 예비선거에 앞서 연설을 했는데, 그의 비전과 목적의식에 압도되고 말았지요. 그는 무엇이 문제인지 알고 있었고 그 문제를 바로잡는 방법도 알고 있었습니다. 연설 뒤에 그와 악수를 나눌 기회가 있었는데 그의 앞에 서 있는 것만으로도 넘치는 힘을 느낄 수 있었어요.
- 40세의 여성

■ 초등학교 때 대통령에 관한 글을 써야 했습니다. 그때까지 정부와 관련된 것에는 별로 관심이 없었지요. 그 무렵에 대통령이 누구냐고 물으면 아마 대답도 하지 못했을 겁니다. 그래도 무엇인가 해야 했기에 링컨에 관한 책을 읽게 되었고, 그 덕분에 문자 그대로 내 인생이 바뀌었지요. 그가 조국을 위해 어떤 일을 했으며 미국을 위해 자신의 신념을 얼마나 굳게 지켰는가를 책을 통해 알게 되었을 때 완전히 압도되고 말았지요. 나는 10대 때부터 지역에서 여러 가지 방법으로 사회봉사에 참여해왔는데, 이는 링컨 대통령에 관한 책을 읽은 덕분입니다. — 51세의 남성

각인 발견 작업에 참여한 참가자들의 이야기에서 "그가 귀를 기울여달라고 말할 때였어요."라든가, "나는 그가 우리나라를 보살피고 있다는 사실을 알았어요."라든가, "그는 무엇이 문제인지 알고 있었고, 그 문제를 바로잡는 방법도 알고 있었습니다."라든가, "나는 완전히 압도되고 말았지요."와 같은 구절들을 보면 미국인들이 대통령에게 원하는 것이 무엇인지 뚜렷하게 드러나 있다. 미국인은 연설로 대중의 관심을 끌 수 있는 훌륭한 비전을 갖춘 인물을 원한다. 국가를 보살필 수 있는 파충류 뇌가 강한 인물을 원하고, 문제점과 그 문제점을 바로잡는 방법을 알고 국민들로 하여금 문제에 맞서 싸우게 하고, 국민을 약속된 땅으로 인도할 수 있는 인물을 원한다. 미국인은 아버지와 같은 인물을 원하지 않는다. 성서적 인물을 원한다. 미국 대통령에 대한 미국인의 코드는 '모세(MOSES)'다.

이는 제도화된 종교를 믿지 않는 사람들에게는 뜻밖의 사실일지

모르지만, 모세 이야기의 종교적 요소들을 제거하면 그가 미국 대통령에 대한 코드를 상징하는 데 적합한 인물이라는 점을 알게 될 것이다. 즉 그는 강력한 비전과 자신의 민족을 곤경에서 구하겠다는 의지를 갖춘 반란의 지도자였다.

또한 모세는 자신의 민족에게 불가능한 일을 할 수 있다는 믿음을 갖게 했다. 이는 조지 워싱턴으로부터 비롯된, 위대한 대통령들이 갖춰온 기술이다. 조지 워싱턴은 오합지졸의 군대를 이끌고 막강한 영국 군대와 싸워서 물리쳤다. 에이브러햄 링컨은 남북전쟁에서 승리할 수 있다는 확신을 주었다. 프랭클린 루스벨트는 미국인들에게 대공황을 이겨낼 수 있다는 믿음을 갖게 했다. 로널드 레이건은 절망에 빠진 미국인들에게 위대함이라는 비전을 불어넣어주었다. 이들은 단순히 말솜씨나 이상주의로 이런 일을 해낸 것은 아니다(사실 지미 카터의 경우에서 교훈을 얻은 것처럼 대통령에게 이상주의는 중대한 결함이다). 그들은 탁월한 비전을 함께 나누자고 설득함으로써 국민들을 행동에 나서게 했으며, 사막에서 벗어나 약속된 땅으로 갈 수 있도록 방향을 제시했다.

그러나 미국인들은 대통령이 성서의 모세처럼 신의 인도를 받는 이상적인 인간이기를 바라지 않는다. 대통령이 완벽한 사람이기를 원하지도 않는다. 가장 중요한 점은 대통령이 스스로 완벽한 인간으로 자처하기를 미국인들이 바라지 않는다는 사실이다. 앞에서 살펴본 것처럼 미국인들은 완벽함을 두려워한다. 미국은 문화적으로 청년기에 있으며, 따라서 대통령도 청년답기를 바란다. 미국인들은 대통령이 미국의 정신과 조화를 이루기를 바라는데, 이는 처음부터 일을 올바로 처리해야 한다는 뜻과는 거리가 멀다. 오히려 실수를 범하더라도 그 실수에서 교훈을 얻고 발전해가기를 원한다. 클린턴 대통령의 재임기간은 실수투성이였지만(실패한 국가 보건 계획에서부터 화이트워터 게이트(Whitewater gate : 클린턴이 부동산 투자와 관련된 비리를 저질렀다는 의혹을 받은 사건 – 옮긴이 주)와 모니카 르윈스키(Monica Lewinsky) 스캔들에 이르기까지), 〈ABC 뉴스ABC NEWS〉와 〈워싱턴 포스트The Washington Post〉의 여론조사를 보면, 두번째 임기 말에 그의 지지율은 레이건을 포함한 제2차 세계대전 이후의 어떤 대통령보다 높았다. 대통령이 탄핵 청문회 이후에도 높은 지지율을 유지할 수 있었던 것을 보면, 미국인들이 완벽함을 추구하지는 않는 게 분명해 보인다.

:: 코드와 맞는 투표를 하다

미국 대통령에 대한 코드는 미국에 대한 미국인의 코드(다음 장에서 다룰 예정이다)와 매우 일치한다. 이는 지극히 당연한 일이다. 가장 중요한 지도자가 가장 기본적인 코드와 대립한다면 문화가 효과적으로 기능할 수 없기 때문이다.

예컨대 캐나다인들은 문화를 유지할 능력이 있는 지도자를 찾는다. 캐나다에 대한 캐나다인의 코드는 '유지하는 것(TO KEEP)'이다. 이러한 코드는 캐나다의 혹독한 겨울 때문에 생겨났다. 캐나다인들은 일찍부터 이른바 '겨울 에너지'를 이용하는 법, 즉 되도록 많은 에너지를 보존하는 법을 배웠다. 그들은 큰 어려움을 타개할 수 있는 비전을 갖춘 지도자를 찾지 않는다. 캐나다의 유권자들은 보호자의 역할을 수행하고, 캐나다 문화를 최대한 현 상태대로 유지할 수 있는 사람을 총리로 선출한다.

한편 프랑스인들은 새로운 사상으로 체제에 도전하는 지도자를 중심으로 결집한다(프랑스에 대한 프랑스의 코드가 '사상'임을 명심하라). 나폴레옹과 드골(De Gaulle)이 프랑스 지도자의 본보기로 여겨지는 까닭은 그들이 기존 체제를 민중에게 더욱 충실히 이바지하도록 변화시켰기 때문이다(그러나 나폴레옹의 경우에서 보듯이 "민중에게 이바지한다."라는 생각은 세월이 지나며 달라졌다).

미국인들의 투표를 결정하는 동기는 무엇일까? 여러 가지 점에서 이념과 정치 강령은 결정의 근거가 되지 못한다. 미국에서 보수주의와 진보주의의 차이는 비교적 적다. 정치인과 학자들은 미국이 진보적인 주들과 보수적인 주들로 확연히 갈라져 있는 것으로 묘사하지만, 하나의 문화로서 보면 미국인들의 사고방식은 서로 일치되는 면이 강하다는 사실이 드러난다. 중부지역의 각인 발견 작업에서 파악한 구조는 뉴욕이나 시카고, 로스앤젤레스와 동일하다.

미국인의 '차이점들'은 세 부분으로 나누어진 정치제도 덕분에 더 줄어든다. 미국인들은 낙태와 동성애자 권리, 핵무기, 사회보장제도, 이민 억제와 같은 중요한 문제들은 어떤 조치를 취하기 전에 매우 오랫동안 논쟁을 벌인다. 실제로 이런 문제들에 관한 논쟁은 그 시기에 선출되는 대통령의 임기가 끝난 뒤에도 계속될 가능성이 높다. 또한 어떤 행동을 취해도 논쟁이 계속되므로 그 조치를 수정하거나 변경할 수 있다. 동시에 가장 강력한 법률들 중 많은 것들이 주(洲) 수준에서 존재하기 때문에 전국적으로 격렬한 논쟁이 벌이지고 있는 중에도 코네티컷 주에서는 동성 결혼(same-sex civil union)을 허가할 수 있다. 미국 헌법의 장점은 아무리 강력한 지도자라 해도 과다한 권력을 소유할 수 없다는 것이다.

미국의 기본 속성은 한 대통령의 임기중에 너무 많은 것을 변화시키지 않는 것이다. 대통령이 변화시키는 것은 미국의 정신이나 낙관주의 정신 또는 낙관주의 정신의 결여다. 이는 대체로 모세를 대신해서 약속된 땅으로 데려갈 수 있다는 믿음을 줄 수 있는 대통령의 능력과 관련이 있다. 2004년도 대통령 후보들은 모두 이러한 코드와 전혀 맞지 않았다. 조지 부시는 존 케리보다 파충류 뇌가 강했지만 모세의 역할을 수행하지 못했기 때문에 비관주의가 생겨났고, 지지율도 역사상 유례가 없을 정도로 낮았다.

:: 대통령은 최고의 연예인이다

미국인들에게 대통령은 '최고의 연예인'이라는 의식이 있다. 대통령의 일차적 임무는 국민을 격려하고, 용기를 북돋워주며, 계속 생산적으로 활동하게 하는 것이다. 미국의 원형에 깊이 공감하는 대통령이야말로 가장 뛰어난 연예인이다. 이것이 바로 배우들(몇 명을 꼽아보면 로널드 레이건과 아널드 슈워제네거(Arnold Schwarzenegger), 클린트 이스트우드(Clint Eastwood), 제시 벤투라(Jesse Ventura) 등이 있다)이 유권자들 사이에서 인기를 끄는 이유다.

미국의 코드와 맞는 대통령은 이념을 초월해 코드와 맞지 않는 대통령이 할 수 없는 방식으로 나라를 발전시킨다. 많은 사람들이 프랭

클린 루스벨트와 로널드 레이건의 정강 정책에는 동의하지 않지만, 두 대통령은 모두 임기중에 미국의 운명(특히 경제적 운명)을 크게 바꾸어놓았다. 비전을 갖춘 반항자가 그 일을 해낸 것이다.

　후보 입장에서 볼 때 코드를 알면 미국인들이 대통령에게 기대하는 바를 확실하게 이해할 수 있다. 메시지를 전하고 용기를 줄 수 있는 능력 못지않게 비전도 매우 중요하다. 미국인들은 자신에게 이래라저래라 하는 아버지와 같은 인물은 원하지 않으며, 이해하고 따를 수 있는 비전을 갖춘 사람을 원한다. 또한 생각이 너무 많은 대통령은 결코 원하지 않는다. 그래서 특별한 상황이 아니면 파충류 뇌가 강한 후보가 항상 승리한다. 이는 존 케리와 마이클 듀카키스를 비롯한 다른 많은 후보들이 이해하지 못하는 부분이다.

　문화는 대단히 느리게 변한다. 이 말은 미국인들이 먼 장래에도 '모세형' 대통령을 찾게 될 것이라는 뜻이다. 미국인들이 모두 이러한 코드를 이해한다면, 2008년 이후에는 선거 과정이 크게 달라질 수도 있을 것이다.

Chapter 12

성숙도 포기도 거부하는 나라

지금까지 미국 문화에서 가장 기본적인 원형들 중 몇 가지를 탐구하고, 그 원형들 속에 있는 무의식적 코드들을 알아보았다. 무의식적 메시지들 중에는 아름다움과 쇼핑에 대한 코드처럼 교육적인 것도 있었고, 사랑과 비만에 대한 코드처럼 경고도 있었으며, 섹스에 대한 코드처럼 조금 두려운 것도 있었다. 이러한 코드들은 우리의 행동을 결정하는 동기를 엿볼 수 있게 해주었고, 우리의 행위를 새롭게 볼 수 있는 새로운 안경을 제공해주었다. 또한 다른 문화의 코드와 비교해봄으로써 전세계에는 정말 다양한 사람들이 산다는 사실을 알게 해주었다.

미국에 대한 코드는 이 책에서 다룬 다른 모든 코드들을 포괄한다. 이 코드는 미국 문화 안에서 가장 넓은 시각에서 스스로를 생각하는 방식을 알려주고, 간접적으로는 다른 코드들을 이해할 수 있도록 도와준다. 미국에 대한 코드를 알면 우리가 왜 사랑을 헛된 기대로 보고, 건강을 활동으로 보고, 고급 명품을 군대 계급장으로 보며, 대통령을 모세로 보는지 이해하게 된다.

그렇다면 미국인은 미국을 어떻게 생각할까? 미국인은 스스로를

'새롭다(new)'고 생각한다. 물론 청년기에 속한 미국인은 새로울 것이다. 미국에는 숲과 대협곡을 빼면 오래된 것이 없다. 미국인은 늘 무엇인가를 건설하고 갱신하며, 보존하는 것보다는 부수는 것을 더 좋아한다. 미국의 지명도 이를 반영한다. 뉴욕에서 차를 타고 뉴잉글랜드로 가면, 거기서 뉴헤이번과 뉴런던, 뉴턴을 지나 뉴햄프셔에 도달할 수 있다. 또한 남쪽으로 가면 뉴호프와 뉴베리, 뉴윙턴을 거쳐 뉴올리언스에 이른다.

:: 거시 문화의 대가들

미국인은 자신들이 광활한 공간에서 살고 있다고 생각한다. 다시 차를 몰고 서부로 가면 일주일을 달려도 여전히 미국 안에 머물러 있을 것이다. 유럽이라면 한나절 만에 4개국을 지날 수 있다. 이런 규모에 대한 의식이 미국 문화를 지배한다. 좁은 공간에서 많은 인구가 살아야 하는 환경 때문에 일본이 미시 문화(micro-culture)의 대가가 된 것처럼, 미국인들은 거시 문화(macro-culture)의 대가들이다. 미국인은 자동차에서 집과 음식에 이르기까지 무엇이든 풍족하기를 바란다. 그리고 크기나 규모를 줄여야 한다는 말을 듣기 싫어한다. 최근에 미국의 한 자동차회사가 전통적인 차종 중 하나를 신형으로 내놓으며 크기를 13센티미터 정도 줄이려 했다. 그러나 이는 큰 실수였다. 비록 13센티미터는 작은 차이지만, 미국인에게는 13센티미터가 작은 것보다 13센티미터가 더 큰 경우가 훨씬 설득력 있는 메시지로 전달되기 때문이다. 미국인들은 무엇인가를 줄인다는 생각을 제대로 받아들인 적이 없다. 의사들이 식사량을 줄이라고 말할 때 과연 몇 사람이나 귀를 기울일까? 작은 집에 살기를 바라는 사람은 또 몇이나 될까?

그러나 미국의 매력 중 하나는 광활한 공간 안에서 놀랍게도 다양성과 통일성을 모두 찾아볼 수 있다는 점이다. 미국에서 차를 몰고 전국을 다니다 보면 풍경이 극적으로 변화한다. 메인 주의 바위투성이 해안으로부터 뉴욕 시의 장엄한 콘크리트 구조물, 중서부의 드넓은 평원, 그랜드캐니언의 경이롭게 펼쳐진 평원, 그리고 노스캘리포니아 주의 하늘로 치솟은 아메리카 삼나무 숲에 이르기까지 풍경은 매우 다채롭다. 또한 지역의 풍미도 역동적으로 변한다. 뉴잉글랜드 주의 해물요리 식당에서 노스캐롤라이나 주의 바비큐 전문집으로, 오마하 주의 스테이크 하우스로, 시카고 주의 핫도그 판매점으로, 그리고 샌프란시스코 주의 채식주의 카페로 바뀐다. 그러나 자동차 여행을 하는 동안 매일 밤 홀리데이인 호텔에 묵으며 스크랜턴에서도 새크라멘토에서와 똑같은 휴게실을 이용할 수 있으며, 이튿날 다음 행선지로 떠나기 전에 그 지역 스타벅스에서 고급 탈지 우유를 마실 수도 있다. 이렇게 "여럿으로 이루어진 하나(From the many, one)"는 미국 문화에 꼭 맞는 표어다.

이러한 새로움과 크기, 다양성, 통일성은 미국인에게 매우 깊이 각인되어 있다. 미국의 상징물은 공중을 미끄러지듯 날아가는 독수리, 미국 해안에 도착한 방문객을 환영하는 거대한 자유의 여신상, 파괴된 건물의 폐허 위에 세워진 국기다. 이 같은 상징물들은 매우 강력한 미래상을 만들어준다. 미국에 대한 코드를 알아내기 위한 각인 발견 작업을 실시했을 때, 참가자들은 다음과 같이 강렬하고 감동적인 심상으로 가득한 이야기들을 털어놓았다.

- 미국에 관한 가장 뚜렷한 기억은 우주비행사들이 달에 미국 국기를 꽂는 장면을 본 것이었습니다. 그 순간보다 더 미국을 자랑스럽게 느낀 적이 없었어요. 내게 그 장면은 미국의 위대한 모든 것, 즉 우리가 성취해야 하는 모든 것을 상징했습니다. — 51세의 남성

- 미국에 관한 첫번째 기억은 내가 아주 어렸을 때 링컨 기념관을 방문한 일이었습니다. 우리는 그때 이틀 동안 워싱턴에서 휴가를 보내며 많은 구경을 했지만, 기념관에 앉은 링컨의 모습이 가장 인상 깊었지요. 어머니는 링컨이 "노예를 해방시켰다."라고 말했습니다. 그것이 무슨 뜻인지는 몰랐지만 무엇인가 중요한 얘기처럼 들렸고, 그 말은 내게 큰 의미를 주었습니다. 그때의 경험으로 나는 미국인이 어떤 일을 해야 하는지 어렴풋이 알게 되었지요. — 26세의 남성

- 우리 아들이 속한 축구팀이 9·11사건 후 금요일에 촛불을 켜고 밤샘을 했어요. 많은 아이들을 비롯해 우리는 대부분 울고 있었지만, 그 아이들의 눈동자에 일렁이는 불빛에서 희망을 보았어요. 그들은 뭐가 뭔지 모르는 상태에서 조금은 겁을 먹고 있었어요. 하지만 난 한순간도 그들이 위협을 받으리라고 생각하지 않았습니다. 그들은 미국의 미래였고 그들의 인생에서 이뤄야 할 일이 너무 많았으니까요. — 40세의 여성

■ 미국에 관해 가장 뚜렷하게 남는 기억은 〈혹성 탈출Planet of the Apes〉(다시 제작된 작품이 아닌 원작)의 끝 장면이었습니다. 자유의 여신상이 모래에 묻힌 것을 봤을 때 얼마나 슬프던지요. 영화와 같은 이런 일은 결코 일어나지 않을 것이고, 미국인들이 조국을 지켜내겠다는 비전을 가지고 있으므로 미국은 영원할 거라고 혼자 중얼거렸지요.
—47세의 남성

■ 아버지는 아마 어느 누구보다 애국심이 강한 분이었을 겁니다. 아버지는 어릴 때 미국으로 왔고, 자신이 다른 곳에서라면 도저히 얻을 수 없는 큰 기회를 미국에서 얻었다고 믿었습니다. 매일 밤 잠잘 시간이 되면 우리에게 미국과 위대한 미국인에 관한 이야기를 들려주었지요. 나는 위대한 비전들이 머릿속에 온통 가득한 상태에서 잠이 들었습니다. 나는 아버지의 그런 애국심을 아이들과 손자들에게 전했습니다. —62세의 남성

여러 메시지들 가운데 범위가 넓은 것이 우선 눈에 띄었다. 아버지가 잠잘 때 들려준 단순한 이야기에서부터 처음 링컨에 대해 배운 어린아이의 순수함까지, 미국의 상징이 무너진 장면을 보고 느꼈던 슬픔과 다짐 또는 비극에 굴하지 않는 소년들에서부터 달 표면에 펄럭이는 국기를 보고 느꼈던 자부심에 이르기까지 다양했다. 그러나 한결같은 것은 이야기에 담긴 커다란 힘이었다. "우리가 성취해야 하는 모든 것"이라든가, "무엇인가 중요한 얘기처럼 들렸고, 그 말은 내게 큰 의미를 주었습니다."라든가, "나는 희망을 보았습니다."라든가,

"조국을 지키겠다는"이라든가, "위대한 비전들이 머릿속에 온통 가득한 상태에서"와 같은 구절들은 신화적 차원, 즉 미국인이 미국을 생각할 때 떠오르는 초현실(hyperreality)을 암시했다. 미국에 대한 미국인의 문화 코드는 '꿈(DREAM)'이다.

꿈은 맨 처음부터 미국 문화를 움직여온 동력이었다. 신세계를 발견한 탐험가들의 꿈, 서부를 개발한 개척자들의 꿈, 새로운 연합국가를 상상한 건국의 아버지들의 꿈, 산업혁명을 이루어낸 기업가들의 꿈, 희망의 땅을 찾아온 이주민들의 꿈, 달에 안착한 새로운 탐험가들의 꿈 등 미국 헌법은 더 나은 사회를 위한 꿈의 표현이다. 미국은 할리우드와 디즈니랜드, 인터넷을 만들어 미국인들의 꿈을 전세계에 전파했다. 미국은 꿈의 산물이고 꿈의 창조자다.

:: 꿈의 창조자를 꿈꾸다

이러한 코드의 발견으로 이 책에서 다룬 다른 여러 코드들은 하나의 맥락을 이루게 된다. 미국인은 평생 지속될 수 있는 낭만적인 연애를 꿈꾸기에 사랑을 헛된 기대로 본다. 누군가의 삶을 통한 진정한 변화를 꿈꾸기에 미인을 남자의 구원으로 본다. 꿈을 너무 열심히 추구하다가 때때로 좌절하는 탓에 비만을 도피로 본다. 무한한 삶을 꿈꾸기에 건강을 활동과 동일시한다. 자신이 기여할 일이 있고 선택한 직업에서 크게 성공할 수 있으리라 꿈꾸기에 지금과 같은 직업관을 갖고 있다. 더 큰 세상에 자신의 자리가 있기를 꿈꾸기에 쇼핑을 세상과의 재결합으로 본다. 돈과 사치품은 성공한 자신의 꿈을 가시적으로 나타내주기에 돈을 증거로, 사치품을 군대 계급장으로 여긴다. 누군가가 자신을 더 나은 미국으로 인도할 수 있으리라 꿈꾸기에 미국 대통령을 모세로 본다.

풍요에 관한 생각도 하나의 꿈이다. 그것은 미국인들에게 당연히 주어져 있다고 믿는 무한한 기회에 대한 꿈이다. 지속적인 활동에 대한 욕구는 항상 더 많은 일을 할 수 있고, 항상 창조하고 성취할 수 있다는 꿈의 표현이다. 미국 문화가 청년기적인 것도 하나의 꿈이다. 미국인들은 자신이 영원한 젊은이이며 전혀 성장할 필요가 없다고 믿고 싶어한다.

미국인들은 꿈같은 이야기를 바탕으로 문화를 건설해왔지만, 그 이야기는 놀랍게도 진실이었다. 훈련도 제대로 받지 못한 시민군은 세계 최강의 군대를 물리치고 미국을 해방시킨다. 노예로 태어난 어린아이는 세계 최고의 발명가 중 한 사람이 된다. 두 형제는 물리적 법칙과 씨름해 인류에게 비행기를 선사한다. 한 여인은 버스 뒷좌석에 앉기를 거부하고 사회혁명을 일으킨다. 소년들로 이루어진 무명 팀은 온갖 난관을 이겨내고 올림픽 금메달을 딴다. 한 젊은이는 차고에서 위대한 아이디어를 개발해 세계 최고의 부자가 된다.

미국이 세계에서 가장 강력하고 영향력 있는 문화를 갖게 된 것은 꿈의 힘을 믿은 덕분이다. 낙관주의는 미국에 대한 코드와 일치할 뿐만 아니라, 미국 문화의 활기를 유지하는 데 필수적이다. 미국이 '불가능한 일'을 하는 것은 그것이 운명이라고 믿기 때문이다. 실제로 미국이 하나의 문화로서 위축되었던 적은 비관주의가 지배할 때였다. 1929년의 대공황은 미국인들에게 가장 오랜 절망의 시기였으며,

그 시기가 그처럼 오래 지속된 까닭은 불가능한 일을 해낼 수 있고, 절망으로부터 벗어날 수 있는 능력이 미국에게 있음을 잊어버렸기 때문이다. 1970년대 중반에서 후반 사이의 높은 실업률과 석유 파동, 비극적인 인질 사태 등으로 자신감을 잃었을 때 미국인은 다시 비관주의에 굴복했다. 하지만 두 경우 모두 꿈이 다시 미국인들을 일어나게 했다. 뉴딜 정책의 꿈과 레이건 정부의 새로운 미국에 관한 꿈이 바로 그것이었다.

:: 비관주의를 비관하다

자기혐오는 물론 비관주의도 미국의 코드와 맞지 않는다. 미국인에게는 오히려 실수가 더 유익하게 받아들여진다는 사실을 기억해야 한다. 실수를 통해 교훈을 얻고 그 결과 더욱 강해지기 때문이다. 미국은 침체기를 겪더라도 곧 뒤이어 성장과 번영의 시기를 맞이했다는 역사적 사실을 기억해야 한다. 유럽인들은 미국의 '종말'을 수없이 예측해왔지만, 그러한 일은 결코 일어난 적이 없다.

미국인이 좋아하는 상징 중 하나는 '돌아온 아이(Comeback Kid)'다. 미국인이 실패한 뒤에 다시 일어서는 사람을(르윈스키 섹스 추문 뒤에 다시 돌아온 빌 클린턴이나 감옥생활에서 돌아온 마사 스튜어트(Martha Stewart)의 경우처럼) 좋아하는 까닭은 강한 문화적 특성 때문이다. 9·11사건 뒤 뉴욕 시가(그리고 나라 전체가) 다시 회복된 과정은 진실로 감동적이었으며 미국의 코드와 일치했다.

미국에서는 비관주의를 상품화해서 장기간 성공한 예가 거의 없다. 할리우드에서 가끔 장난삼아 어두운 유럽 스타일의 영화를 만들어보지만 초대작들은 시종일관 마술과 꿈을 보여준다. 거침없는 창조성과 행복한 결말은 미국에 대한 코드와 꼭 맞는다. 미국과 미국 문화에 비판적이면서도 여러 해에 걸쳐 베스트셀러 목록에 오른 책들도 있기는 하지만, 지속적으로 판매되는 책들은 대개 약속과 희망의 메시지를 전한다. 오늘날 미국의 정치를 상징하는 네거티브 선거전도 그 배경에는 낙관주의가 깔려 있다. 네거티브 선거전은 파충류적인 성격이 강해서 이렇게 주장한다. "(상대가 아닌) 나를 지지하기만 하면 만사가 잘될 것입니다."

:: 일차적 사명은 꿈을 살리는 것

미국의 코드에 맞춘다는 것은 꿈과 꿈꾸는 사람을 지지한다는 뜻이다. 미국인은 큰 이상을 품고, 위험을 무릅쓰고, 실수를 통해 교훈을 얻는 사람들을 격려하고자 한다. 또한 재창조와 새로운 출발을 장려하고 싶어한다. 그리고 그러한 변화는 다시 한번 성장하려면 직장이나 지역 또는 생활환경을 바꿔야 한다고 진심으로 믿을 때만 꿈이라는 코드와 일치할 수 있다.

   미국인들은 정치인들이 더 나은 미래에 관한 비전을 제시해주기를 바란다. 미국인들은 연예인들이 상상력을 불러일으켜주기를 바란다. 미국인들은 기업들이 제품으로 생활조건을 얼마나 개선할 수 있는지 보여주기를 원한다. 미국인들은 교사들이 창조성을 불러일으키기를 바란다. 미국인들은 성직자들이 사람들에게 성취하는 삶을 살아가도록 희망과 지침을 주기를 바란다. 미국인들은 언론 매체가 사람들이 어떤 일로 세상에 기여하고 있는지 보여주기를 바란다.

미국은 결코 탐험과 발견을 거부해서는 안 된다. 우주 탐험 계획은 비실용적으로 보이지만 미국에 대한 코드와 꼭 맞는다. 미국의 달 탐사 여행은 미국 역사와 세계 역사에서 획기적 사건이었다. 미국인들은 지구를 벗어나 다른 행성으로 간 최초의 사람들이었다. 비용이 너무 많이 들고 성과가 너무 적다는 이유로 우주 탐사 계획을 포기하지 말고 더 원대한 목표를 세워야 한다. 화성으로 가는 것은 거의 불가능해 보이지만 그곳에 도달하게 되면 그만큼 만족감은 더 커질 것이다. 꿈은 무한한 가치가 있다.

미국은 이주민을 거부하면 안 된다. 이주를 규제하면 가장 오래된 꿈들 중 하나를 폐기하는 결과를 낳기 때문이다. 물론 국방도 필요하지만 이주로 새로운 피가 수혈되면 미국의 꿈이 계속 살아나 모두에게 유익하다. 누군가가 미국에 와서 미국 문화를 받아들이기를 원한다면 그 덕분에 미국 문화는 더욱 튼튼해지고, 동시에 미국이 관대하고 독특한 나라임이 드러날 것이다.

또한 미국과 미국의 철학을 전세계에 전파하는 일도 멈춰서는 안 된다. 미국의 낙관주의와 꿈을 나누는 것은 전세계에 유익하다. 세계화되어가는 경제에서 고립주의와 보호주의는 무익할 뿐만 아니라 미국에 대한 코드와도 전혀 맞지 않는다. 인류에게 꿈을 전하는 것은 미국의 사명이다. 따라서 미국의 이념을 억지로 강요하는 방법이 아닌 미국의 영화와 책, 제품과 발명품, 자선행위를 통해 꿈을 전해야 함은 물론 저개발국가를 지원하려는 노력도 아끼지 말아야 한다.

:: **자유를 위한 또 하나의 자유**

컬처 코드를 알면 자신의 행동을 지배하는 동기를 깨닫게 됨으로써 새로운 자유를 얻는다. 컬처 코드는 세계를 새로운 방식으로 볼 수 있는 새로운 안경을 제공해준다. 우리는 모두 개체이며 저마다 동기와 영감, 행동 지침으로 이루어진 하나의 복합체, 즉 개인적 코드를 가지고 있다. 그러나 '하나의 문화로서' 생각하는 법을 알고, 하나의 집단으로서 예측 가능한 양식에 따라 행동하는 법을 알면 전에 없던 새로운 비전으로 세상을 헤쳐나갈 수 있다. 문화는 미국인이나 영국인 또는 프랑스인으로 태어날 때 부여받은 하나의 생존 도구다.

이제 문화적 무의식을 통해 미국인들이 얻은 또 하나의 자유를 생각해보자. 그것은 꿈꿀 수 있는 자유, 냉소주의와 비관주의를 멀리할 수 있는 자유, 자신과 자신의 세계를 위해 가장 대담한 일들을 마음껏 상상할 수 있는 자유다. 미국인들에게 이러한 자유보다 코드와 잘 맞는 것은 없다.